财经法治

投服中心系列丛书
China Securities Investor Services Center

重大资产重组行权案例评析

2018年

郭文英　徐　明◎主编

Cases Review of Material Asset Restructuring Exercise

法律出版社
LAW PRESS · CHINA

编辑委员会

主　　编：郭文英　徐　明

副 主 编：黄　勇　马继东

执行主编：李国俊

本辑主编：杨　宏　张　建

撰 稿 人：王丹阳　费红方　闫　婧

石　妍　万玉林　周　艳

刘斯斯　张鹏飞　李　靓

本辑编辑：王丹阳　汤　沸

重大资产重组行权
案例评析

Cases Review of
Material Asset Restructuring
Exercise

总　序

2018 年金秋，中证中小投资者服务中心（以下简称投服中心）主编的“投服中心系列丛书”终于与大家见面了。投服中心是中国证监会直属的证券金融类公益机构，成立 3 年来，不忘初心，始终坚守保护中小投资者合法权益的使命，积极探索投资者保护新路径，努力引导投资者理性投资、全面知权、积极行权、依法维权。“投服中心系列丛书”的出版是对“知权、行权、维权”工作的一个总结，希望借此契机能凝聚一批法学学者、市场实务人士等专家对资本市场的热点难点问题进行长期的探讨研究。

自 2014 年成立以来，投服中心在中国证监会党委的领导和部署下，在证监会投资者保护局的指导和相关部门、各派出机构的支持下，在证监会系统兄弟单位和社会各界的大力支持下，从中小投资者权益保护和救济诉讼的实际需求出发，创新了一套适合我国资本市场中小投资者保护的机制和实现路径——以投资者教育工作为基础，通过事前持股行权、事中纠纷调解、事后支持诉讼来切实维护广大中小投资者的合法权益。投资者是资本市场发展的重要基石，培育良好的投资者群体，保护好广大中小投资者合法权益，是促进资本市场健康发展的重要一环，直接关系维护社会的公平正义，直接关乎亿万人民群众的切身利益。但中国资本市场的中小投资者既是数量上的多数，又是专业知识、投资理念、维权能力等方面的“弱势少数”，因此，中小投资者合法权益时常受到漠视甚至侵害。长期以来，中小投资者权益保护问题既是资本市场的一个宏观问题，又是要落实到每位投资者身上的微观问题。如何从立法层面更细致地规定中小投资者保护的内容，形成法律、行政法规、部门规章及操作性指引；如何从司法层面推动示范判决制度、探索强制调解机制等制度的建设；如何从监管层面创新机制，加大对侵害中小投资者合法权益的违法违规行为的打击和惩罚力度,更多地保护中小投资者的合法权益;如何帮助中小投资者树立权利意识,建立长期投资、价值投资理念,强化风险意识,提高维权能力。这些问题的解决都不是一蹴而就的,我们需要扎根于中国资本市场的土壤,需要政策、法律的研究,需要投保机制的创新,需要与广大中小投资者面对面的交流。为此,投服中心出版系列丛书,以投服中心工作为蓝本,研究了一些热点问题,探索了一条"投服模式"的投资者保护道路,积累了一些经验分享给读者。

"投服中心系列丛书"由《投资者权益知识读本》《重大资产重组行权案例评析》《纠纷调解案例评析》《支持诉讼维权案例评析》《投服研究》等书组成。其中《投资者权益知识读本》登载的"权益 360"系列文章,根据我国资本市场和广大投资者的实际情况,接地气、聚人气,本着知识性、实用性、趣味性的宗旨,为投资者普及权益知识。《重大资产重组行权案例评析》《纠纷调解案例评析》《支持诉讼维权案例评析》汇集了投服中心持股行权、纠纷调解及支持诉讼工作中具有代表性的实际案例,旨在进一步发挥投服中心示范引领作用,唤醒广大中小投资者的股东意识,督促上市公司提高依法运营水平;以及进一步探讨在全国范围内的建立调解合作、小额速调、诉调对接、证券支持诉讼示范判决等机制。《投服研究》选取了投服中心课题中较突出的研究报告,包含投资者交易行为研究、上市公司章程反收购条款效力研究、证券市场投资者保护条例等一系列资本市场热点、难点问题的研究。"投服中心系列丛书"综合了普及性、专业性及学术性的特点,面向广大投资者、上市公司及专家学者等群体,期望与其一道共同推动中小投资者权益保护工作。

我们希望,"投服中心系列丛书"是一涓细流,能不断汇集中国资本市场土壤上的经验与创新机制,不断丰富学术理论,不断普及权益知识。我们相信,中国中小投资者保护事业能在资本市场各方的努力下,共同谱写新的篇章。

2018 年 8 月

前 言

为落实党中央、国务院关于资本市场投资者保护的整体部署，进一步探索和创新投资者尤其是中小投资者保护的新方法、新道路，中国证监会于2014年12月组建了专司中小投资者保护和服务的公益性机构——中证中小投资者服务中心（以下简称投服中心）。经证监会批准，投服中心自2016年2月在上海、广东和湖南开展持股行权试点，2017年4月又将持股行权试点扩大至全国。

持股行权是指投服中心持有沪、深交易所每家上市公司一手（100股）A股股票，通过行使质询、查阅、建议、表决、诉讼等股东权利，强化中小投资者保护，规范上市公司治理，示范引领中小投资者主动行权、依法维权。自行权业务开展以来，投服中心始终立足股东身份，坚持市场角度，运用法律手段，聚焦证券市场关注的重点、热点、难点问题，通过参加上市公司股东大会、重大资产重组媒体说明会、现场查阅、发送股东建议函、公开发声等方式，做积极股东、合格股东、示范股东。

一些上市公司在重大资产重组过程中，通过讲故事、虚估值、高承诺等方式侵害广大中小投资者的权益，这类重组是投服中心重点关注的事项。一方面，由于重组中收购资产虚高的估值，直接稀释了其他股东的权益；另一方面，随着重组后业绩变脸、股价下跌，二级市场的投资者直接遭受价差损失。因此，针对重大资产重组案例，投服中心对重组合规性、估值合理性、经营持续性、承诺可行性等方案内容进行仔细剖析，在媒体说明会上针对侵害中小投资者权益的内容发声质询。截至2018年6月30日，投服中心已参加了50余场重大资产重组媒体说明会，引起了市场各方的高度关注。证监会领导将投服中心比喻为“啄木鸟”，肯定投服中心在交易所、证监会审查并购重组项目前期起到的积极作用；媒体评价投服中心参加媒体说明会提问专业犀利、针针见血，是媒体说明会的“重磅”提问者；专业财经评论人撰文称,投服中心在媒体说明会上提问已成为重大资产重组的一道关口。

为了起到更好的示范效应,引领中小投资者全面知权、积极行权、依法维权,投服中心特选取了 2016 年、2017 年针对重大资产重组行权的 30 个案例,编撰了《重大资产重组行权案例评析(2018 年)》一书。本书共分为两篇:第一篇从理论基础出发,介绍了投服中心参加重大资产重组媒体说明会的总体情况、基本做法、主要效果,梳理了重大资产重组的定义、主要模式、法律法规体系,并重点分析了重大资产重组涉及的重组上市、估值、业绩承诺等关键性问题;第二篇结合 30 个行权案例,从保护中小投资者的角度,逐一、详细地分析了重组方案中存在的侵害中小投资者合法权益的问题及投服中心采取的行权措施。

将重大资产重组行权案例编辑成书,目的是进一步宣传这项重要的行权业务,也希望大家对重大资产重组予以关注,更希望大家对我们的工作予以指导和帮助。《重大资产重组行权案例评析(2018 年)》一书即将面世,还存在这样或那样的不足,希望得到大家的批评指正。

目　　录

Cases Review of Material Asset Restructuring Exercise

第一篇

重大资产重组核心问题

本篇综述

本篇主要包括三个方面的内容：一是投服中心参加重大资产重组媒体说明会的总体情况、基本做法、主要作用及效果。二是重大资产重组的定义、主要模式及法律法规体系。三是重大重组涉及的关键性问题，譬如，重组上市、标的资产估值、业绩承诺与补偿、发行股份购买资产的特别规定、商誉等。

第一章　投服中心针对重大资产重组行权情况

上市公司并购重组是实现资本市场资源有效配置的重要途径，在上市公司实现结构转型、产业升级、资源整合、优势互补以及提升上市公司竞争力等方面发挥了重大作用。中国证券监督管理委员会（以下简称证监会）支持合规的上市公司并购重组，广大中小投资者也普遍欢迎上市公司通过并购重组做大做强，并从中获得回报。但在并购重组中经常出现一些上市公司及控股股东、实际控制人等相关方，规避借壳、虚高估值、虚假承诺、夸大信披、抬高股价、巨额套利、掏空公司等恶意行为，扰乱了证券市场秩序，并侵害了广大投资者的合法权益，也损害了社会公共利益。

从严监管已成为中国资本市场的新常态，刘士余主席曾在多场合强调坚持依法、从严、全面监管的重要理念，并强调要坚持把保护投资者合法权益放在突出位置，要防范虚假重组、忽悠重组、跟风重组、类借壳重组。这既是证监会的监管重点，也是中证中小投资者服务中心（以下简称投服中心）关注的重点。

投服中心作为专司投资者保护的公益性机构，持有沪、深两市证券交易所每家上市公司一手（100股）A股股票，通过依法行使股东权利来维护投资者合法权益，促进上市公司规范治理。投服中心自成立以来，基本参加了所有重大资产重组媒体说明会，重点关注涉及广大中小投资者切身利益的事项，代表和支持广大中小投资者积极行使质询权、建议权、监督权和投票权等股东权利，切实维护广大中小投资者的合法权益，积极响应、全面落实证监会的监管要求。

一、参加媒体说明会的总体情况

为更好地落实证监会从严监管的理念,推进并购重组市场化改革,加强对问题重组的监管,2016 年 7 月 1 日上海证券交易所发布《上市公司重组上市媒体说明会指引》(以下简称《媒体说明会指引》),深圳证券交易所发布《重大资产重组媒体说明会备忘录》(以下简称《媒体说明会备忘录》),分别对沪市、深市上市公司推出重大资产重组方案应召开媒体说明会的情形、方式和信息披露等作出规定,并明确了投服中心按照规定或者应邀可以参加媒体说明会。

(一)重大资产重组应召开媒体说明会的情形

《媒体说明会指引》规定,按照证监会有关重大资产重组管理规定,上市公司重组交易构成重组上市的,公司应当召开媒体说明会;对于未构成重组上市的重大资产重组,证监会或上海证券交易所可以根据需要,要求公司召开媒体说明会。《媒体说明会备忘录》及深圳证券交易所信息披露业务备忘录①规定,上市公司的重大资产重组项目涉及以下情形之一的,应当召开媒体说明会:一是属于重组上市的;二是涉嫌规避重组上市监管要求的;三是受到重大媒体质疑、投诉举报的;四是证监会及其派出机构和深圳证券交易所认为有必要的其他情形。

(二)投服中心参与情况

《媒体说明会指引》和《媒体说明会备忘录》颁布后,投服中心深入研究重大资产重组中事关广大中小投资者切身利益的事项,积极参加媒体说明会行使股东权利。至 2017 年 12 月 31 日,投服中心共参加狮头股份、四通股份、宁波富邦、广安爱众、中安消、天目药业、通达动力、东方市场等 34 场上市公司重大资产重组媒体说明会(见表 1-1-1),共涉及重组金额 2387 亿元、140.64 万户投资者的合法权益。

---

① 《主板信息披露业务备忘录第 10 号——重大资产重组媒体说明会》《中小板信息披露业务备忘录第 15 号》《创业板信息披露业务备忘录 23 号》分别规定了深圳证券交易所主板、中小板、创业板上市公司召开媒体说明会的情形、方式等。

表 1-1-1　投服中心参加媒体说明会情况

序号	股票代码	公司简称	所属辖区	所属交易所	行权时间
1	600539	狮头股份	山西	上交所	2016 年 7 月 14 日
2	603838	四通股份	广东	上交所	2016 年 7 月 26 日
3	600768	宁波富邦	宁波	上交所	2016 年 8 月 2 日
4	600455	博通股份	陕西	上交所	2016 年 8 月 8 日
5	600173	卧龙地产	浙江	上交所	2016 年 8 月 24 日
6	600209	罗顿发展	海南	上交所	2016 年 9 月 1 日
7	600759	洲际油气	海南	上交所	2016 年 10 月 17 日
8	600636	三爱富	上海	上交所	2016 年 11 月 3 日
9	600545	新疆城建	新疆	上交所	2016 年 11 月 4 日
10	600071	凤凰光学	江西	上交所	2016 年 12 月 19 日
11	600346	恒力股份	大连	上交所	2017 年 2 月 15 日
12	600979	广安爱众	四川	上交所	2017 年 3 月 21 日
13	600358	国旅联合	江苏	上交所	2017 年 3 月 30 日
14	600654	中安消	上海	上交所	2017 年 4 月 21 日
15	603111	康尼机电	江苏	上交所	2017 年 4 月 24 日
16	600173	卧龙地产	浙江	上交所	2017 年 4 月 25 日
17	600225	天津松江	天津	上交所	2017 年 5 月 2 日
18	603010	万盛股份	浙江	上交所	2017 年 6 月 21 日
19	600725	ST 云维	云南	上交所	2017 年 6 月 23 日
20	600146	商赢环球	宁夏	上交所	2017 年 6 月 29 日
21	600490	鹏欣资源	上海	上交所	2017 年 7 月 17 日
22	600671	天目药业	浙江	上交所	2017 年 7 月 20 日
23	002576	通达动力	江苏	深交所	2017 年 7 月 28 日
24	600136	当代明诚	湖北	上交所	2017 年 8 月 2 日
25	002600	江粉磁材	广东	深交所	2017 年 8 月 4 日
26	603016	新宏泰	江苏	上交所	2017 年 8 月 28 日
27	000301	东方市场	江苏	深交所	2017 年 9 月 29 日
28	000862	银星能源	宁夏	深交所	2017 年 10 月 11 日
29	601313	江南嘉捷	江苏	上交所	2017 年 11 月 6 日

续表

序号	股票代码	公司简称	所属辖区	所属交易所	行权时间
30	600209	罗顿发展	海南	上交所	2017 年 11 月 9 日
31	600084	中葡股份	新疆	上交所	2017 年 11 月 13 日
32	600608	上海科技	上海	上交所	2017 年 12 月 5 日
33	600239	云南城投	云南	上交所	2017 年 12 月 13 日
34	600715	文投控股	辽宁	上交所	2017 年 12 月 20 日

二、参加媒体说明会的基本做法

(一)会前认真研究、充分准备

参加媒体说明会前,投服中心深入研究上市公司的重组方案、交易所问询函、监管及行业规定、市场和媒体反应以及投资者关注的问题等信息,站在投资者的立场,从维护“自己”利益的角度出发,深入挖掘上市公司存在的规避重组上市、高估值、高承诺等有关投资者切身利益的问题。为更全面清楚地了解上市公司、提高参加媒体说明会的质量,投服中心与证监会派出机构、证券交易所等密切合作,聘请律师、会计师、高校教授等相关专家,召开专题研讨会,讨论上市公司历史情况及本次重组的具体情况,分析问题所在。

(二)现场领导带队、专业问询

在参加狮头股份、四通股份、宁波富邦前三场媒体说明会时,投服中心总经理徐明代表投服中心进行媒体说明会现场提问,并带领行权业务全体员工[①]参加,注重行权队伍的培养和素质提高。在积累了一定经验后,由投服中心根据工作需要,安排行权业务人员进行现场提问。媒体说明会现场,投服中心从保护中小投资者的角度提出问题,主要集中在四个方面:一是重组交易完成后,上市公司的控制权可能发生转移,涉嫌规避借壳上市,重组是否具有可实现性;二是标的资产估值过高,报告期财务指标与估值结果不匹配;三是业绩承诺与补偿不合理,保证措施不力;四是标的资产经营的可持续性。除此之外,投服中心还关注关联交易、同业竞

---

① 投服中心设行权事务部,负责行权业务,以发送股东建议函、参加股东大会、参加媒体说明会、现场查阅等方式,行使法律赋予的股东权利。

争和资金占用等事关中小投资者利益的问题。

(三)会后积极宣传、注重效果

投服中心在媒体说明会后积极联系中国证券报、上海证券报、证券时报、证券日报等证券类主要媒体,刊登媒体说明会上的发言材料,让市场和中小投资者广为知悉。随着参与次数的增多和影响力的逐步增加,第一财经、新华网、新浪、网易、搜狐、腾讯、东方财富、和讯等财经门户网站也均作了转载和报道,投资者阅读量逐步增大。同时,投服中心在会后跟踪舆情和投资者反应,汇总整理股吧、各门户网站上的评论,关注市场效果,并不断收集投资者需求、总结经验,逐步完善参加媒体说明会的流程和制度。

三、主要作用及效果

投服中心参加媒体说明会,引起了媒体和市场的高度关注。媒体评价投服中心参加媒体说明会准备充分,针对市场关注的焦点提问,专业犀利,针针见血,是媒体说明会的"重磅"提问者,通过投服中心的参与,媒体说明会现场的问题更加细致且专业了,提问交流的时间也延长了。很多专业财经评论人撰文称,投服中心在媒体说明会上提问已成为重大资产重组的一道关口。投服中心参加媒体说明会是强化中小投服者权益保护的一项有益尝试和探索,其效果和作用主要体现在以下五个方面。

(一)代表广大中小投资者发声,保护中小投资者合法权益

在重大资产重组活动中,一些上市公司及控股股东、实际控制人等相关方,存在规避借壳、高价估值、虚假承诺、巨额套利等行为,严重侵害了广大中小投资者的合法权益。中小投资者获取重组信息的渠道不通畅、专业知识受限,通常无法对重组方案进行深入研究,导致投资的盲目性。投服中心深入研究重组方案、多角度提出问题,将质询上市公司及相关方在重大资产重组中可能存在具体问题的观点、论据和诉求等告诉广大中小投资者,以便投资者全面了解重组的整体情况,为投资者判断公司的投资价值提供依据,切实保护广大投资者的知情权、参与权。在投服中心问询等多方作用下,上市公司完善重组方案或终止不合理的重组,切实维护了中小投资者的合法权益。同时,投服中心对重组方案的研究方式、对上市公司的问询

给中小投资者起到了良好的示范效应,唤醒了股东意识,现在已经有一定数量的投资者在上证e互动等平台对重组事项进行问询,行使自己的质询权。

(二)督促上市公司及标的资产方履行义务,提升信息披露的针对性和有效性,促进并购重组规范运作

在媒体说明会上全面、准确、充分地回应市场关注和质疑的问题,是上市公司及重组相关方的一项义务。但一些上市公司刻意隐瞒重大事项、进行虚假或误导性陈述。上市公司举办媒体说明会,部分上市公司面对问询准备充分、正面回应;也有一些上市公司有所回避、态度不诚恳。从实践来看,凡是投服中心现场参加的媒体说明会,上市公司对投资者关心的问题回答得更加细致明确;投服中心没有现场参加的,上市公司对媒体提问避而不答,有些甚至请媒体提问"预先设置"的问题。

投服中心参加媒体说明会,全方位分析上市公司重组所存在的风险,将重组交易存在的规避借壳、高估值、高承诺等问题向市场进行充分展示,提问条条切中要害,引发了市场各方参与者的积极讨论和持续关注,让上市公司避无可避,可进一步督促上市公司及相关方做好充分准备、履行应尽义务,真实准确地回应质疑,提升信息披露的针对性和有效性。

(三)督促中介机构勤勉尽责,切实发挥把关作用

在上市公司重大资产重组过程中,财务顾问、律师事务所、会计事务所和评估事务所等中介机构履行自身职责,是确保信息披露质量、保证投资者权益的重要一环。投服中心研究公司重组方案后发现,中介机构在参与重组的过程中仍存在一些问题,例如,评估机构多采用收益法对标的资产进行估值,但并未在重组方案中披露预测期间的产品价格、销量等关键参数,严重影响投资者的信息获取和判断。投服中心参加媒体说明会,对是否构成一致行动人、标的资产能否持续经营、资产估值是否公允、业绩承诺能否实现等问题进行提问并讲明事实依据,督促中介机构进行严格审查和合理判断,勤勉尽责、切实发挥"看门人"的作用。

(四)促进媒体发挥舆论监督作用,提高媒体说明会质量

投服中心共参加了34场媒体说明会,从中明显感觉到媒体的提问质量在逐渐提高。在最开始的几场媒体说明会上,媒体提出的问题较业余,有些问题无关痛痒,有些问题停留在表面,甚至有些媒体借提问的名义为上市公司做宣传,并没有

充分发挥媒体的舆论监督作用。投服中心参加媒体说明会,关注的是涉及广大中小投资者切身利益的事情,提出的问题切中要害,起到了示范效应。随着投服中心参与的深入,媒体也比照投服中心的问询内容和方式,所提问题越来越具有针对性,参加媒体说明会的质量日益提升,有效地发挥了媒体的监督作用。除此之外,投服中心在一定程度上提高了媒体说明会的关注度,吸引了越来越多的媒体记者参会。例如在 2016 年 7 月 14 日的狮头股份的媒体说明会上,仅有四大证券报和证券市场红周刊的记者参会,到了 2016 年 9 月 11 日罗顿发展媒体说明会已有 20 多家媒体参会。

(五)与证券监督管理机构形成合力,减轻监管压力、节约监管资源

“忽悠式”“双高”类重组一直是监管重点,此类重组不但严重危害广大中小投资者的切身利益,还占用了证监会大量的监管资源。投服中心参加媒体说明会,对上市公司披露的重组预案和市场关注的焦点问题进行详细问询,提前贯彻监管要求,有利于提高上市公司信息披露的质量;问询获知的线索可以作为证监会派出机构现场检查和证监会行政许可的重要参考。投服中心“直击痛点”式问询与证券交易所“刨根问底”式监管密切配合,形成合力,有助于上市公司发现重组中不合法合规的地方,主动修改重组方案或终止重组,落实监管意图、减轻监管压力。

第二章　重大资产重组的相关概念和法律规定

一、重大资产重组的定义

上市公司重大资产重组，是指上市公司及其控股或者控制的公司在日常经营活动之外购买、出售资产或者通过其他方式进行资产交易达到规定的比例，导致上市公司的主营业务、资产、收入发生重大变化的资产交易行为。

根据《上市公司重大资产重组管理办法》(2016 年修订)(以下简称《重组办法》)第 15 条第 1 款的规定，通过其他方式进行资产交易包括下列四种情形：(1)与他人新设企业、对已设立的企业增资或者减资；(2)受托经营、租赁其他企业资产或者将经营性资产委托他人经营、租赁；(3)接受附义务的资产赠与或者对外捐赠资产；(4)证监会根据审慎监管原则认定的其他情形。

(一)判定标准

《重组办法》第 12 条从资产总额、营业收入、资产净额共三个指标对重大资产重组标准进行了明确。具体规定是，上市公司及其控股或者控制的公司购买、出售资产，达到以下标准之一的，即构成重大资产重组：(1)购买、出售的资产总额占上市公司最近一个会计年度期末资产总额的比例达到 50% 以上；(2)购买、出售的资产在最近一个会计年度的营业收入占上市公司同期营业收入的比例达到 50% 以上；(3)购买、出售的资产净额占上市公司最近一个会计年度期末净资产额的比例达到 50% 以上，且超过 5000 万元人民币。

(二)计算原则

根据《重组办法》的规定，资产包括股权资产和非股权资产；重大资产重组既包括上市公司购买资产,也包括出售或通过其他方式进行的资产交易。《重组办法》第 14 条区分不同的资产类型及交易类型,规定了资产总额、营业收入、资产净额三个指标的计算原则,见表 1-2-1。

表 1-2-1　重组指标的计算原则

指标 \ 交易类型 \ 资产类型		股权资产		非股权资产
		未取得/未丧失控股权	取得/丧失控股权	
资产总额	购买	被投资企业资产总额×股权比例与成交金额较高者	被投资企业资产总额与成交金额较高者	资产账面值与成交金额较高者
	出售	被投资企业的资产总额×股权比例	被投资企业资产总额	资产账面值
营业收入	购买	被投资企业营业收入×股权比例	被投资企业营业收入	不适用
	出售	被投资企业营业收入×股权比例	被投资企业营业收入	不适用
资产净额	购买	被投资企业净资产额×股权比例与成交金额较高者	被投资企业净资产额与成交金额较高者	资产与负债的账面差额和成交金额较高者
	出售	被投资企业的净资产额×股权比例	被投资企业净资产额	资产与负债的账面差额

在计算是否构成重大资产重组时,有以下两项特别规定:

1. 上市公司同时购买、出售资产的,应当分别计算购买、出售资产的相关比例,并以二者中比例较高者为准。

2. 上市公司在 12 个月内连续对同一或者相关资产进行购买、出售的,以其累计数分别计算相应数额。已按照《重组办法》的规定编制并披露重大资产重组报告书的资产交易行为,无须纳入累计计算的范围,但构成"重组上市"的需要纳入。《重组办法》第 14 条第 2 款规定,交易标的资产属于同一交易方所有或者控制,或者属于相同或者相近的业务范围,或者证监会认定的其他情形下,可以认定为同一或者相关资产。

(三)基本要求

根据《重组办法》第 11 条的相关规定,上市公司实施重大资产重组,应当符合以下七项要求：(1)符合国家产业政策和有关环境保护、土地管理、反垄断等法律和行政法规的规定；(2)不会导致上市公司不符合股票上市条件；(3)重大资产重组所涉及的资产定价公允，不存在损害上市公司和股东合法权益的情形；(4)重大资产重组所涉及的资产权属清晰，资产过户或者转移不存在法律障碍，相关债权债务处理合法；(5)有利于上市公司增强持续经营能力，不存在可能导致上市公司重组后主要资产为现金或者无具体经营业务的情形；(6)有利于上市公司在业务、资产、财务、人员、机构等方面与实际控制人及其关联人保持独立，符合中国证监会关于上市公司独立性的相关规定；(7)有利于上市公司形成或者保持健全有效的法人治理结构。

上市公司应当就重组交易符合上述要求作出充分说明，并予以披露。另外，《上市公司监管法律法规常见问题与解答修订汇编》(2015 年 9 月 18 日)第 5 项规定，对于涉及其他主管部门批复的，中介机构应当就本次交易涉及哪些部门批复、是否为前置审批、批复进度、不确定性风险，以及无法获取相关批复对本次交易的影响等事项发表意见并予以披露。

二、重大资产重组的主要模式

目前在 A 股市场，重大资产重组的主要交易形式有重大资产购买、重大资产出售和重大资产置换。

(一)重大资产购买

重大资产购买，是指上市公司通过支付对价，购买股权资产或者经营性资产，实现对标的资产的控制，且购买资产的资产总额、营业收入或资产净额三个指标之一超过原上市公司的 50%。在资产购买的过程中，上市公司可以使用现金、发行股份或者现金加发行股份的方式进行支付。现金购买资产无须经过证监会的审核，容易实施，但需要占用上市公司的大量经营性资金；发行股份购买资产会改变上市公司的股权结构。

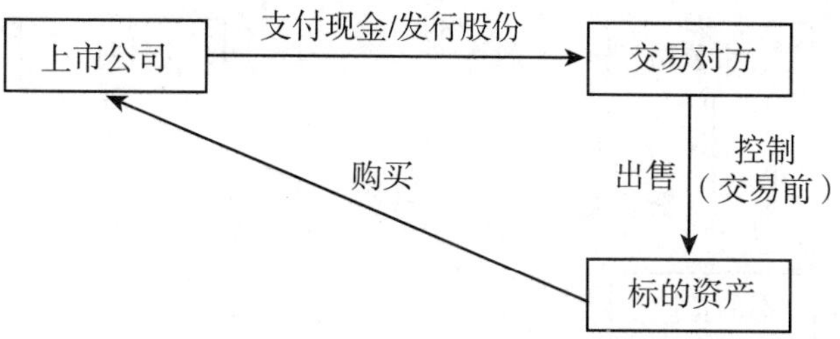

图1－2－1 资产购买交易方式

【例1－2－1】四通股份发行股份购买资产

2016年6月30日，广东四通集团股份有限公司（以下简称四通股份，603838）公告了《发行股份购买资产暨关联交易预案》，拟通过发行股份的方式，购买广东启行教育科技有限公司（以下简称启行教育）100%股权，启行教育核心资产为启德业务资产。本次交易构成重大资产购买，根据标的资产合并报表以及四通股份2015年年度审计报告，计算过程如下：

表1－2－2 四通股份购买启行教育股权相关指标计算

项目	四通股份（万元）	标的资产（万元）	交易金额（万元）	计算依据（万元）	计算比例（%）
资产总额	72,762.56	450,503.95	450,000.00	450,503.95	619.14
营业收入	46,500.29	94,699.81	—	94,699.81	203.65
资产净额	62,365.79	450,128.95	450,000.00	450,128.95	721.76

如表1－2－2所示，本次交易中标的资产的资产总额、营业收入、资产净额占上市公司的比例均超过50%，根据《重组办法》第13条的规定，本次交易构成重大资产重组。

（二）重大资产出售

重大资产出售，是指上市公司将盈利能力低、缺乏竞争力的资产进行剥离，实现对自身业务的优化和重组，并且出售资产的资产总额、营业收入或资产净额三个指标之一超过原上市公司的50%。也有一些上市公司通过出售资产达到其他特殊目的，例如2017年年末，部分上市公司由于连续亏损，频繁通过出售资产的方式实现扭亏为赢，进而避免被实施退市风险警示或者避免被暂停上市。

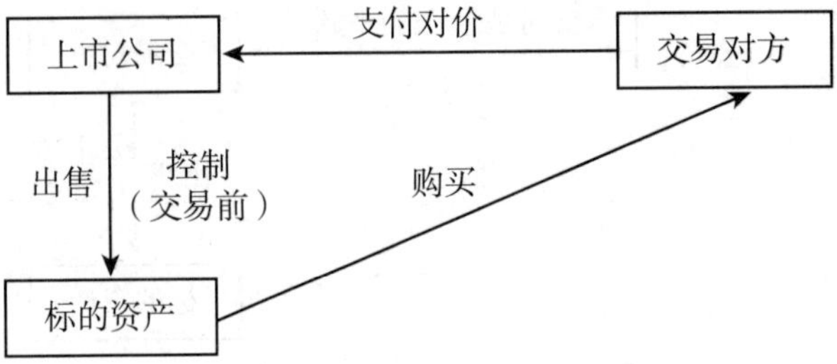

图 1-2-2 资产出售交易方式

【例 1-2-2】上海科技(600608)重大资产出售

2017 年 11 月 21 日,上海宽频科技股份有限公司(以下简称上海科技,600608)发布了《重大资产出售报告书(草案)》。上海科技拟出售其持有的上海异型钢管有限公司(以下简称上海异钢)100% 股权以及上海异型钢管制品有限公司(以下简称异钢制品)80% 股权。本次交易构成重大资产重组,根据上海科技 2016 年年度经审计财务数据、标的公司 2016 年年度及 2017 年 1～8 月经审计的财务数据,计算过程如下:

表 1-2-3 上海科技出售上海异钢股权相关指标计算

项目	上海科技(万元)	上海异钢(万元)	异钢制品(万元)	交易金额(万元)	计算依据(万元)	计算比例(%)
资产总额	19,282.07	14,499.89	803.21	20,050.89	15,303.10	79.36
营业收入	26,295.66	10,386.86	471.22	—	10,858.08	41.29
资产净额	-185.49	9397.02	-639.12	20,050.89	20,050.89	—

如表 1-2-3 所示,本次交易中标的资产的资产总额占上市公司资产总额的比例为 79.36%,根据《重组办法》第 13 条的规定,本次交易构成重大资产重组。

(三)重大资产置换

重大资产置换,是指上市公司将一些盈利能力弱的资产剥离出去,置换进相关资产,且置出资产或者置入资产的资产总额、营业收入或资产净额三个指标之一超过原上市公司的 50%。在这种情况下,资产出售和购买同时进行,置出资产和置入资产的等价部分进行置换,置入资产作价超出置出资产的部分,由上市公司向交易对方以现金或者发行股份或者二者兼有的方式支付。[①] 重大资产置换经常出现在

① 重大资产置换时,若置入资产作价低于置出资产,则交易对方需向上市公司支付差价。此种情况在重组实务中较为少见。

重组上市的过程中。

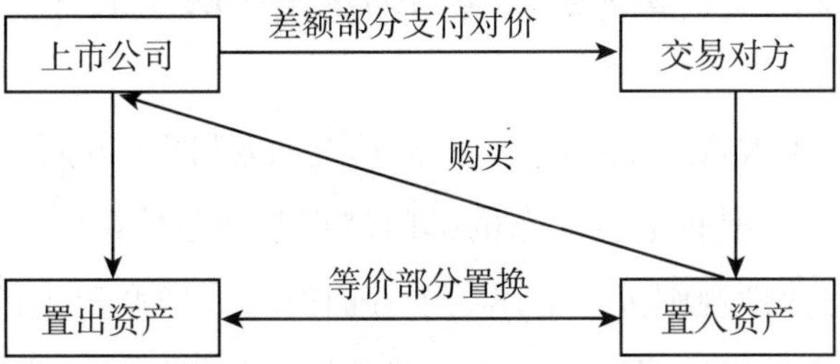

图 1－2－3　资产置换交易方式

【例 1－2－3】通达动力(002576)重大资产置换及发行股份购买资产

2017 年 7 月 22 日，江苏通达动力科技股份有限公司(以下简称通达动力，002576)，发布了《重大资产置换及发行股份购买资产暨关联交易预案》。本次交易由重大资产置换及发行股份购买资产两部分构成，通达动力拟以其持有的南通通达矽钢冲压科技有限公司(以下简称通达矽钢)100% 股权作为置出资产，与隆基泰和置业有限公司(以下简称隆基泰和置业)100% 股权中的等值部分进行置换，拟置出资产初步作价 9.10 亿元，拟置入资产初步作价 160.10 亿元，置入资产作价超过置出资产作价的差额部分为 151 亿元，由通达动力向隆基泰和置业全体股东发行股份购买。

本次交易的拟置入资产为隆基泰和置业 100% 股权，隆基泰和置业截至 2016 年 12 月 31 日未经审计的资产总额、资产净额及 2016 年年度营业收入占上市公司同期经审计的合并财务报表相关指标的比例如下：

表 1－2－4　通达动力置换股权相关指标计算

项目	通达动力(亿元)	隆基泰和置业(亿元)	交易金额(亿元)	计算依据(亿元)	计算比例(%)
资产总额	9.82	486.50	160.10	486.50	4954.17
营业收入	8.19	119.79	—	119.79	1462.84
资产净额	8.51	59.40	160.10	160.10	1881.28

如表 1－2－4 所示，隆基泰和置业资产总额、资产净额、营业收入三个指标均超过通达动力的 50%，根据《重组办法》第 13 条的规定，本次交易构成重大资产重组。

三、重大资产重组的法律法规体系

有关上市公司重大资产重组的法律体系主要包括四个方面:一是《证券法》《公司法》等基本法律。二是证监会颁布的部门规章及规范性文件、相关监管问答。三是证券交易所的自律性规则等。上述三个方面对重大资产重组的实体内容、程序、监管、信息披露等内容进行了详细规定。四是如果重组涉及外资、国资或者特殊行业,也需要符合国有资产、对外投资、外商投资及特殊行业的相关规定。其中,主要涉及的法律法规如表1-2-5所示。

表1-2-5 重大资产重组适用的主要法律法规

证券监管规则体系		
体系	颁布机构	名称
法律	全国人大常委会	1.《证券法》; 2.《公司法》
部门规章及规范性文件	证监会	1.《上市公司重大资产重组管理办法》; 2.《关于规范上市公司重大资产重组若干问题的规定》; 3.《公开发行证券的公司信息披露内容与格式准则第26号——上市公司重大资产重组》; 4.《上市公司并购重组财务顾问管理办法》; 5.《首次公开发行股票并上市管理办法》; 6.《上市公司收购管理办法》; 7.《上市公司监管指引第4号——上市公司实际控制人、股东、关联方、收购人以及上市公司承诺及履行》; 8.《关于加强与上市公司重大资产重组相关股票异常交易监管的暂行规定》
自律规则	上海证券交易所	1.《上海证券交易所股票上市规则》; 2.《上市公司重大资产重组信息披露及停复牌业务指引》; 3.《上海证券交易所上市公司重组上市媒体说明会指引》
	深圳证券交易所	1.《深圳证券交易所股票上市规则》; 2.《深圳证券交易所创业板股票上市规则》; 3.《主板信息披露业务备忘录第10号——重大资产重组媒体说明会》; 4.《中小企业版信息披露业务备忘录第8号——重大资产重组相关事项》; 5.《创业板信息披露业务备忘录第13号——重大资产重组相关事项》

续表

其他法律法规		
体系	颁布机构	名称
法律	全国人大常委会	1.《反垄断法》; 2.《土地管理法》
行政法规	国务院	1.《企业国有资产监督管理暂行条例》; 2.《外汇管理条例》
部门规章及规范性文件	商务部、国资委	1.《境外投资管理办法》; 2.《关于规范国有股东与上市公司进行资产重组有关事项的通知》; 3.《国家外汇管理局关于进一步推进外汇管理改革完善真实合规性审核的通知》

（一）法律方面

《证券法》和《公司法》在法律层面对重组进行了原则性规定。《证券法》第二章“证券发行”对公开和非公开发行证券进行了基本规定，第四章“上市公司的收购”是并购重组法律体系的基础与核心。《公司法》第九章“公司合并、分立、增资、减资”对并购重组中的吸收合并、分拆上市、定向增发等内容进行了原则性规定。

（二）部门规章及规范性文件方面

证监会颁布实施的《重组办法》是有关重大资产重组的核心部门规章，其对重大资产重组的定义、标准、基本要求、流程等进行了全面、详细的规定。为配套《重组办法》的实施，证监会颁布了《关于规范上市公司重大资产重组若干问题的规定》，对重组流程作出进一步规定；《公开发行证券的公司信息披露内容与格式准则第26号——上市公司重大资产重组》对重组的信息披露进行了规范；《上市公司并购重组财务顾问业务管理办法》对证券公司、证券投资咨询机构及其他财务顾问从事上市公司并购重组业务进行了规范。

同时，证监会发布了一系列关于重大资产重组相关常见问题的解答，例如《上市公司监管法律法规常见问题与解答修订汇编》《关于上市公司重大资产重组前发生业绩“变脸”或本次重组存在拟置出资产情形的相关问题与解答》《关于并购重组申报文件相关问题与解答》《关于上市公司业绩补偿承诺的相关问题与解答》《关于上市公司发行股份购买资产同时募集配套资金的相关问题与解答》等，对《重组办法》进行了补充。

(三)自律规则方面

在证券交易所层面上,上海证券交易所和深圳证券交易所分别针对上市公司重大资产重组业务,制定了相关信息披露工作备忘录和业务指引等。例如,上海证券交易所颁布的《上市公司重大资产重组信息披露及停复牌业务指引》《上海证券交易所上市公司重组上市媒体说明会指引》等;深圳证券交易所颁布的《主板信息披露业务备忘录第 10 号——重大资产重组媒体说明会》《中小企业版信息披露业务备忘录第 8 号——重大资产重组相关事项》等。

除了上述这些法律、部门规章和规范性文件,还可能涉及《首次公开发行股票并上市管理办法》《上市公司收购管理办法》等法律法规。

第三章 重大资产重组涉及的关键性问题

在上市公司重大资产重组交易中，会涉及一些特别重要、关键的问题，例如重组上市、估值、业绩承诺与补偿、发行股份价格、商誉等，这些都关乎上市公司和广大中小投资者的切身利益。本章依据现行法律法规的规定，对上市公司重大资产重组中经常存在的关键问题进行分析。

一、重组上市

（一）重组上市相关概念

重组上市（市场俗称"借壳上市"），是指非上市公司反向收购上市公司，即非上市公司将自身的相关资产及业务注入上市公司，并获得上市公司的控制权，从而实现未上市资产及业务间接上市的行为。重组上市的简单原理为上市公司通过发行股份方式购买标的资产，标的资产（拟注入资产）的股东认购上市公司发行的股份，导致上市公司总股本和股权比例发生变化，控制权发生变更，重组完成后，注入资产的控股股东成为新的上市公司控股股东，就形成了反向收购。

1. 构成重组上市的标准

根据《重组办法》第 13 条第 1 款的规定，上市公司自控制权发生变更之日起 60 个月内，向收购人及其关联人购买资产，导致上市公司的资产总额、资产净额、净利润、主营业务等发生根本变化的，构成重组上市。由此可见，构成重组上市要同时满足两个要件：一是上市公司控制权发生变更；二是达到规定的交易指标。

(1)控制权变更

《重组办法》主要从“股本比例”“董事会构成”“管理层控制”三个维度,规定了“控制权变更”的判断标准。取得上市公司控制权的五种情况如表1-3-1所示。

表1-3-1 取得上市公司控制权的情形

项目	标准
股本比例	1. 投资者为上市公司持股50%以上的控股股东; 2. 投资者可以实际支配上市公司股份表决权超过30%; 3. 投资者依其可实际支配的上市公司股份表决权足以对公司股东大会的决议产生重大影响
董事会构成	投资者通过实际支配上市公司股份表决权能够决定公司董事会半数以上成员选任
管理层控制	上市公司股权分散,董事、高级管理人员可以支配公司重大的财务和经营决策的,视为具有上市公司控制权

(2)规定的交易指标

对重组上市的交易规模认定要件,《重组办法》构建了以量化指标为主、特殊指标为辅,以证监会自由裁量权兜底的综合认定标准。上市公司购买资产的资产总额、资产净额、营业收入、净利润、股份共五项指标中,任意一项占控制权发生变更的前一个会计年度上市公司对应指标的100%时,即触发重组上市的认定标准。即使前述五项指标均未达到相应标准,但上市公司主营业务发生根本变化,也可能被证监会认定为触发了重组上市的认定标准。除此之外,证监会也可以以实质重于形式的标准认定其他情形构成重组上市。达到重组上市标准的交易规模如表1-3-2所示。

表1-3-2 达到重组上市标准的交易规模

项目	指标	界定标准
量化指标	资产总额	购买资产的资产总额占上市公司控制权发生变更的前一个会计年度经审计的合并财务会计报告期末资产总额的比例达到100%以上
	资产净额	购买资产的资产净额占上市公司控制权发生变更的前一个会计年度经审计的合并财务会计报告期末净资产额的比例达到100%以上
	营业收入	购买的资产在最近一个会计年度所产生的营业收入占上市公司控制权发生变更的前一个会计年度经审计的合并财务会计报告营业收入的比例达到100%以上

续表

项目	指标	界定标准
量化指标	净利润	购买的资产在最近一个会计年度所产生的净利润占上市公司控制权发生变更的前一个会计年度经审计的合并财务会计报告净利润的比例达到100%以上
	股份	为购买资产发行的股份占上市公司首次向收购人及其关联人购买资产的董事会决议前一个交易日的股份的比例达到100%以上
特殊指标	主营业务	上市公司向收购人及其关联人购买资产,导致上市公司主营业务发生根本变化
兜底条款	证监会认定的可能导致上市公司发生根本变化的其他情形	

2. 重组上市审核标准与IPO等同

重组上市应当符合重大资产重组的相关规定,同时,《重组办法》第13条规定,实施重组上市时,上市公司购买的资产对应的经营实体应当是股份有限公司或者有限责任公司,且符合《首次公开发行股票并上市管理办法》(以下简称《首发办法》)规定的其他发行条件,即明确了重组上市审核标准与首次公开发行股票(Initial Public Offerings,IPO)等同。并且,明确规定创业板上市公司不得实施重组上市。

《首发办法》第二章在主体资格、规范运行、财务与会计三个方面对发行条件作了规定。在重组上市交易中,标的资产也应符合这些发行条件,现将主要条件总结如下。

(1)主体资格

标的资产是持续经营3年以上的股份有限公司,且3年内主营业务和董事、高级管理人员没有发生重大变化,实际控制人没有发生变更,以保证标的资产的经营业绩具有连续性和稳定性。

表1-3-3 重组上市中标的资产的主体资格要求

项目	应符条件
主体资格	依法设立且合法存续的股份有限公司
经营年限	持续经营3年以上,但经国务院批准的除外。且最近3年内主营业务和董事、高级管理人员没有发生重大变化,实际控制人没有发生变更
出资	注册资本已足额缴纳,发起人或者股东用作出资的资产的财产权转移手续已办理完毕,标的资产的主要资产不存在重大权属纠纷

续表

项目	应符条件
生产经营	生产经营符合法律、行政法规和公司章程的规定,符合国家产业政策
股权	股权清晰,控股股东和受控股股东、实际控制人支配的股东持有的标的资产股份不存在重大权属纠纷

(2)规范运作

标的资产应具有健全的治理结构和有效的内部控制制度,董事、监事和高级管理人员符合任职资格,标的资产近 3 年内无严重违法违规行为。

表 1-3-4 重组上市中标的资产的规范运作要求

项目	应符条件
治理结构	依法建立健全股东大会、董事会、监事会、独立董事、董事会秘书制度,相关机构和人员能够依法履行职责
董事、监事和高级管理人员	1. 董事、监事和高级管理人员已经了解与股票发行上市有关的法律法规、知悉上市公司及其董事、监事和高级管理人员的法定义务和责任。 2. 董事、监事和高级管理人员符合法律、行政法规和规章规定的任职资格,且不得有下列情形: (1)被证监会采取证券市场禁入措施尚在禁入期的; (2)最近 36 个月内受到证监会行政处罚,或者最近 12 个月内收到证券交易所公开谴责; (3)因涉嫌犯罪被司法机关立案侦查或者涉嫌违法违规被证监会立案调查,尚未有明确结论意见
内控制度	1. 内部控制制度健全且被有效执行,能够合理保证财务报告的可靠性、生产经营的合法性、营运的效率与效果。 2. 公司章程中已明确对外担保的审批权限和审议程序,不存在为控股股东、实际控制人及其控制的其他企业进行违规担保的情形。 3. 有严格的资金管理制度,不得有资金被控股股东、实际控制人及其控制的其他企业以借款、代偿债务、代垫款项或其他方式占用的情形
行为规范	标的资产不得存在下列情形: (1)最近 36 个月内未经法定机关核准,擅自公开或者变相公开发行过证券;或者有关违法行为虽然发生在 36 个月前,但目前仍处于持续状态; (2)最近 36 个月内违反工商、税收、土地、环保、海关以及其他法律、行政法规,收到行政处罚,且情节严重; (3)最近 36 个月内曾向证监会提出发行申请,但报送的发行申请文件有虚假记载、误导性陈述或重大遗漏;或者不符合发行条件以欺骗手段骗取发行核准;或者以不正当手段干扰证监会及其发行审核委员会审核工作;或者伪造、变造标的资产或其董事、监事、高级管理人员的签字、盖章; (4)本次报送的发行申请文件有虚假记载、误导性陈述或者重大遗漏; (5)涉嫌犯罪被司法机关立案调查,尚未有明确结论意见; (6)严重损害投资者合法权益和社会公共利益的其他情形

(3)财务与会计

《首发办法》要求标的资产资产质量良好、资产负债机构合理,盈利能力较强,现金流量正常,并对盈利能力和资产规模作出了量化规定。重组上市中标的资产的财务指标要求如表1-3-5所示。

表1-3-5　重组上市中标的资产的财务指标要求

项目	应符条件
净利润	最近3个会计年度净利润均为正数且累计超过3000万元人民币,净利润以扣除非经常性损益前后较低者为计算依据
现金流量	最近3个会计年度经营活动产生的现金流量净额累计超过5000万元人民币;或者最近3个会计年度营业收入累计超过3亿元人民币
股本	发行前股本总额不少于3000万元人民币
无形资产	最近一期末无形资产(扣除土地使用权、水面养殖权和采矿权等后)占净资产的比例不高于20%
其他	最近一期末不存在未弥补亏损

(二)重组中规避重组上市

《重组办法》对重组上市的认定标准非常严格,并规定重组上市审核标准与IPO等同。证监会也加强了对重组上市的监管力度:一是强化证券交易所一线监管,明确重组上市项目在复牌前一律召开媒体说明会,重组交易双方、上市公司"董监高"、中介机构等均应参会回应市场关注问题;二是加强证监会现场检查,重组上市项目草案披露后,一律安排现场检查;三是严格监管执法,重组方案中止或终止的,不得豁免信息披露法定责任,加强业绩承诺监管,持续督促重组方履约践诺。

重组上市审核、监管日益严格,但重组上市后巨大的利益驱使重组双方采取手段规避重组上市。在重组交易中,是否构成重组上市的关键是上市公司控制权是否发生变更。为保证重组完成后上市公司实际控制人不发生变化,被收购方(标的资产)实际控制人往往通过稀释其持有标的资产股权的方式,来降低其在重组交易中获得的上市公司股权,以达到低于上市公司原实际控制人股权的目的。重组实践中,标的资产实际控制人稀释股权的方式包括:转让其获得的上市公司股份的表决权;重组交易前提前引入非关联第三方入股标的资产,稀释股权;隐藏一致行动人;重组完成后上市公司由管理层实际控制等。

【例1-3-1】宁波富邦(600768)重组交易中涉嫌规避重组上市

2016年7月12日,宁波富邦精业集团股份有限公司(以下简称宁波富邦,600768)发布了《发行股份及支付现金购买资产并募集配套资金暨关联交易预案》。宁波富邦拟发行股份及支付现金购买成都天象互动数字娱乐有限公司(以下简称天象互娱)100%股权、支付现金购买成都天象互动科技有限公司(以下简称天象互动)100%股权。

根据预案,本次交易标的资产天象互娱和天象互动的资产总额、资产净额指标合计均超过宁波富邦相应指标的100%,是否构成重组上市的关键是交易完成后宁波富邦的控制权是否发生转移。如果控制权发生转移,本次交易将被认定为重组上市。预案披露本次交易的控制权未发生变更,亦不构成重组上市。这一结论基于标的资产方的何某某、陈某、张某、蒙某、周某某和杜某共6人(以下简称何某某等6人)不构成一致行动人。

根据预案和已知信息,何某某等6人可能构成一致行动人,进而导致上市公司的控制权发生转移。本次交易前,富邦控股持有上市公司35.26%股权,为上市公司控股股东。交易完成后,富邦控股及其一致行动人合计持有总股本的29.22%,根据证监会发布的《关于上市公司发行股份购买资产同时募集配套资金的相关问题与解答》,剔除通过认购募集配套资金获得的股份后,富邦控股及一致行动人持有上市公司13.64%股权。何某某等6人合计持有上市公司19.94%股权,将取得上市公司控制权。

1.何某某为标的资产的控股股东,何某某等6人的主观意思联络和客观行动协调一致行动较为明显,理由有五点。

一是彼此之间存在经济利益关系。何某某等6人持有标的资产股权,且6人共同设立了新余赤月投资管理中心(以下简称新余赤月)这一有限合伙,根据《上市公司收购管理办法》第83条第2款第6项的规定,“投资者之间存在合伙、合作、联营等其他经济利益关系”即为一致行动人。二是共同受让标的资产。2015年11月10日何某某等6人同时受让岳云科技持有的标的资产股权,且陈某曾于2014年6月至2015年4月担任岳云科技的执行董事、经理。三是同时持有标的资产。2015年12月25日至2016年3月20日,何某某等6人共同通过新余赤月间接持有标的资产之一天象互娱10%股权,且除陈某外的5人为标的资产的核心管理团队。四是同时转让标的资产。本次何某某等6人又同时将标的资产股权转让给宁波富邦。五是同时参加宁波富邦的增发。

2. 即使何某某等6人不构成一致行动人，重组后上市公司也有可能由管理层控制，控制权发生变更。

根据预案，交易完成后，宁波富邦主营业务由铝型材料加工、销售变更为传统铝加工业和移动网络游戏研发并行。宁波富邦传统铝加工业绩逐年下滑，2013年至2015年净利润均为负数，连年亏损。按照标的资产方业绩承诺情况，一方面，2016年至2018年实现净利润不低于3.00亿元、3.60亿元、4.32亿元，移动网络游戏将成为宁波富邦的主要利润来源。另一方面，标的资产的资产净额是宁波富邦资产净额的4.5倍，标的资产将成为宁波富邦的核心资产。根据重组预案，未经何某某等标的资产股东同意，宁波富邦不能修改标的资产的公司章程；在利润补偿期间，由何某某全权决定标的公司日常生产经营计划及生产经营中的采购、销售等事宜；宁波富邦不得罢免或解除标的资产方提名的董事和总经理的职务。由此可见，标的资产将成为宁波富邦的主要利润来源和核心资产，而标的资产可能被何某某等管理层实际控制，公司控制权发生实质上的转移。

如果上述两点有一点成立，则此次重组便构成重组上市，审核标准等同于IPO的审核标准。

二、标的资产估值

在重大资产重组中，标的资产的交易定价通常以资产评估结果为依据，因此标的资产估值是否公允直接影响交易定价的合理性。《重组办法》第20条规定，评估机构、估值机构原则上应当采取两种以上的方法进行评估或者估值。上市公司董事会应当对评估机构的独立性、评估假设前提的合理性、评估方法与评估目的的相关性等方面发表明确意见，以分析重组交易定价的公允性。

（一）估值的方法

在重组实务中，资产评估机构通常使用两种评估方法对标的资产进行价值评估，然后从中选取一种更合理的作为最终评估结果。目前，资产评估主要有三种基本方法，即收益法、市场法和资产基础法。

1. 收益法

收益法,是指通过估测被评估资产未来预期收益的现值,来判断资产的价值。该方法采用资本化或折现的方法来估算资产价值,能比较准确地反映公司的经营情况及内在价值,是实务中应用最多的一种估值方法。

收益法用数学公式可以表示为:

$$P = \sum_{i=1}^{n} \frac{R_i}{(1+r)^i}$$

P:表示资产价值,即通过预测一项资产未来产生的收益,折算成现值求和,以代表当前资产的价值。

R_i:表示被评估资产的预期收益额。不同种类资产的收益额的表现形式也不完全相同,在评估企业价值时,通常使用净利润、净现金流量等财务指标。

r:表示折现率或资本化率。折现率是一种期望投资报酬率,是投资者在投资风险一定的情形下,对投资所期望的回报率,由无风险报酬率和风险报酬率组成。无风险报酬率是指投资无风险资产所获得的投资回报率,实践中参照同期政府债券收益率;风险报酬率则是对风险投资的一种补偿,反映与评估资产相联系的市场风险、行业风险等。

n:表示被评估资产的收益期限,即资产具有获利能力并产生收益的持续时间,通常以年为时间单位。收益期限由评估人员根据被评估资产自身效能、未来获利能力以及有关法律法规、契约合同等确定。

收益法通常应用于对企业价值进行评估,对于轻资产类型的企业价值评估,收益法更是占据极为重要的地位。企业经营的本质是获得收益,因此,收益法与其他评估方法相比更能体现企业运营的本质特征。但是,收益法操作的主观性较强,例如对未来收益的预测、对风险报酬率的确定等,从而使得评估结果较难把握。

2. 市场法

市场法,是指利用市场上同样或类似资产的近期交易价格,经过直接比较或类比分析以估算资产价值的方法,只有在成熟完备的市场才能发挥市场法估值的作用。市场法包括现行市价法、市场折扣法、价格指数法、价值比率法等具体操作方法。在评估企业价值时,通常使用价值比率法。

价值比率法,是指利用参照物的市场价值与其某一经济指标相比较形成的价值比率作为乘数,乘以评估对象的同一经济指标,从而得到评估对象价值的一种评估方法。在实践中,常用的价值比率包括市盈率、市净率、市销率、企业价值倍数等。价值比率法计算资产的估值,用公式表示如下所示:

$$\text{资产评估价值}=\text{待评估资产经济指标}\times\underbrace{\frac{\text{参照物价值}}{\text{参照物经济指标}}}_{\text{价值比率}}$$

(1)市盈率

市盈率(Price-to-Earning Ratio,P/E),是指公司每股市价与每股盈利的比值。在评估目标公司价值时,一般通过目标公司最近一年的预期收益与可比公司或者所在行业的平均市盈率相乘得出,即目标公司估值 = 目标公司近一年预期收益 × 可比公司或所在行业的平均市盈率。

(2)市净率

市净率(Price-to-Book Ratio,P/B),是指公司每股市价与每股净资产之间的比率。在评估目标公司价值时,一般通过目标公司净资产与可比公司或者所在行业的平均市净率的乘积得出,即目标公司估值 = 目标公司净资产 × 可比公司或所在行业的平均市净率。

(3)市销率

市销率,是指公司每股市价与每股销售收入的比值。在评估目标公司价值时,一般通过目标公司最近一年的销售收入与可比公司或者所在行业的平均市销率相乘得出,即目标公司估值 = 目标公司近一年销售收入 × 可比公司或所在行业的平均市销率。

(4)企业价值倍数

企业价值倍数(EV/EBITDA),是指企业价值与息税折旧摊销前利润的比率。其中,息税折旧摊销前利润(EBITDA)指的是扣除利息、所得税、折旧、摊销之前的利润。在评估目标公司价值时,一般通过目标公司最近一年的息税折旧摊销前利润与可比公司或者所在行业的平均企业价值倍数相乘得出,即目标公司估值 = 目标公司近一年息税折旧摊销前利润 × 可比公司或所在行业的平均企业价值倍数。

3. 资产基础法

资产基础法也称成本法,即通过估测资产的成本来确定资产价值。在使用资产基础法评估企业的价值时,将企业看作相互独立资产的集合,企业的价值即各项资产价值的总计。资产基础法的优点在于其客观性较强、不确定因素较少,主要用来评估企业的最低价值;其缺点在于仅关注单项资产的价值,而忽视企业作为整体的协同效应及盈利能力,估值结果并不能反映企业的全部价值。

资产基础法常用的计算方法包括账面价值法、重置成本法等。

(1)账面价值法,是指以公司总资产扣除总负债,即股东权益,作为目标企业的价值。该方法仅对目标企业现有的资产进行估值,并未着眼于目标企业的未来成长能力。

(2)重置成本法,是指以重新构建与目标企业完全相同的企业所需的成本价值,作为目标企业价值。计算公式为:目标企业价值 = 企业资产目前市场全新的价格 - 折旧额、损耗和贬值。

(二)重组估值普遍存在的问题——高估值

高估值,是指在上市公司购买资产的交易中,标的资产的估值远高于其账面值。在重组实务中,标的资产的估值往往是交易双方商议、妥协的结果,评估方法以收益法为主。标的资产估值虚高主要有以下两个原因:一是收购的标的资产的经营业绩相关资料主要由被收购方提供,为获得更高的交易对价,被收购方倾向于更激进、乐观地评估业绩。为获得高对价,被收购方经常通过高业绩承诺来推高估值。二是收益法以标的资产未来盈收能力作为价值评估的基础,而预期收益金额及期限等重要参数受到宏观经济、行业前景等多种客观因素的影响,存在较大的不确定性。由于当前上市公司并购重组标的资产往往集中在热点行业,易推高收益法评估值。

虚高的估值造就了虚高的交易对价,上市公司为购买标的资产就要付出更高的代价,而标的资产未能给上市公司带来预期收益,会严重侵害上市公司利益。同时,高估值容易导致利益输送、内幕交易、高业绩承诺无法兑现、商誉减值等问题,这势必导致上市公司业绩波动,损害中小投资者的利益。

在并购重组实务中,收益法评估推高估值的方法多种多样,例如,预测标的资产的产品单价、销售量等持续上涨;游戏、文化类具有周期性的标的资产,在产品顶峰期进行预测，并假设能维持顶峰状态，等等。

【例1－3－2】东方市场（000301）重组高估值——假设产品单价持续上涨

江苏吴江中国东方丝绸市场股份有限公司（以下简称东方市场，000301）于2017年8月21日发布了《发行股份购买资产暨关联交易报告书（草案）》，东方市场拟购买江苏国望高科纤维有限公司（以下简称国望高科）100%股权。

报告书披露，以2017年6月30日为评估基准日，采用收益法评估，国望高科评估值为127.33亿元，账面价值为57.79亿元，评估增值率120.33%。但经研究，国望高科主营民用涤纶长丝，行业的周期性会导致其未来持续盈利能力具有周期性和不确定性，但估值时预计产品单价持续上涨，影响了估值的合理性。

报告书披露，民用涤纶长丝的市场价格从2014年下半年开始下跌并在低位徘徊，至2016年下半年随着原材料价格的上涨以及下游需求的增加，民用涤纶长丝的市场价格开始小幅上涨，国望高科主要产品DTY、FDY、POY的平均销售价格2015年分别下降14.67%、12.84%、9.53%，2016年分别下降2.49%、5.09%、0.83%；同时，查阅万得资讯国内涤纶长丝价格，发现国望高科主要产品的国内市场价格存在较大波动，2005年至2008年、2009年至2015年为两个周期，分别经历价格由增长到下跌的过程。以DTY产品为例，在2005年至2008年，其市场价格从每吨1.29万元增长到1.50万元，又下降到0.83万元；在2009年至2015年，市场价格从每吨0.83万元增长到1.89万元，又下降到0.73万元。可见，国望高科主要产品价格存在波动性和周期性。但对国望高科估值时，对于产品单价，2017年全年给予DTY、FDY8%，POY4%的增幅预测，2018年至2022年维持3%或4%的增长率，并在2023年及以后维持单价不变。估值时未考虑产品单价的周期性，预测持续增长与历史趋势不符，容易导致估值偏高。

三、业绩承诺与补偿安排

业绩承诺与补偿，是指在上市公司重大资产重组过程中，交易对方（被收购标的资产的股东）对未来一段时间内（承诺期）的经营业绩作出预测，并承诺如果标的资产在承诺期届满实际经营业绩没有达到预期目标时，将向上市公司承担补偿责任。设置业绩承诺与补偿机制的根源,在于标的资产的未来盈利能力存在不确定性,其目的是防范标的资产估值虚高、重组完成后业绩“变脸”,以确保重组交易定价的公允性和合理性。

(一)相关规定

1. 应当进行业绩承诺的情形

根据《重组办法》第35条的规定,重大资产重组在同时满足以下两个条件时,交易对方应当进行业绩承诺:(1)上市公司向控股股东、实际控制人、控制的关联人购买资产,或者购买资产导致控制权发生变更;(2)采用收益现值法、假设开发法等基于未来收益预期的方法对拟购买标的资产进行评估并作为定价参考依据。

除此之外,《关于并购重组业绩补偿相关问题与解答》规定,在交易定价采用资产基础法估值结果的情况下,如果资产基础法中对于一项或几项资产采用了基于未来收益预期的方法,上市公司的控股股东、实际控制人或者其控制的关联人也应就此部分进行业绩承诺与补偿。

上市公司向控股股东、实际控制人或者其控制的关联人之外的特定对象购买资产且未导致控制权发生变更的,并未强制规定进行业绩承诺;但上市公司与交易对方可以根据市场化原则,自主协商是否采取业绩承诺与补偿协议。

2. 业绩承诺方和承诺期限

业绩承诺方为重大资产重组的交易对方,业绩承诺与补偿期限一般为重大资产重组实施完毕后的3年,对于拟购买资产作价较账面值溢价过高的,可视情况延长业绩补偿期限。在采用基于未来收益预期的方法估值时,承诺净利润数一般为估值中的预测净利润数额。上市公司应当在重组实施完毕后3年内的年度报告中单独披露标的资产的实际净利润与承诺净利润的差异情况,并由会计师事务所对此出具专项审核意见。交易对方应当按照补偿协议的规定,就实际净利润不足承诺净利润的部分,对上市公司进行补偿。

3. 业绩补偿方式和计算

交易对方为上市公司控股股东、实际控制人或者其控制的关联人,应当以其获得的股份和现金进行业绩补偿。如构成重组上市,股份补偿不低于本次交易发行股份数量的90%。业绩补偿应先以股份补偿,不足部分以现金补偿。通常在业绩承诺期的每个年度进行一次测算和补偿。

业绩补偿金额通常以重组标的资产的交易作价为基准，乘以业绩未达标的比例。当期应补偿的金额或股份数量的具体计算公式如下：

当期补偿金额 =（截至当期期末累积承诺净利润数 - 截至当期期末累积实现净利润数）÷ 补偿期限内各年的预测净利润数总和 × 拟购买资产交易作价 - 累积已补偿金额

当期应当补偿股份数量 = 当期补偿金额/本次股份的发行价格

其中，上述净利润数均为标的资产扣除非经常性损益后的利润数。按照上述公式，如果在重组交易中购买的标的资产作价为 50 亿元，业绩承诺期届满时，承诺的净利润实现了 80%，则业绩承诺方应就未实现部分向上市公司进行补偿，应补偿总金额 = 50 ×（1 - 80%）= 10 亿元。

4. 业绩承诺不得变更

《关于上市公司业绩补偿承诺的相关问题与解答》规定，在上市公司重大资产重组中，重组方的业绩补偿承诺是基于其与上市公司签订的业绩补偿协议作出的，该承诺是重组方案的重要组成部分，因此，重组方应当严格按照业绩补偿协议履行承诺。重组方不得适用《上市公司监管指引第 4 号——上市公司实际控制人、股东、关联方、收购人以及上市公司承诺及履行》第 5 条的规定，变更其作出的业绩补偿承诺。

《上市公司监管指引第 4 号——上市公司实际控制人、股东、关联方、收购人以及上市公司承诺及履行》第 5 条规定，因相关法律法规、政策变化、自然灾害等自身无法控制的客观原因导致承诺无法履行或无法按期履行的，承诺相关方应及时披露相关信息。除因相关法律法规、政策变化、自然灾害等自身无法控制的客观原因外，承诺确已无法履行或履行承诺不利于维护上市公司权益的，承诺相关方应充分披露原因，并向上市公司或其他投资者提出用新承诺或者提出豁免履行承诺义务。

（二）重组方案中经常存在的问题

1. 高业绩承诺

高业绩承诺，是指交易对方承诺的净利润远高于标的资产近期的净利润。

在重组交易中进行高业绩承诺主要有两个重要的原因：一是标的资产通过高业绩承诺的方式获得高估值，在采用收益法等基于未来收益预期的方法对拟购买标的资产进行估值时，估值是以预期业绩为基础的，所以标的资产的高溢价估值，就必须配以高业绩承诺作为支撑。二是上市公司希望通过标的资产的高业绩承诺、高估值来推动利好,提升股价。

高业绩承诺会对广大中小投资者产生不利的影响。承诺的净利润远高于标的资产近期净利润,使其业绩实现具有很大的不确定性。如果标的资产未实现承诺净利润,一方面会造成上市公司股价下跌,投资者为风险埋单;另一方面如果业绩承诺方未按照协议对上市公司进行补偿,更是会损害上市公司及广大中小投资者的合法权益。

【例1-3-3】博通股份(600455)重大资产重组中的高业绩承诺

2016年8月3日,西安博通资讯股份有限公司(以下简称博通股份,600455),发布了《发行股份购买资产暨关联交易预案》,博通股份拟收购中软国际(中国)科技有限公司[以下简称中软国际(中国)]持有的中软国际科技服务有限公司和上海华腾软件系统有限公司100%股权(以下统称标的资产)。

在博通股份与中软国际(中国)签署的《利润补偿协议》中,中软国际(中国)承诺:标的资产2016年、2017年和2018年合计实现的净利润分别不低于4亿元、5.6亿元、7.56亿元,共17.16亿元。与标的资产报告期内业绩相比,这构成了高业绩承诺。

标的资产报告期2013年、2014年、2015年的净利润分别是1.50亿元、2.03亿元、1.75亿元,共5.28亿元,承诺期净利润是报告期净利润的3.25倍,如此高的承诺业绩,其实现具有重大不确定性。标的资产2013年至2015年的净利润复合增长率为8.01%,若实现承诺的业绩,则意味着2015年至2018年的净利润复合增长率为62.87%,远远高于2013年至2015年的8.01%。标的资产如何能保证高达62.87%的净利润复合增长率?

2. 业绩补偿内容不合规、不合理

当标的资产未实现承诺的净利润时,承诺方应当对上市公司进行业绩补偿。业绩补偿内容和方式对上市公司至关重要,存在的问题主要如下。

(1)业绩补偿的金额并未覆盖所有的交易对价

按照上文业绩补偿的公式,业绩补偿的上限应当为重组的交易对价。但在实际操作中,一些业绩补偿并未覆盖所有交易对价。主要有两种情况:一是承诺方规定了最高补偿上限，但该上限小于交易对价；二是承诺方仅对未实现的净利润差额进行补偿，这时补偿上限仅为承诺的净利润总额。

(2)并非所有的交易对手都业绩承诺

在重组的业绩承诺与补偿协议中，存在仅有部分交易对手进行业绩承诺的情况。此时，业绩承诺方并未获得所有交易对价，一种情况是，承诺方仅以其所获交易对价为最高补偿限额；另一种情况是，承诺方业绩补偿覆盖标的资产的全部交易对价，则承诺方所获对价将小于业绩补偿范围。在标的资产实际净利润远未达到承诺净利润，须补偿金额大于其所获交易对价的情况下，承诺方可能懈于履行承诺，不利于保证承诺的实现。

(3)仅以现金方式进行补偿

在发行股份购买资产的重组交易中，虽然有规定“业绩补偿应先以股份补偿，不足部分以现金补偿”，但有些交易中，承诺方选择仅以现金方式补偿，现金补偿的可执行性比股份补偿低。在这种补偿方式下，如果标的资产未达到承诺业绩，承诺方可能存在补偿能力不足或逃避补偿的情况，这会对上市公司利益形成损害。因此，在现金补偿方式下，保证承诺方足额补偿的可实现性至关重要，这可以避免承诺成为“空头支票”。

【例1-3-4】四通股份(603838)发行股份购买资产重组中业绩补偿内容不合规

2016年6月30日，广东四通集团股份有限公司(以下简称四通股份，603838)公告了《发行股份购买资产暨关联交易预案》。四通股份拟通过发行股份的方式，购买13个交易对方持有的广东启行教育科技有限公司(以下简称启行教育)100%股权，交易价格为45亿元。

四通股份与业绩承诺方签署了《利润补偿协议》，交易对方李某、李某某、启德同仁承诺，启行教育2016年、2017年、2018年净利润分别不低于2.40亿元、2.75亿元、3.10亿元。如果启行教育未实现承诺的净利润，业绩承诺方以现金补偿方式对四通股份承担补偿义务，并且启德同仁承担的利润补偿金额不超过其通过本次交易取得总对价的50%，即0.35亿元；李某、李某某承担的利润补偿金额不超过其通过本次交易取得的总对价，即9.20亿元。

本次重组方案中主要存在以下几个问题：一是关于业绩承诺方。本次交易对手为启行教育的13个股东,但只有3个股东进行了业绩承诺,业绩承诺方所获交易对价仅占总对价的22%。二是关于业绩补偿金额,业绩承诺方承诺的补偿上限为9.5亿元,仅为本次交易对价45亿元的21%,覆盖范围太低。三是关于业绩补偿方式,业绩承诺方以现金方式进行补偿,不利于保障业绩补偿的实现。

3. 设置承诺可调整条款

在并购重组实践中,如果重组完成后标的资产未实现承诺的净利润,交易双方时常通过变更业绩承诺和补偿方案,以减轻或免除业绩承诺方的补偿责任。变更承诺的方式主要包括:变更业绩承诺数额、变更业绩承诺期、提前终止业绩承诺、将逐年补偿变更为累积补偿、将股份补偿变更为现金补偿等。在标的资产未实现承诺业绩时,减轻或免除承诺方对上市公司的补偿责任,会直接减少上市公司的当期净利润,而且会对股价造成不利影响,损害投资者的合法权益。

为能在重组完成后变更业绩承诺,交易双方在重组的业绩承诺与补偿协议中,会提前设置"承诺的可调整条款",即因特定原因导致标的资产承诺业绩不达标时,交易双方可协商对约定的补偿数额、补偿方式等予以调整。考虑到《关于上市公司业绩补偿承诺的相关问题与解答》中规定"上市公司重大资产重组中,重组方应当严格按照业绩补偿协议履行承诺。重组方不得变更其作出的业绩补偿承诺",在重组方案中设置"承诺的可调整条款"显然不符合规定,应在重组方案中予以删除。

【例1-3-5】ST云维(600725)重组中设置补偿金额的调整条款

云南云维股份有限公司(以下简称ST云维,600725)2017年6月6日发布《发行股份购买资产暨关联交易预案》,ST云维拟购买李某某等95名交易对方持有的深圳市深装总装饰股份有限公司(以下简称深装总)98.27%的股权。

ST云维与李某某、胡某某等5名交易对方签署了《业绩补偿及奖励协议》,其中设置了"补偿金额的调整条款",主要内容为"在本次交易实施完成后,如因下列原因导致深装总未实现承诺净利润总额时,本协议各方可协商一致,以书面形式对约定的补偿数额及或约定的补偿方式予以调整:发生签署协议时所不能预见、不能避免、不能克服的任何客观事实,包括但不限于地震、台风、洪水、火灾、疫情或其他天灾等自然灾害,以及战争、骚乱、罢工等社会性事件。前述自然灾害或社会性事件及其他签署协议时所不能预见、不能避免、不能克服的任何客观事实，导致深装总发生重大经济损失、经营陷入停顿或市场环境严重恶化的，各方可根据公平原则，结合实际情况协商免除或减轻业绩承诺主体的补偿责任”。上述协议违反了《关于上市公司业绩补偿承诺的相关问题与解答》中“重组方应当严格按照业绩补偿协议履行承诺，重组方不得变更其作出的业绩补偿承诺”的规定。如果各方协商免除或减轻业绩承诺主体的补偿责任，将对中小投资者的合法权益造成损害。

四、发行股份购买资产的特别规定

上市公司进行重大资产购买的交易方式包括现金支付、发行股份支付或者二者结合，因此，发行股份购买资产属于一种特殊的重大资产重组。《重组办法》对发行股份购买资产有一些特殊规定。

（一）发行股份的相关规定

1. 应符规定

上市公司为促进行业的整合、转型升级，在控制权不发生变更的情况下，可以向控股股东、实际控制人或者其控制的关联人之外的特定对象发行股份购买资产。《重组办法》第43条规定了发行股份购买资产应该符合以下五条规定：

（1）本次交易有利于提高上市公司资产质量、改善财务状况和增强持续盈利能力，有利于上市公司减少关联交易、避免同业竞争、增强独立性。

（2）上市公司最近一年及一期财务会计报告被注册会计师出具无保留意见审计报告；被出具保留意见、否定意见或者无法表示意见的审计报告的，须经注册会计师专项核查确认，该保留意见、否定意见或者无法表示意见所涉及事项的重大影响已经消除或者将通过本次交易予以消除。

（3）上市公司及其现任董事、高级管理人员不存在因涉嫌犯罪正被司法机关立案侦查或涉嫌违法违规正被证监会立案调查的情形，但是，涉嫌犯罪或违法违规的行为已经终止满3年，交易方案有助于消除该行为可能造成的不良后果，且不影响对相关行为人追究责任的除外。

（4）上市公司发行股份所购买的资产为权属清晰的经营性资产，并能在约定期限内办理完毕权属转移手续。

(5)证监会规定的其他条件。

除此之外,如果上市公司发行股份购买的资产与现有主营业务没有显著协同效应的,应当充分说明并披露本次交易后的经营发展战略和业务管理模式,以及业务转型升级可能面临的风险和应对措施。

2. 发行股份的定价

上市公司发行股份的价格不得低于市场参考价的 90%。市场参考价为本次发行股份购买资产的董事会决议公告日前 20 个交易日、60 个交易日或者 120 个交易日的公司股票交易均价之一。其中,交易均价的计算公式为:

N 个交易日公司股票交易均价 = N 个交易日公司股票交易总额 ÷ N 个交易日公司股票交易总量

3. 发行股份购买资产可以同时募集配套资金

上市公司发行股份购买资产的,除构成重组上市外,可以同时募集部分配套资金。《证券期货法律适用意见第 12 号——〈上市公司重大资产重组管理办法〉第十四条、第四十四条的适用意见》和《关于上市公司发行股份购买资产同时募集配套资金的相关问题与解答》,对发行股份购买资产的同时募集配套资金的规模、用途等进行了详细规定。

(1)募集配套资金的数量:上市公司发行股份购买资产同时募集部分配套资金,所募配套资金比例不超过拟购买资产交易价格 100% 的,一并由并购重组审核委员会予以审核;超过 100% 的,一并由发行审核委员会予以审核。其中,“拟购买资产交易价格”指本次交易中以发行股份方式购买资产的交易价格,但不包括交易对方在本次交易停牌前 6 个月内及停牌期间以现金增资入股标的资产部分对应的交易价格。

(2)募集配套资金的用途:发行股份购买资产同时所募资金,仅可用于支付本次并购交易中的现金对价;支付本次并购交易税费、人员安置费用等并购整合费用;投入标的资产在建项目建设。募集配套资金不能用于补充上市公司和标的资产流动资金、偿还债务。

(3)重组上市不得募集配套资金:在之前的重组上市中,一些市场资金往往通过参与认购配套融资增发的股份的方式分享上市公司被借壳的利益。《重组办法》规定了上市公司重组构成重组上市的不得同时募集配套资金,这一规定限制了市场资金方通过认购配套融资增发股份分享重组上市的利益。

（4）股权计算的特殊规定：在认定是否构成《重组办法》第13条规定的重组上市情形时，上市公司控股股东、实际控制人及其一致行动人拟认购募集配套资金的，相应股份在认定控制权是否变更时剔除计算。同时，上市公司控股股东、实际控制人及其一致行动人在本次交易停牌前6个月内及停牌期间取得标的资产权益的，以该部分权益认购的上市公司股份，按前述计算方案予以剔除。

（二）重组方案中经常存在的问题

在发行股份购买资产的交易中，发行股份的价格是关键性因素。如果发行股份的发行价格偏低，在交易对价恒定的情况下，会导致发行股份的数量增多，进而稀释现有股东的权益。在一些重组交易中，交易双方对发行股份的价格设置了调整机制，但只规定了发行价格向下调整的触发条件，而没有价格向上调整的相关规定，相当于单项的只调跌不调涨。在这种调价机制下，只可能导致发行股份数量的增多，损害上市公司现有股东的权益。

【例1-3-6】发行价格偏低——通达动力（002576）发行股份购买资产

江苏通达动力科技股份有限公司（以下简称通达动力，002576）2017年7月22日发布了《重大资产置换及发行股份购买资产暨关联交易预案》，通达动力拟发行股份购买隆基泰和置业有限公司（以下简称隆基泰和置业）相应股权，作价151亿元。

预案显示，通达动力定价基准日前20日、60日、120日的A股交易均价的90%分别是22.02元/股、20.69元/股、18.96元/股，本次重组交易的发行价格选择120日作为参考基数，定为20.00元/股。该发行价格虽然高于120日的参考基数，但仍然低于20日和60日的参考价格。该选择看似符合《重组办法》第45条规定，其实存在诸多问题。首先，通达动力从2016年6月14日即开始停牌，2016年12月12日才复牌，2017年1月23日又停牌至今。如果选择120个交易日的股票均价作为参考，几乎是以2016年1月至今的股票交易价格作为参考，由于公司长期停牌的影响，这一选择基准并不能有效反映公司股票的实际交易情况。其次，一般的上市公司发行股份采用定价基准日前20个交易日上市公司股票交易均价作为市场参考价，这一参考价格也更加符合市场走势。本次重组交易选择三个参考价格中最低的 120 个交易日均价作为基准,已经对中小投资者的利益造成损害。

【例 1 - 3 - 7】调价机制只调低不调高——鹏欣资源(600490)发行股份及支付现金购买资产

鹏欣环球资源股份有限公司(以下简称鹏欣资源,600490)2017 年 6 月 28 日发布了《发行股份及支付现金购买资产并募集配套资金暨关联交易预案》,鹏欣资源拟发行股份及支付现金购买宁波天弘益华贸易有限公司(以下简称宁波天弘)。

此交易方案中对发行股份的价格设置了调整机制。具体内容为:购买宁波天弘的交易价格不进行调整,但对发行股份的价格设置调整机制。在鹏欣资源股东大会审议通过本次交易的决议公告日至证监会核准本次交易前,上证综指(000001. SH)或上证 380 指数(000009. SH)或申万有色金属指数(801050. SI)在任一交易日前的连续 30 个交易日中,至少有 10 个交易日的收盘点数相比上市公司因本次交易首次停牌日前一交易日(2017 年 2 月 20 日)的收盘点数跌幅超过 10%,即触发调价条件,鹏欣资源有权按照鹏欣资源的最新股价对发行价格进行调整。

虽然《重组办法》第 45 条规定,在证监会核准前,上市公司的股票价格相比最初确定的发行价格发生重大变化的,董事会可以按照已经设定的调整方案对发行价格进行一次调整。但是,上证综指和申万有色金属指数时时发生变化,在这次交易的调价机制下,只能降低股份发行价格,并不能在上证综指或申万有色金属指数上涨时,提高发行价格。

五、商　　誉

根据国内现行会计准则规定,商誉是指能在未来期间为企业经营带来超额利润的潜在经济价值。上市公司实施重大资产重组,购买标的资产获得控制权,构成非同一控制下企业合并时,便涉及商誉。

(一)商誉计算及减值

1. 重组交易中商誉的计算

《企业会计准则第 20 号——企业合并》规定,在非同一控制下的企业合并中,购买方对合并成本大于合并中取得的被购买方可辨认净资产公允价值份额的差

额,应当确认为商誉。由上述规定可知,商誉的计算公式如下:

合并商誉 = 合并成本 - 合并中取得被购买方可辨认净资产公允价值份额

在并购重组实务中,合并成本与净资产公允价值均由评估机构确定。合并成本即交易对价,在被收购企业的评估值上下浮动,通常以收益法、市场法评估的被收购企业的评估价值作为对价;被购买方可辨认净资产公允价值通常等于资产基础法评估的被收购企业的价值,但在被收购企业以流动性资产为主的情况下,评估增值可以忽略,可辨认净资产的公允价值等于被收购企业经审计的净资产的账面值。

2. 商誉减值

根据《企业会计准则第 8 号——资产减值》相关规定,因企业合并所形成的商誉,无论是否存在减值迹象,每年都应当进行减值测试。商誉的减值测试及确认应结合与其相关的资产组进行。在实务操作中,商誉的减值测试一般采用现金流量预测方法计算,即将资产组未来可收回金额的现值与商誉账面值进行比较,可收回现值小于商誉账面值的部分计提为商誉减值准备。商誉减值准备一旦计提,不得转回,商誉减值在冲减资产的同时,也抵减净利润。

在并购重组交易完成后,上市公司至少应当在每年度末对并购的标的资产进行减值测试。如果未来期间标的资产经营所处的经济、技术或者法律等环境以及所处的市场发生重大变化从而对企业产生不利影响,或出现经济绩效已经低于或者将低于预期等情况,导致包含分摊商誉的标的公司资产组合的公允价值净额和资产组合预计未来现金流量的现值低于账面价值的,应当在当期确认商誉减值损失。

(二)重组交易常见问题——确认巨额商誉

近年来,上市公司向控股股东、实际控制人或其控制的关联人之外的特定对象购买资产的重组并购行为日益增多,标的资产的估值增值率也逐年增高,导致上市公司的商誉不断提高。在一些高估值、高溢价的并购中,上市公司确认巨额商誉,但若并购的标的资产最终业绩达不到预期,上市公司面临计提商誉减值损失,将直接减少公司净利润。大额商誉减值会严重吞噬企业经营利润,拖累上市公司发展,损害中小投资者的利益。

【例 1-3-8】天神娱乐(002354)重组交易中确认巨额商誉

2016 年 10 月 18 日,大连天神娱乐股份有限公司(以下简称天神娱乐,002354)发布了《发行股份及支付现金购买资产并募集配套资金报告书(草案)修订稿》,天神娱乐拟发行股份收购北京幻想悦游网络科技有限公司(以下简称幻想悦游)93.54% 股份、北京合润德堂文化传媒股份有限公司(以下简称合润传媒)96.36% 股份。

1. 重组交易确认巨额商誉

以 2015 年 12 月 31 日为评估基准日,采用收益法评估,幻想悦游全部股权价值为 36.52 亿元,评估增值率 393.26%,其 93.54% 股权交易价格为 34.17 亿元;合润传媒全部股权价值为 7.70 亿元,评估增值率 325.03%,其 96.36% 股权交易价格为 7.42 亿元。根据重组报告书,本次重组将导致上市公司新增商誉 38.62 亿元,本次重组完成后,天神娱乐商誉总额为 75.27 亿元,占备考合并总资产的 71.90%,占备考合并净资产的 81.37%。

2. 商誉减值的敏感性测试

对幻想悦游、合润传媒商誉的敏感性进行分析可知,当预测净利润下降 1% 时,商誉减值 4137.64 万元;下降 5% 时,商誉减值 20,788.22 万元;下降 10% 时,商誉减值 41,676.44 万元。可见,如果重组完成后标的资产经营业绩低于预期,导致预计未来现金流量的现值低于账面价值,将确认大额商誉减值,对上市公司当期经营业绩产生不利影响。中小投资者应警惕巨额商誉导致未来由于计提减值影响上市公司经营业绩的风险。

【例 1-3-9】二六三(002467)——2016 年计提大额商誉减值

2017 年 3 月 1 日,二六三网络通信股份有限公司(以下简称二六三,002467)发布了《关于计提商誉减值准备的公告》,对 2016 年年底计提商誉减值准备的情况进行了说明。

二六三此前收购的标的资产盈利能力表现不一,2016 年年底详细商誉减值情况如下:

1. 二六三 2012 年收购 iTalk Global 的 66.67% 股权及相关经营推广公司,确认商誉 6.40 亿元;收购北京首都在线网络技术有限公司 70.23% 股权,确认商誉 0.93

亿元。因上述两项业务2015年已深度融合,二六三将两项业务商誉合并计算。经评估机构测试,至2016年年底,上述两项业务资产须计提商誉减值准备3.20亿元,计入2016年当期损益。

2. 二六三自2012年始,分步收购了上海翰平网络技术有限公司(以下简称上海翰平)100%股权,确认商誉约0.35亿元。经评估机构测试,至2016年年底,上海翰平计提商誉减值准备0.35亿元,计入2016年当期损益。

综上,本次共计提商誉减值准备3.55亿元,列入二六三2016年年度合并损益,由此导致二六三2016年归属于母公司所有者的净利润减少3.55亿元。2016年二六三巨额亏损,归属于母公司所有者的净利润为-3.78亿元,基本由商誉减值造成。

第二篇

重大资产重组案例分析

Cases Review of Material Asset Restructuring Exercise

本篇综述

截至2017年12月31日，投服中心共参加了34场重大资产重组媒体说明会，会上从保护中小投资者的角度，分析重组方案存在的问题，主要集中在三个方面：一是重组交易涉嫌规避重组上市；二是标的资产估值过高；三是业绩承诺与补偿不合理。除此之外，投服中心还关注关联交易、同业竞争、经营的可持续性等事关中小投资者利益的问题。

本篇选取了30个重大资产重组案例，逐一、详细地进行分析，每个重组案例均包括上市公司的基本情况、重组标的公司基本情况、重组方案精要、案例分析等内容。

案例1　狮头股份重大资产出售及购买

2016年6月24日，太原狮头水泥股份有限公司（以下简称狮头股份，600539）公告了《重大资产出售及购买暨关联交易预案》（以下简称重组预案），拟出售水泥主业相关的业务、资产和负债，包括其所持有的太原狮头中联水泥有限公司（以下简称狮头中联）51%股权，拟以支付现金方式购买山西潞安纳克碳一化工有限公司（以下简称潞安纳克）100%股权。

一、案例简介

（一）上市公司基本情况

狮头股份成立于1999年，于2001年8月24日在上海证券交易所主板上市交易。发布重组预案时，狮头股份股价为10.68元/股，总股本为230,000,000股，总市值24.56亿元，在本次交易前，狮头股份控股股东为太原狮头集团有限公司（以下简称狮头集团），持股比例为22.94%，实际控制人为太原市国资委。

狮头股份属于水泥行业，主营业务为水泥及水泥熟料、新型墙体材料等的生产与销售，其最近3年的财务状况和经营成果如表2-1-1所示。

表2-1-1　狮头股份基本财务指标

单位：万元

项目	2015年12月31日	2014年12月31日	2013年12月31日
总资产	97,850.22	92,159.72	91,668.94
总负债	27,453.26	22,004.07	20,042.19
股东权益	70,396.97	70,155.65	71,626.75

续表

项目	2015 年	2014 年	2013 年
营业收入	9165.10	2069.05	8199.66
利润总额	241.31	-4971.10	-13,231.05
净利润	241.31	-4971.10	-13,231.05

(二)标的公司基本情况

在本次重组交易中,购买的标的公司为潞安纳克,交易对方为上海纳克润滑技术有限公司(以下简称上海纳克)、山西潞安煤基合成油有限公司(以下简称潞安煤基油)。

潞安纳克于2013 年9 月24 日在山西成立。股权结构自成立起未发生变更,为上海纳克持股50%,潞安煤基油持股50%。股权结构如图2-1-1 所示。

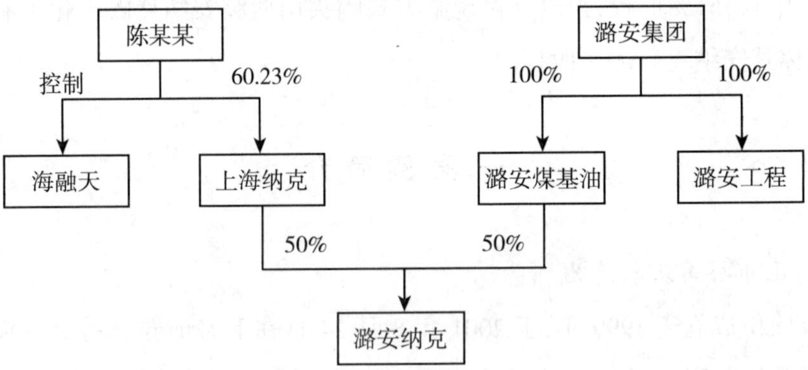

图2-1-1 潞安纳克股权结构

潞安纳克主要从事合成基础油和环保溶剂油的研发、生产和销售,主要产品包括异构烷烃、CTL 费托合成烷烃、液体石蜡,其最近两年一期主要财务指标如表2-1-2 所示。

表2-1-2 潞安纳克主要财务数据

单位:万元

项目	2016 年1 月31 日	2015 年12 月31 日	2014 年12 月31 日
总资产	54,362.41	36,107.78	25,424.96
总负债	49,487.62	31,440.28	20,694.05
股东权益	4874.79	4667.50	4730.91

续表

项目	2016 年 1 月	2015 年	2014 年
营业收入	1582.47	11,780.78	4740.53
营业利润	187.70	-175.64	-474.21
利润总额	188.42	-189.77	-473.87
净利润	188.23	-162.43	-331.05

(三)重大资产重组方案精要

狮头股份本次重组分两步骤进行:一是股权转让,狮头集团将其持有的狮头股份股权进行转让,为本次重组交易的前提条件;二是重大资产出售及购买,狮头股份拟出售水泥主业相关的业务、资产和负债,包括其持有的狮头中联51%股权,拟以支付现金方式购买潞安纳克100%股权。本次重组完成后,狮头股份的主营业务由水泥系列产品的生产和销售变更为合成基础油和环保溶剂油的研发、生产和销售。

1. 股权转让

在本次重大资产重组之前,狮头股份控股股东狮头集团将其所持有的狮头股份5277万股,占狮头股份总股本22.94%的股份分别转让给苏州海融天投资有限公司(以下简称海融天)和山西潞安工程有限公司(以下简称潞安工程),其中向海融天转让2691.27万股,占狮头股份总股本11.70%,海融天与重组交易对方上海纳克同受自然人陈某某控制;向潞安工程转让2585.73万股,占狮头股份总股本11.24%,潞安工程与重组交易对方潞安煤基油同为潞安集团的全资子公司。上述股份转让是本次重大资产重组的前提条件。

2. 重大资产出售

狮头股份将水泥主业相关的业务、资产和负债,包括所持有的狮头中联51%的股权转让给狮头集团,狮头集团以现金方式支付转让价款。以2016年1月31日为评估基准日,采用成本法进行评估,狮头股份的预估值约为4.92亿元,账面净资产为4.90亿元,评估增值率0.36%。转让对价将根据评估值由双方协商确定。

3. 重大资产购买

狮头股份以支付现金方式购买上海纳克和潞安煤基油合计持有的潞安纳克100%股权。以2016年1月31日为评估基准日,采用收益法进行评估,潞安纳克的评估值为3.01亿元,账面净资产为0.49亿元,评估增值率516.93%。

其中,以竞价方式购买潞安煤基油持有的潞安纳克 50% 的股权资产,潞安煤基油将公开挂牌转让,上市公司参与竞买,在挂牌价格 1.56 亿元的基础上通过产权交易市场挂牌竞价最终确定;以协议方式购买上海纳克持有的潞安纳克 50% 股权,协议购买的交易价格将依据狮头股份竞买潞安煤基油公开挂牌转让的目标公司 50% 股权的最终交易价格确定,如狮头股份未能成功摘牌,协议购买资产的最终交易价格为 1.56 亿元。

4. 业绩承诺与补偿协议

上海纳克就本次交易作出业绩承诺并承担相应的补偿义务,其承诺潞安纳克 2016 年、2017 年、2018 年实现的合并报表扣除非经常性损益后归属于母公司股东的净利润分别不低于 1923.84 万元、3923.02 万元、5801.72 万元。若潞安纳克实现的当期期末净利润低于当期承诺净利润,上海纳克应对上市公司进行现金补偿:

当期应补偿总金额 =(截至当期期末累计承诺净利润 - 截至当期期末累计实际净利润)÷ 承诺年度内各年的承诺净利润总和 × 标的资产交易对价 - 出让方已补偿金额

5. 交易完成后狮头股份股权结构

重组预案披露,股权转移前狮头股份的控股股东为狮头集团,公司实际控制人为太原市国资委;本次股份转让后,公司第一大股东为海融天,持股比例为 11.70%,第二大股东为潞安工程,持股比例为 11.24%,两者持股比例较为接近,均无法对公司形成控制,故本次股份转让后,公司将无实际控制人。本次重大资产出售及购买交易不涉及发行股份,交易完成前后,公司股权结构不发生变化。

二、案 例 分 析

(一)行权过程

2016 年 7 月 14 日,投服中心参加狮头股份重大资产重组媒体说明会,现场向狮头股份提出五方面问题:一是本次重组可能被认定为重组上市;二是出售、购买资产的估值的合理性;三是业绩承诺的可实现性;四是信息披露的真实性;五是重组完成后上市公司的独立性。最终,狮头股份于 2016 年 7 月 21 日主动终止了本次重组。

（二）行权内容分析

1. 重组可能被认定为重组上市

狮头股份本次股权转让及重组完成后，原有资产全部置出，主营业务将发生根据变化，本次交易是否构成重组上市，关键因素就是狮头股份控制权是否发生变化，这就涉及海融天和潞安工程是否为一致行动人？认定一致行动人的因素有两个，即主观意思联动和客观行动一致。从目前公告信息来看，海融天和潞安工程两家机构存在很多联动行动：一是两家机构于2013年共同出资设立了本次购买标的公司潞安纳克；二是两家机构，一方提供土地，另一方提供技术专利，共同经营潞安纳克；三是两家机构同时参与狮头集团的股权转让；四是两家机构又共同参与上市公司购买潞安纳克公司。两家机构上述系列客观行为如此一致，很容易让市场、投资者认为二者存在一致行动人的可能性。如果最终被监管部门认定为一致行动人，那么本次重组实际控制人发生变更。根据2016年6月17日证监会发布的修订后的《重组办法》第13条的规定，本次重组就构成重组上市，需要符合《首发办法》的规定，但潞安纳克的净利润等指标不符合借壳标准，本次重组将无法通过。

2. 出售、购买资产估值的合理性

根据重组预案，购买的资产潞安纳克采用收益法评估，估值增值率为516.93%，而置出资产采用资产基础法评估，估值增值率为0.36%。这具有"高买低卖"损害上市公司和股东合法权益的嫌疑。潞安纳克两年一期的毛利率大幅上涨，2014年为9.55%，2015年上升至12.97%，2016年1月上升至24.42%，毛利率持续上涨的原因预案中并未披露，可能缺乏可持续性。因为收益法是基于企业资产未来预期获利能力来评估企业价值，在潞安纳克两年一期净利润大幅上涨的情况下，收益法评估会导致估值偏高。

根据《重组办法》第20条第3款的规定"评估机构、估值机构原则上应当采取两种以上的方法进行评估或者估值"，重组预案中仅采用一种方法对出售和买入的资产进行估值，并不符合上述规定，狮头股份应当在重组预案中进一步披露分别采用两种方法对出售和买入资产估值的结果、估值差距和选择该项估值作为资产定价的依据。

3. 业绩承诺的可实现性

预案显示，潞安纳克2014年、2015年扣非后净利润分别为-331.42万元、-163

万元,交易对方上海纳克承诺潞安纳克 2016 ~ 2018 年扣非后净利润分别不低于 1923.84 万元、3923.02 万元、5801.72 万元,承诺期净利润较报告期大幅增长,业绩承诺可能缺乏业绩支持、不具有实现性。同时,上海纳克承诺采用现金补偿,存在无法履行现金补偿义务的风险,狮头股份可以与上海纳克签订保证措施,以保证补偿的可实现性。除此之外,本次只有上海纳克一方对业绩作出承诺,如果狮头股份竞价取得潞安煤基油持有的潞安纳克 50% 股权,潞安煤基油是否对潞安纳克的业绩作出承诺,预案中并未对此说明。

4. 信息披露的真实性

预案披露,潞安纳克拥有国内第一座煤基合成聚 a 烯烃(PAO)装置,打破了国外垄断,填补了国内润滑油市场的空白。“打破垄断、行业空白、第一”等会给投资者很强的预期导向,在信息披露中应当慎用该类词语,如此定性可能缺乏合理的依据。预案并未对潞安纳克所在行业以及该公司在行业中的地位做详细披露,相反披露潞安纳克公司核心技术人员团队共 6 人,平均年龄 31 岁,学历构成为硕士 1 名,本科 1 名,大专 4 名。这样的技术团队很难与披露的“作为润滑油市场中的成熟企业,公司在产品的研发、生产等方面均积累了丰富经验”相符。此外,从披露的潞安纳克 2014 年至 2016 年第一季度 15 家主要销售对象信息来看,除公司股东潞安煤基油、潞安矿业集团外,其他的销售对象工商查询注册资本为 50 万元到 1000 万元,潞安纳克产品的实际销售对象情况与公司披露的“企业及产品在下游市场中的认可度较高”可能存在不一致。

5. 收购完成后上市公司的独立性存疑

《重组办法》第 11 条第 6 项规定,上市公司实施重大资产重组,应当有利于上市公司在业务、资产、财务、人员、机构等方面与实际控制人及其关联人保持独立。但本次重组可能不利于上市公司保持独立性,进而不符合上述规定。根据重组预案,重组完成后上市公司主要资产为本次收购的标的资产潞安纳克,潞安纳克原股东上海纳克、潞安煤基油成为上市公司关联方,存在多处影响上市公司独立性的因素:一是潞安纳克没有自有土地使用权,所租赁使用的土地均归属其原股东潞安煤基油,潞安纳克使用的核心专利技术均属于股东上海纳克;二是潞安纳克绝大多数的原材料由潞安煤基油提供,其 2014 年、2015 年、2016 年 1 月向潞安煤基油采购金额占采购总额的比例分别为 89.62%、83.98%、92.7%,而潞安煤基油、潞安集团又是公司主要销售对象之一；三是潞安纳克大部分董事、监事、高管人员曾在潞安煤基油任职，潞安纳克历史上存在部分员工的社保和住房公积金由潞安集团代缴之情形，本次交易完成后，该等员工的社保和住房公积金仍由潞安集团代缴。上述一系列的关联关系、关联交易，表明潞安纳克的资产、技术、业务等依赖于关联方，影响重组完成后上市公司的独立性。这些都与中小投资者的利益息息相关，上市公司不容忽视。

案例2　四通股份发行股份购买启行教育

2016年6月30日，广东四通集团股份有限公司（以下简称四通股份，603838）公告了《发行股份购买资产暨关联交易预案》（以下简称重组预案），拟通过发行股份的方式，购买广东启行教育科技有限公司（以下简称启行教育）100%股权。

一、案例简介

（一）上市公司基本情况

四通股份成立于1997年，于2015年7月1日在上海证券交易所主板上市交易。发布重组预案时，四通股份股价为16.20元/股，总股本为266,680,000股，总市值43.20亿元，其控股股东、实际控制人为蔡某城、蔡某茂、李维某、蔡某锋、蔡某通5人，上述5人及其一致行动人合计持有公司股份比例为59.27%。

四通股份主营业务为研发、设计、生产销售新型家居生活陶瓷，其三年一期的财务状况和经营成果如表2－2－1所示。

表2－2－1　四通股份基本财务指标

单位：万元

项目	2016年3月31日	2015年12月31日	2014年12月31日	2013年12月31日
总资产	73,265.77	72,762.56	45,056.37	41,948.73
总负债	9397.36	10,396.77	8920.11	8921.45
股东权益	63,868.41	62,365.79	36,136.26	33,027.28

续表

项目	2016年1～3月	2015年	2014年	2013年
营业收入	10,695.46	46,500.29	47,500.99	45,737.92
营业利润	1700.16	5387.06	5468.68	4512.68
利润总额	1769.27	6364.41	5874.26	5616.61
净利润	1505.22	5469.18	5011.99	4798.01

(二)标的公司基本情况

本次重组的标的公司为启行教育,交易对方为李某、李东某、广东启德同仁教育科技有限公司(以下简称启德同仁)、林某、吕某、共青城纳合诚投资管理合伙企业(以下简称纳合诚投资)、共青城至善投资管理合伙企业(以下简称至善投资)、共青城嘉逸投资管理合伙企业(以下简称嘉逸投资)、深圳市德正嘉成投资基金合伙企业(以下简称德正嘉成)、上海澜亭投资合伙企业(以下简称澜亭投资)、深圳吾湾投资合伙企业(以下简称吾湾投资)、佛山市金俊股权投资合伙企业(以下简称金俊投资)、珠海乾亨投资管理有限公司(以下简称乾亨投资),13个交易对方共持有启行教育100%股权。

启行教育于2013年12月在广州成立,由李某、李冬某夫妻2人创办,经2016年1月和4月两次增资后,股东变更为上述13位,股权分布较分散,无实际控制人,其中持股5%以上股东包括纳合诚投资(20.89%)、李某和李冬某夫妻2人(17.46%)、至善投资(13.33%)、嘉逸投资(11.11%)、德正嘉成(10.67%)、林某(8.89%)、澜亭投资(6.67%),均未超过启行教育股权比例的30%。启行教育股权结构如图2-2-1所示。

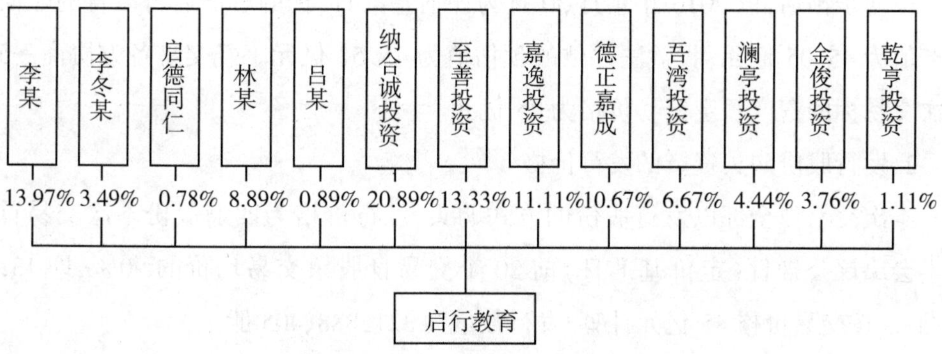

图2-2-1 启行教育股权结构

启行教育主营为留学咨询、考试培训等国际教育服务业务,其直接或间接控股33家子公司、37家分公司,出资举办了7家民办非企业单位。启行教育的核心资产为启德教育集团,启行教育的主营业务由启德教育集团的经营性业务组成,启德教育集团业务的财务状况和经营成果如表2－2－2所示。

表2－2－2　启德教育集团业务主要财务数据

单位:万元

项目	2016年4月30日	2015年12月31日	2014年12月31日
总资产	53,738.01	52,054.21	69,130.65
总负债	62,615.12	63,656.30	76,065.12
股东权益	－8877.11	－11,602.09	－6934.47
项目	2016年1～4月	2015年	2014年
营业收入	30,675.96	94,699.81	77,981.14
营业利润	3501.40	20,534.23	20,994.62
利润总额	3496.48	20,450.18	20,899.01
净利润	2571.31	17,316.37	15,118.36

(三)重大资产重组方案精要

四通股份拟通过发行股份的方式,购买交易对方李某、李冬某、启德同仁、林某、吕某、纳合诚投资、至善投资、嘉逸投资、德正嘉成、吾湾投资、澜亭投资、金俊投资、乾亨投资持有的启行教育100%股权。四通股份拟通过本次交易实现向陶瓷与国际教育服务并行发展的双主业转型。

1.估值及交易价格

经初步预估,以2016年4月30日为评估基准日,标的资产启行教育的账面净资产值为45.05亿元,收益法评估的预估值为45.57亿元。经交易各方协商一致,本次交易标的资产暂定交易价格为45亿元。

2.发行股份购买资产的发行价格

本次交易拟全部以发行股份的方式购买,发行价格为四通股份本次交易首次董事会决议公告日(定价基准日)前20个交易日股票交易均价的90%,即13.98元/股。按交易价格45亿元计算,发行数量为321,888,405股。

3.业绩承诺与补偿

根据上市公司与业绩承诺方签署的《利润补偿协议》,交易对方李某、李冬某、启德同仁(以下简称业绩承诺方)承担对上市公司的利润补偿义务。业绩承诺方承诺标的公司2016年、2017年、2018年净利润分别不低于2.40亿元、2.75亿元、3.10亿元,业绩承诺期合计不低于8.25亿元。

如果标的公司实现的净利润未达到对应的承诺净利润,业绩承诺方以现金补偿方式对上市公司承担补偿义务。其中利润补偿金额=(利润补偿期间启行教育承诺净利润合计数-利润补偿期间启行教育实现净利润合计数)×3。但启德同仁承担的利润补偿金额不超过其通过本次交易取得总对价的50%,即0.35亿元;李某、李冬某承担的利润补偿金额不超过其通过本次交易取得的总对价,即9.20亿元。

4.重组交易后股权结构

在本次交易中,交易对方中的非业绩承诺方林某、吕某、纳合诚投资、至善投资、嘉逸投资、德正嘉成、澜亭投资、吾湾投资、金俊投资和乾亨投资承诺无条件且不可撤销地放弃在本次交易中取得的上市公司股份(包括四通股份送红股、转增股本等原因而增持的股份)所对应的上市公司股东大会上的全部表决权、提名权、提案权。本次交易完成后的股权结构如表2-2-3所示。

表2-2-3　本次重组前后上市公司股权结构

股东名称	本次交易前		本次交易后		交易后表决权	
	数量（百万股）	比例(%)	数量（百万股）	比例(%)	数量（百万股）	比例(%)
四通股份实控人及一致行动人	158.06	59.27	158.06	26.85	158.06	46.84
富祥投资	12.00	4.50	12.00	2.04	12.00	3.56
陈某某	9.80	3.67	9.80	1.67	9.80	2.90
阳爵名光	8.00	3.00	8.00	1.36	8.00	2.37
苏某某	5.68	2.13	5.68	0.97	5.68	1.68
蔡某某	5.66	2.12	5.66	0.96	5.66	1.68
黄某某	0.80	0.30	0.80	0.14	0.80	0.24

续表

股东名称	本次交易前		本次交易后		交易后表决权	
	数量(百万股)	比例(%)	数量(百万股)	比例(%)	数量(百万股)	比例(%)
其他社会股东	66.68	25.00	66.68	11.33	66.68	19.76
李某	—	—	52.62	8.94	52.62	15.59
李冬某	—	—	13.15	2.24	13.15	3.90
启德同仁	—	—	5.01	0.85	5.01	1.48
非业绩承诺方	—	—	251.11	42.66	—	—
合计	266.68	100.00	588.57	100.00	337.46	100.00

二、案例分析

(一)行权过程

2016 年 7 月 26 日,投服中心参加四通股份重大资产重组媒体说明会,现场向四通股份提出四个方面问题:一是涉嫌规避借壳上市,重组是否具有可实现性;二是标的资产估值过高,财务指标与实际估值不匹配;三是业绩承诺与补偿不合理,保证措施不力;四是标的资产启行教育经营的可持续性。最终,四通股份在两次修改完善重组预案后,于 2017 年 2 月 10 日终止了本次重组。

(二)行权内容分析

1. 是否涉嫌规避借壳上市

根据四通股份所披露的预案,本次交易的标的资产启行教育的资产总额、营业收入等指标均超过四通股份相应指标的 100%,是否构成借壳上市的关键是四通股份的控制权是否发生转移,如果控制权发生转移,本次重组将被认定为借壳上市,则应当符合《首发办法》,要求更严格。预案披露,本次交易不会导致公司控制权发生变化亦不构成借壳上市。这一结论的基础和理由是林某等 10 个交易对手,放弃了在本次交易中取得的 42.66% 上市公司股份所对应的表决权、提名权和提案权。这样的理由能否成立,能否被监管部门认可,存在重大不确定性。其理由如下:

其一,从预案披露的信息看,10 名股东放弃表决权等权利的目的是显而易见的,即为了本次重组后控制权不发生转移,进而不构成借壳,这一行为很容易让人得出可能存在规避借壳的结论。固然，在法学理论上，权利是可以放弃的，但当权利的放弃是为了不当目的，就涉及用合法的行为掩盖非法目的。这一行为的正当性就值得推敲，监管机构是否认可就值得考虑，至少对所掩盖的非法或不当目的不予认可的可能性是极大的。

其二，即使放弃表决权等权利，也有可能发生控制权转让的情形。从已知的信息看，资产注入方启行教育的各股东方在本次重组中，其主观的意思联络和客观的行动协调，有可能被认为是一致行动人。按照《上市公司收购管理办法》第 84 条第 1 项的规定，"投资者为上市公司持股 50% 以上的控股股东"即拥有上市公司控制权。按此规定，本次交易完成后，资产注入方所获得的四通公司的股份合计达 54.69%，即已经取得上市公司控制权，自然也使公司的控制权发生了转移。

其三，放弃表决权还有可能引起不良的后果，产生不当的示范效应。一是使上市公司治理产生扭曲。在公司治理中，表决权、提案权、提名权是重要的权利，尤其是表决权是公司治理的核心权利，如果大量放弃，会使公司总股本和其股东权利发生变化，在总股本不变的情况下，有效权利的分母变小了，分子自然变大，长此以往公司治理也会残缺不全。二是表决权是控制权的核心权利，这一点从《上市公司收购管理办法》第 84 条的规定可以看出。但在法律上，表决权是共益权，其特点是这种权利行使与否，不但涉及自己的利益，也涉及其他权利人的共同利益，尤其是在公司控制权的问题上更是如此。因此，放弃这种权利所带来的后果可能也是监管部门所关注的。三是表决权的放弃还可能引起法律规定逻辑上的混乱甚至使法律形同虚设。就《上市公司收购管理办法》第 84 条而言，一方面确认持有上市公司 50% 以上的股份即拥有上市公司控制权；另一方面确认投资者可以实际支配上市公司股份表决权超过 30% 的也拥有上市公司控制权。从立法本意和法律逻辑上看，前者并不以放弃表决权为前提。如果认可前者放弃表决权的行为，根据重组预案，交易完成后原上市公司控股股东、实际控制人蔡某城等 5 人及其一致行动人合计持股比下降为 26.85%，却拥有 46.84% 的表决权，而资产注入方启行教育拥有 54.69% 股份，四通股份同时存在两个实际控制人。这在法律逻辑上的混乱和实际中的不可操作是显而易见的。就《证券法》等相关法律法规而言，如果放弃表决权，就会使其他股东的每股所含表决权加大，在争夺公司控制权中，就有可能用比原本更少的股份获得公司的控制权，从而使法律规定的大额持股的股东信息披露和禁止交易的次数和期限减少,也使法律规定的持股达到 30% 后要约收购情况减少,客观上规避了法律,使法律形同虚设。就《公司法》而言,表决权不但是控制权的核心内容,也是普通股的重要内容。如果放弃表决权,那么就使法律上设立普通股和优先股的意义不大了。

其四,放弃表决权可能使股份转让变得困难,也可能对股价形成影响。根据预案,标的资产启行教育的 10 位股东不可撤销地永久放弃表决权等权利。这个“永久”存在不同的理解。一是仅限于本次的 10 个交易对手方,二是也包括以后这 42.66% 的后续转让对手方都愿意承诺放弃,三是这 10 个交易对手方永久不转让所持有的股份,但究竟为何种预案中并未予以解释。如果仅限于 10 个交易对手,那么 10 个交易对手在解禁期满后可以随时卖出股份,这个不可撤销地永久放弃就变得虚假和毫无意义;如果 10 个交易对手未来要转让,且还要继续实现承诺放弃表决权等权利,就得附条件转让,可能涉及转让股份的折价,股份折价可能对二级市场股票价格带来影响,这势必影响广大中小投资者的利益。

上述几个问题使本次重组存在重大的不确定性,这是本次重组所存在的最大风险,事关广大中小投资者的切身利益。

2. 标的公司估值的公允性

以 2016 年 4 月 30 日为评估基准日,采用收益法评估,标的资产启行教育的预估值约为 45.57 亿元,较启行教育账面净资产值 45.05 亿元,增值约 1.15%;但相较于启德教育集团截至评估基准日的所有者权权益账面价值 -0.89 亿元,标的资产的预估增值则为 46.46 亿元,预估值存在较大增幅。

根据公开信息获悉启行教育核心资产启德教育集团的历史沿革情况,2011 年 2 月成立股本 1 万股的启德香港公司,2013 年 12 月第一次股权转让 1 万股作价20.75 亿元,2016 年 1 月第二次股权转让 1 万股作价为 45 亿元,增值 24.25 亿元,这两次转让估值的评估作价存在重大差异。第二次估值增值,预案提到启德香港公司 2014 年 12 月出资 1.8 亿元收购明杰教育,估值另外增加的 22.45 亿元的核心内容存在疑问。

从财务数据来看,启德教育集团合并报表两年一期的净资产均为负数,而本次交易估值高达 45.6 亿元。预案披露,启德教育集团净利润 2014 年为 1.5 亿元,2015 年为 1.7 亿元,2016 年 1 ~ 4 月为 0.26 亿元,而股东权益 2014 年、2015 年到

2016年4月呈加速下降趋势,有故意压低业绩、隐藏利润的嫌疑。同时,四通股份的财务报告显示,净资产收益率2013年至2015年分别为15.73%、14.62%、11.22%,总资产净利润率为11.65%、11.52%、9.28%,平均总资产净利润率10.82%。而标的资产启行教育,以交易价格45亿元人民币为总资产,根据其业绩承诺情况,2016~2018年总资产净利润率分别为5.3%、6.1%、6.5%,平均总资产净利润率5.96%,远低于上市公司近3年的平均总资产净利润率10.82%。同时标的公司资产负债率很高,且呈逐年上升趋势,上市公司接受其45亿元估值定价存在不合理性。

3. 业绩承诺与业绩补偿的合理性

重组预案显示,交易双方签署《利润补偿协议》,标的公司启行教育业绩承诺方李某、李冬某、启德同仁三方承诺公司2016~2018年净利润分别不低于2.4亿元、2.75亿元、3.1亿元,且承担相应的利润补偿义务,但存在以下几个问题:一是业绩承诺的可实现性。标的公司2015年盈利1.7亿元,2016年1月至4月盈利0.26亿元,按照2016年2.4亿元的业绩承诺,未来8个月每个月均盈利0.27亿元,公司的实现业绩承诺可能存在问题。二是关于业绩承诺方。本次交易对手方启行教育的13个股东,只有3个股东进行了业绩承诺,其他10个股东并未承诺,可能导致业绩承诺方承担补偿义务金额不足以覆盖业绩补偿责任。三是关于业绩补偿的金额。预案披露,李某等3个股东承诺业绩补偿的上限为9.5亿元,仅为本次交易对价45亿元的21%,利润承诺补偿方与其获得的本次交易的对价严重不成比例。四是关于业绩补偿方式。业绩承诺方以现金方式进行补偿,但现金补偿的可执行性较股份补偿的可执行性低。预案中援引了与本次并购重组行业相似度极大的新南洋、保龄宝等几家公司,在这几家公司的重组中,标的资产的所有股东都承担了业绩补偿义务,且业绩补偿方式主要以股份补偿为主。本次并购重组的标的资产启行教育与上述公司收购的标的公司在行业、经营模式等方面存在很高的相似度,不借鉴通行的股份补偿,而采用现金补偿不利于保障业绩补偿的实现。

4. 标的资产的经营的可持续性

根据预案内容,四通股份收购标的资产启行教育的目的是打造陶瓷、留学考试业务"双轮驱动"模式。存在如下疑问:一是从财务报告来看,上市公司陶瓷业务2015年净利润为5469万元,标的资产2015年净利润为1.7亿元,收购完成后,标的资产将成为上市公司主要的利润来源,而目前披露标的资产将来是由独立法人独立运营,上市公司相对分权管控。换句话说,上市公司最挣钱、最核心的业务控制在启行教育手中,而不是上市公司直接控制,这对于标的资产后续运营、上市公司后续盈利回报都会带来影响。二是标的资产启行教育属于轻资产公司,交易完成后,上市公司将启行教育纳入合并报表范围,预计会产生较高的商誉。上市公司需要每年对商誉进行减值测试,如果标的资产存在减值,需要计提减值损失计入当期损益,这会对净利润产生不利影响。在本次重组交易中,在上市公司存在业务整合、标的资产业绩承诺无法实现等风险的情况下,其商誉存在减值风险。

案例3　宁波富邦购买天象互娱和天象互动

2016年7月12日，宁波富邦精业集团股份有限公司（以下简称宁波富邦，600768）发布了《发行股份及支付现金购买资产并募集配套资金暨关联交易预案》（以下简称重组预案），宁波富邦拟购买成都天象互动数字娱乐有限公司（以下简称天象互娱）100%股权、成都天象互动科技有限公司（以下简称天象互动）100%股权。

一、案例简介

（一）上市公司基本情况

宁波富邦于1993年在宁波成立，1996年11月11日在上海证券交易所主板上市交易。发布重组预案时，宁波富邦股价为24.42元/股，总股本为133,747,200股，总市值32.66亿元。其控股股东为宁波富邦控股集团有限公司（以下简称富邦控股），共持有宁波富邦47,162,160股股份，占宁波富邦总股本的35.26%。宋某某等14名自然人股东作为富邦控股经营管理团队及一致行动人，共同控制富邦控股，是上市公司的实际控制人。宁波富邦的股权结构如图2－3－1所示。

宁波富邦主营业务为工业铝板带材、铝型材的加工和销售以及铝铸棒的国内贸易，属于有色金属延加工行业，其3年一期的主要合并财务数据及财务指标如表2－3－1所示。

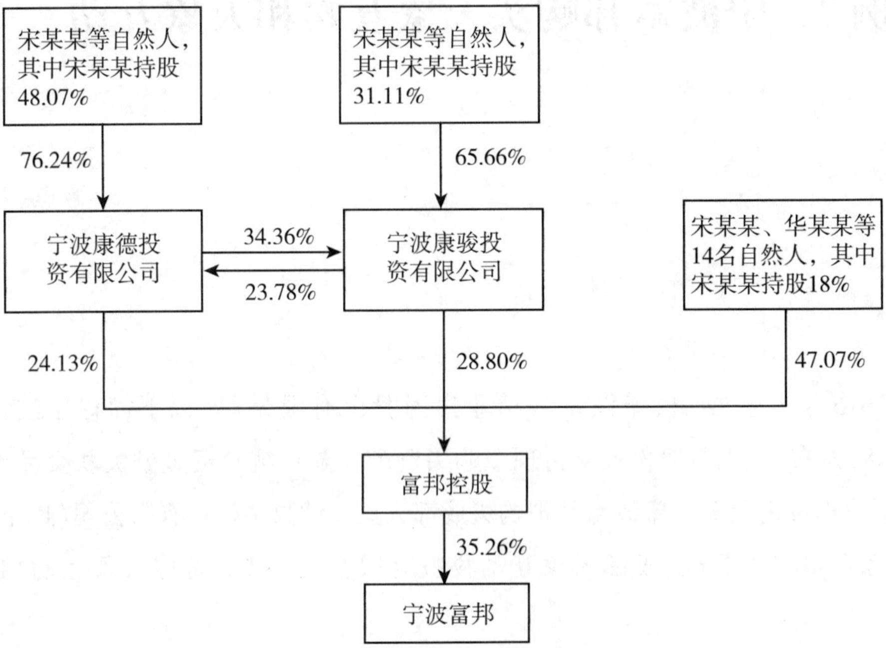

图 2-3-1　宁波富邦股权结构

表 2-3-1　宁波富邦基本财务指标

单位:万元

项目	2016 年 3 月 31 日	2015 年 12 月 31 日	2014 年 12 月 31 日	2013 年 12 月 31 日
总资产	61,781.97	60,820.37	71,626.91	70,593.68
总负债	58,234.70	56,213.05	61,742.67	60,606.91
归属母公司所有者权益	3547.27	4607.32	9884.24	9986.77
项目	2016 年 1~3 月	2015 年	2014 年	2013 年
营业收入	14,082.96	81,466.11	84,253.16	89,572.05
营业利润	-1037.44	-4966.06	-3940.41	-3822.74
利润总额	-1052.07	-5252.14	317.11	-3761.58
归属于母公司所有者的净利润	-1060.05	-5276.92	260.06	-3805.63

(二)标的公司基本情况

本次发行股份及支付现金购买资产的交易对方,为合计持有交易标的天象互娱 100% 股权的 13 名股东以及合计持有天象互动 100% 股权的 8 名股东。

1. 天象互娱

天象互娱于 2012 年 3 月 14 日在成都成立，经过八次股权转让和三次增资后，何某某直接持有天象互娱 35.41% 股权，为其第一大股东。同时，何某某长期担任天象互娱的执行董事职务，负责天象互娱的整体经营和战略发展，为天象互娱的实际控制人。天象互娱的股权结构如图 2 – 3 – 2 所示。

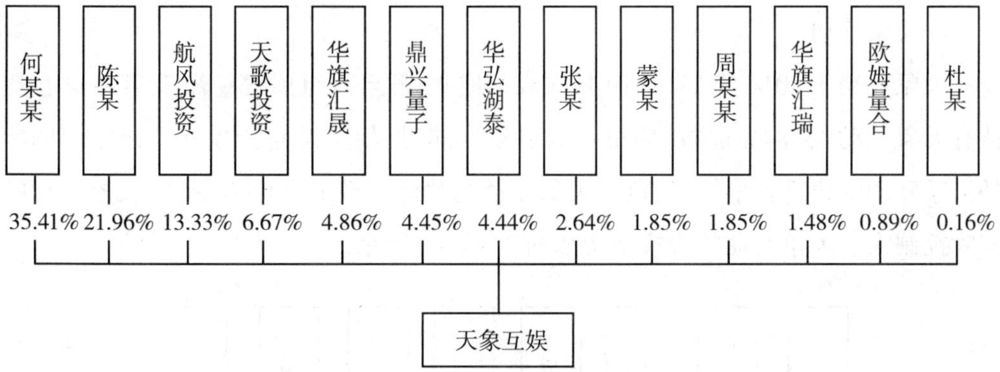

图 2 – 3 – 2　天象互娱股权结构

注：宁波梅山保税港区航风投资管理合伙企业（有限合伙）简称为航风投资；新余天歌投资管理有限公司简称为天歌投资；深圳华旗汇晟投资管理合伙企业（有限合伙）简称为华旗汇晟；成都鼎兴量子投资管理有限公司简称为鼎兴量子；杭州华弘湖泰投资管理合伙企业（有限合伙）简称为华弘湖泰；深圳华旗汇瑞投资管理合伙企业（有限合伙）简称为华旗汇瑞；新余欧姆量合投资管理有限公司简称为欧姆量合。

天象互娱是一家集自主研发、代理发行、IP 授权为一体的移动游戏公司，主营移动网络游戏的开发与运营。天象互娱最近两年一期未经审计的主要财务数据如表 2 – 3 – 2 所示。

表 2 – 3 – 2　天象互娱主要财务数据

单位：万元

项目	2016 年 3 月 31 日	2015 年 12 月 31 日	2014 年 12 月 31 日
总资产	71,589.56	22,752.43	2247.63
总负债	18,328.94	16,275.09	779.21
股东权益	53,260.62	6477.34	1468.42

续表

项目	2016 年 1～3 月	2015 年	2014 年
营业收入	10,765.09	15,258.75	3053.99
营业利润	3949.15	5611.81	1101.63
利润总额	4800.89	5797.31	1102.40
净利润	4783.01	5804.70	1102.40

2. 天象互动

天象互动于 2014 年 11 月 19 日在成都成立,截至重组预案签署日,何某某直接持有天象互动 45.84% 股权,为第一大股东。同时,何某某自天象互动设立起即担任天象互动的执行董事职务,负责天象互动的整体经营和战略发展,为天象互动的实际控制人。天象互动的股权结构如图 2－3－3 所示。

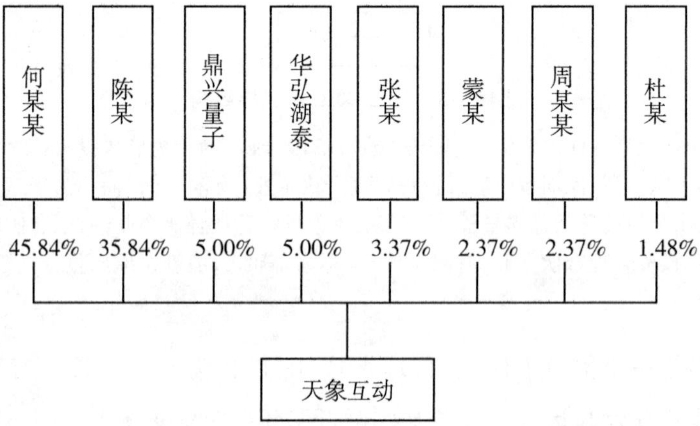

图 2－3－3　天象互动股权结构

2015 年 8 月 31 日之前,天象互动的主营业务是移动游戏的开发与运营。2015 年 10 月经过重组,天象互动将其主要资产、业务转让给赤月科技(现已更名为天象互娱),仅保留了《花千骨》《热血精灵王》及代理游戏《天天枪战》在“4399”运营平台的联合运营业务。天象互动未来的业务定位是进行移动网络游戏创业团队或公司的孵化业务,为优秀的创业者搭建立体的服务平台,提供全方位的创业服务。天象互动最近两年一期未经审计的主要财务数据如表 2－3－3 所示。

表 2-3-3　天象互动主要财务数据

单位:万元

项目	2016 年 3 月 31 日	2015 年 12 月 31 日	2014 年 12 月 31 日
总资产	19,197.55	25,089.37	14,444.51
总负债	4146.17	10,387.00	3706.39
股东权益	15,051.38	14,702.38	10,738.12
项目	2016 年 1~3 月	2015 年	2014 年
营业收入	460.62	46,880.63	16,503.74
营业利润	483.36	12,085.22	10,172.28
利润总额	485.45	13,085.64	10,454.48
净利润	349.00	13,325.57	10,411.73

(三)重大资产重组方案精要

宁波富邦拟发行股份及支付现金购买天象互娱 100% 股权,其中何某某、张某、蒙某、周某某和杜某交易对价的 50% 以现金方式支付、50% 以发行股份的方式支付;其他各方交易对价的 40% 以现金方式支付、60% 以发行股份的方式支付。宁波富邦拟以支付现金的方式购买天象互动 100% 股权。同时,宁波富邦向富邦控股等 8 名投资者非公开发行募集配套资金。发行股份及支付现金购买资产与发行股份募集配套资金共同构成本次交易组成部分,二者互为前提,如任何一项未获批准或配套资金未能成功募集,则本次交易两个部分均不实施。

本次交易完成后,宁波富邦将由单一的铝型材加工和销售企业转变为传统铝加工业与移动网络游戏研发、发行和运营并行的多元化公司。

1. 估值和交易对价

以 2016 年 3 月 31 日为评估基准日,收益法评估天象互娱的预估值为 375,299.88 万元,增值率为 604.67%,经交易双方协商,初步拟定天象互娱 100% 股权的交易价格为 375,000.00 万元;资产基础法评估天象互动的预估值为 15,474.71 万元,增值率为 9.49%,经交易双方协商,初步拟定天象互动 100% 股权的交易价格为 15,000 万元。

2. 发行股份价格

本次发行股份购买资产股票发行价格选取的市场参考价,为定价基准日(审议本次重组事项的宁波富邦第七届董事会第十九次会议决议公告日)前20个交易日公司股票交易均价,经交易各方协商发行价格为18.57元/股,不低于市场参考价的90%。本次发行股份购买资产的股份发行数量不超过112,697,893股。

3. 发行股份募集配套资金

宁波富邦拟向富邦控股、宋某某、富邦鼎鑫、富邦融汇、富邦德盛、华旗汇鼎、安信基金资管计划、君煦基金非公开发行股份募集配套资金不超过184,280万元,全部用于支付本次重组交易现金对价、发行费用及交易税费,发行价格为18.57元/股。

4. 业绩承诺与补偿

天象互娱的净利润承诺方为除航风投资和天歌投资外的其他股东,业绩承诺为2016年、2017年、2018年天象互娱实现的归属于母公司所有者的净利润不低于3亿元、3.6亿元和4.32亿元,如本次交易不能在2016年年度完成标的资产交割,则利润补偿期间变更为2017年、2018年、2019年,同时2019年归属于母公司所有者的净利润不低于47,200万元。当未实现承诺的净利润时,承诺方优先以股份补偿,不足部分以现金补偿,累积补偿金额不超过业绩承诺方取得的标的资产交易对价及本次新增股份登记完成后至补偿日期间所取得的现金分红之和。

天象互动的所有股东承诺,2016年、2017年、2018年天象互动归属于母公司所有者的净利润不得为负,如果发生亏损,业绩承诺方以现金方式进行补偿,如本次交易不能在2016年完成标的资产交割,则利润补偿期间变更为2017年、2018年、2019年,同时2019年归属于母公司所有者的净利润不得为负。

5. 本次交易完成后上市公司股权结构

富邦控股与宋某某、富邦鼎鑫、富邦融汇、富邦德盛为一致行动关系,交易完成后共持有上市公司29.22%股权,仍为上市公司控股股东。宋某某等14名富邦控股经营管理团队仍为上市公司的实际控制人。华旗汇鼎、华旗汇晟、华旗汇瑞为一致行动关系,交易完成后共持有宁波富邦12.24%股权。航风投资与天歌投资为一致行动关系,交易完成后供持有宁波富邦7.01%股权。交易完成后宁波富邦股权结构如表2-3-4所示。

表 2-3-4　交易前后宁波富邦股权结构

股东名称	交易前		交易后	
	股数(股)	比例(%)	股数(股)	比例(%)
富邦控股	47,162,160	35.26	65,693,882	19.00
何某某	—	—	35,756,596	10.34
花旗汇鼎	—	—	34,614,970	10.01
陈某	—	—	26,602,046	7.70
航风投资	—	—	16,155,088	4.67
宋某某	—	—	13,462,574	3.89
富邦鼎鑫	—	—	12,000,000	3.47
天歌投资	—	—	8,077,544	2.34
富邦融汇	—	—	6,236,000	1.80
花旗汇晟	—	—	5,891,222	1.70
鼎兴量子	—	—	5,385,029	1.56
华弘湖泰	—	—	5,385,029	1.56
安信基金资管计划	—	—	5,385,029	1.56
君煦基金	—	—	5,385,029	1.56
富邦德盛	—	—	3,620,000	1.05
张某	—	—	2,661,102	0.77
蒙某	—	—	1,871,387	0.54
周某某	—	—	1,871,387	0.54
华旗汇瑞	—	—	1,798,600	0.52
欧姆量合	—	—	1,077,005	0.31
杜某	—	—	165,858	0.05
其他社会股东	86,585,040	64.74	86,585,040	25.05
合计	133,747,200	100.00	345,680,417	100.00

二、案例分析

(一)行权过程

2016 年 8 月 2 日,投服中心参加了宁波富邦重大资产重组媒体说明会,现场向宁波富邦提出可能存在规避借壳、资产估值是否公允、业绩补偿承诺能否完成等问题。最终,宁波富邦于 2017 年 3 月 9 日公告终止了本次重组。

(二)行权内容分析

1. 本次重组存在被认定为借壳上市的风险,重组存在重大不确定性

根据预案,本次交易标的资产天象互娱和天象互动的资产总额、资产净额指标合计均超过宁波富邦相应指标的 100%,是否构成借壳上市的关键是交易完成后宁波富邦的控制权是否发生转移。如果控制权发生转移,本次交易将被认定为借壳上市。预案披露本次交易的控制权未发生变更,亦不构成借壳上市。这一结论基于标的资产方的何某某、陈某、张某、蒙某、周某某和杜某共 6 人(以下简称何某某等 6 人)不构成一致行动人。

投服中心认真研究预案和已知信息后,认为监管部门有可能认定何某某等 6 人为一致行动人,则何某某等 6 人股权比例将超过宁波富邦原实际控制人,导致宁波富邦的控制权发生转移。本次交易前,富邦控股持有上市公司 35.26% 股权,为上市公司控股股东。交易完成后,富邦控股及其一致行动人合计持有总股本的 29.22%,根据证监会发布的《关于上市公司发行股份购买资产同时募集配套资金的相关问题与解答》,剔除通过认购募集配套资金获得的股份后,富邦控股及一致行动人持有上市公司 13.64% 股权。何某某等 6 人合计持有上市公司 19.94% 股权,将取得上市公司控制权。

(1)何某某为标的资产的控股股东,何某某等 6 人的主观意思联络和客观行动协调一致行动较为明显,理由有 5 点

一是彼此之间存在经济利益关系。何某某等 6 人持有标的资产股权,且 6 人共同设立了新余赤月投资管理中心这一有限合伙,根据《上市公司收购管理办法》第 83 条第 2 款第 6 项的规定“投资者之间存在合伙、合作、联营等其他经济利益关系”即为一致行动人。二是共同受让标的资产。2015 年 11 月 10 日何某某等 6 人同时受让岳云科技持有的标的资产股权,且陈某于 2014 年 6 月至 2015 年 4 月担任岳云科技的执行董事、经理。三是同时持有标的资产。2015 年 12 月 25 日至 2016 年 3 月 20 日,何某某等 6 人共同通过新余赤月间接持有标的资产之一天象互娱 10% 股权,且除陈某外的 5 人为标的资产的核心管理团队。四是同时转让标的资产。本次何某某等 6 人又同时将标的资产股权转让给宁波富邦。五是同时参加宁波富邦的增发。

(2)即使何某某等6人不构成一致行动人,重组后上市公司也有可能由管理层控制,控制权发生变更

根据预案,交易完成后,上市公司主营业务由铝型材料加工、销售变更为传统铝加工业和移动网络游戏研发并行。上市公司传统铝加工业绩逐年下滑,2013年至2015年净利润均为负数,连年亏损。按照标的资产方业绩承诺情况,一方面,2016年至2018年实现净利润不低于3亿元、3.6亿元、4.32亿元,移动网络游戏将成为上市公司的主要利润来源。另一方面,标的资产的资产净额是上市公司资产净额的4.5倍,标的资产将成为上市公司的核心资产。根据重组预案,未经何某某等标的资产股东同意,上市公司不能修改标的资产的公司章程;在利润补偿期间,由何某某全权决定标的公司日常生产经营计划及生产经营中的采购、销售等事宜;上市公司不得罢免或解除标的资产方提名的董事和总经理的职务。由此可见,标的资产将成为上市公司的主要利润来源和核心资产,而标的资产可能被何某某等管理层实际控制,公司控制权会发生实质上的转移。

上述问题使本次重组存在重大的不确定,事关重组成败,事关广大中小投资者的切身利益。宁波富邦及相关方应进一步说明未将何某某等6人认定为一致行动人的理由和依据,以及交易完成后宁波富邦是否变为由管理层控制的公司。

2. 在标的资产可能存在瑕疵,持续盈利能力存在重大不确定性的情况下,收益法估值的合理性

预案披露,以2016年3月31日为评估基准日,天象互娱100%股权预估值为37.53亿元,股东权益合计5.33亿元,预估增值率为604.67%。根据估算,2016年3月20日天歌投资和航风投资对天象互娱增资约4亿元,此次增资紧邻评估基准日,尚未对公司经营产生较大影响,如若扣除此次增资的货币资金,股东权益约1.33亿元,预估增值率约为29倍,这么高的增值率基于假设未来营收能力很强,经投服中心研究发现,标的资产存在较大的瑕疵,未来持续盈利能力存在波动性和不确定性,使评估在时点、方法上都存在一定问题,一些重大风险未予以考虑,影响了估值的合理性。

(1)标的资产存在瑕疵,可能对估值和持续盈利能力产生重大影响,使本次收益法的评估基础并不牢固,依据也不尽充分

一是标的资产天象互娱及其子公司尚未取得《网络出版服务许可证》,可能存

在被责令整改和行政处罚的风险,这可能对其生产经营产生重大影响。

二是根据2017 年6 月2 日国家新闻出版广电总局下发的通知,自7 月1 日起,未经批准的移动游戏,不得上网出版运营,确需继续上网出版运营的,于10 月1 日前到属地省级出版行政主管部门补办相关审批手续。届时,未补办审批手续的,不得继续上网出版运营,违反规定的将按非法出版物查处。预案显示,标的公司的游戏产品都尚未获得审批,能否及时在2016 年10 月1 日前完成相关审批?如果届时未能补办完毕审批手续,可能会被责令停止运营,对标的公司生产经营产生重大不利影响。

三是苏州蜗牛以标的资产的核心产品《花千骨》游戏涉嫌抄袭为由,要求立即停止传播《花千骨》游戏。若标的公司败诉,对标的资产生产经营亦会产生重大不利影响。收益法的评估基础就在于未来的收益假设,如果标的资产因为不能得到许可审批或被法院判决败诉,不但会影响标的资产估值的合理性,更会对未来持续盈利产生重大影响。

(2)标的资产未来持续盈利能力存在重大不确定性,收益法评估在时点的选择上影响估值的公允性

目前,监管部门已将游戏类、影视类公司列为重组监管重点,前期,暴风集团、新文化等公司重组被否的主要原因就是持续盈利能力问题。同时,针对游戏类公司重组,证监会发布的《关于重大资产重组涉及游戏公司有关事项的问题与解答》中,对未开发项目是否纳入收益法评估范围,高风险、高波动公司的折现率和风险系数取值合理性,标的资产工作人员是否存在自我充值消费行为等事项高度关注。前期,暴风集团重组被否的原因就是,监管部门认为其持续盈利能力存在重大不确定性。

众所周知,游戏公司的业绩存在非常大的波动性和周期性。评估时点的选择会对评估价格产生巨大的影响。本次重组中标的公司主要业绩贡献来自《花千骨》,其他几款游戏表现均远不及《花千骨》。根据预案披露的数据,移动游戏市场销售收入增长率从2013 年的246.9%下滑到2014 年的144.6%再下滑到2015 年的37.2%,未来持续盈利能力存在重大不确定性。《花千骨》游戏作为标的资产天象互娱2015 年、2016 年的营收主力,盈利能力存在时效性。凭借同名电视剧的火爆,《花千骨》游戏才有如此优异的盈利表现。一旦IP 热度退去,《花千骨》成为过气游戏,盈利能力极可能大幅下滑。标的公司控股股东何某某也向媒体表达过对游戏

生命周期问题的忧虑，其表示“最希望看到的是可以达到12~24个月持续盈利”；“经常一个产品第一个月流水破了一亿，然后第二个月、第三个月迅速下滑”。而预案披露，本次评估收益法假设“评估基准日后被评估单位的现金流入为平均流入，现金流出为平均流出”，假设“评估基准日后被评估单位的游戏产品保持目前的市场竞争态势”。但如今《花千骨》游戏上线已有一年多，业绩下滑风险很大，评估时点选在《花千骨》游戏巅峰时期的经营业绩作为收益基准，并假设逐年递增并未考虑游戏产品的周期性，影响估值的公允性。

3. 业绩承诺与补偿的合理性

何某某、陈某等11名业绩承诺方承诺：天象互娱2016年、2017年、2018年实现的归属于母公司所有者的净利润不低于3亿元、3.6亿元和4.32亿元。天象互动全体股东则承诺，天象互动2016年、2017年、2018年归属于母公司所有者的净利润不得为负，否则将以现金方式进行补偿。

投服中心注意到，预案中本次资产置入方股东天歌投资、航风投资合计占标的资产天象互娱20%的股权，在本次交易中获得了天象互娱交易对价的20%，但二者并未对其本次所获得的交易对价作出业绩补偿承诺。本次重组可能涉及借壳上市问题，若参照借壳上市标准，利润补偿覆盖率不能低于90%，本次承诺仅覆盖80%，不尽合理。

同时，此前上市公司金亚科技股份有限公司（以下简称金亚科技，300028）拟收购天象互动时，标的资产方天象互动承诺2015年承诺业绩为2.2亿元，而实际上天象互娱与天象互动2015年模拟合并利润为19,988.99万元，实际业绩与承诺业绩相差2000多万元。标的公司在2015年凭借人气游戏使业绩大幅增长的情况下，仍未达到业绩预期，未能兑现所做承诺。可见此前的业绩预期可能存在不谨慎，所以对本次的业绩预期应更为谨慎。就目前标的公司的业绩情况看，2016年1~3月，天象互娱实际净利润为4783万元，月均净利润1794万元，要想完成2016年3亿元的业绩承诺，以后9个月的月均净利润要达到2802万元，是前3个月的1.56倍，承诺业绩的实现可能无法保障。预案披露，承诺方优先使用股份补偿，股份不足再进行现金补偿。由于股份锁定期与承诺期一致，一旦股份补偿不足，如何保障现金补偿的实现？据统计，2015年以来，沪市并购重组中业绩承诺方已有近20%违约，如果届时承诺方拒不使用现金补偿，将损害宁波富邦及广大中小投资者的利益。

案例4　博通股份发行股份收购中软国际科技和华腾软件

2016年8月3日，西安博通资讯股份有限公司（以下简称博通股份，600455）公告了《发行股份购买资产暨关联交易预案》（以下简称重组预案），博通股份拟通过发行股份方式收购中软国际（中国）科技有限公司[以下简称中软国际（中国）]持有的中软国际科技服务有限公司（以下简称中软国际科技）和上海华腾软件技术有限公司（以下简称华腾软件）100%股权。

一、案例简介

（一）上市公司基本情况

博通股份于1994年在陕西西安成立，2004年3月29日在上海证券交易所主板上市。发布重组预案时，博通股份股价为49.14元/股，总股本为62,458,000股，总市值30.69亿元。博通股份最近3年公司控制权未发生变化，控股股东为西安经发集团有限责任公司（以下简称经发集团），其共持有博通股份20.60%股权，实际控制人为西安经济技术开发区管理委员会。

博通股份主营业务为计算机信息、高等教育两大板块，对于计算机信息业务，博通股份以国土资源信息化产品服务为核心；对于高等教育业务，博通股份与西安交通大学合作成立了西安交通大学城市学院，从事教育投资。其最近3年的主要财务数据如表2-4-1所示。

表 2-4-1　博通股份主要财务数据

单位:万元

项目	2015 年 12 月 31 日	2014 年 12 月 31 日	2013 年 12 月 31 日
总资产	67,937.54	71,593.38	70,620.40
总负债	49,669.27	53,935.24	53,978.40
股东权益	18,268.27	17,658.14	16,642.00
项目	2015 年	2014 年	2013 年
营业收入	17,219.64	20,777.15	26,045.60
利润总额	617.67	1017.51	1672.49
净利润	610.13	1016.15	1587.04

(二)标的公司基本情况

本次重组的交易对方为中软国际(中国),交易标的系其持有的中软国际科技100%股权和华腾软件100%股权。

中软国际科技于2012年4月在西安成立,主营业务是提供软件及信息技术服务。截至本重组预案签署日,中软国际科技拥有6家一级子公司,7家分公司,另5家海外子公司的股权转让手续正在办理中,股权转让完成后这5家公司将成为中软国际科技的二级子公司。其3年一期主要财务数据如表2-4-2所示。

表 2-4-2　中软国际科技主要财务数据

单位:万元

项目	2016 年 6 月 30 日	2015 年 12 月 31 日	2014 年 12 月 31 日	2013 年 12 月 31 日
总资产	252,700.70	221,456.685	207,579.37	174,759.84
总负债	156,630.10	118,982.45	113,100.54	87,911.14
股东权益	96,070.60	102,474.24	94,478.83	86,848.70
项目	2016 年 1~6 月	2015 年	2014 年	2013 年
营业收入	195,597.01	286,879.92	220,927.59	149,237.53
营业利润	17,779.71	6471.19	5307.70	4156.93
利润总额	19,050.89	8704.54	8869.04	7791.74
净利润	16,984.59	7926.75	7724.58	8040.90

注:由于中软国际科技在报告期内进行了内部重组,为完整体现本次博通股份拟注入资产的经营情况,假设中软国际科技的内部重组在报告期期初(2013年1月1日)实施完毕,本次内部重组完成后的组织架构自报告期期初已经存在,中软国际科技按照此架构持续经营。以上财务数据为未经审计的模拟口径。

华腾软件于 1993 年 7 月在上海成立,主营业务为提供软件及信息技术服务,报告期内华腾软件合并口径(未经审计)的主要财务数据如表 2-4-3 所示。

表 2-4-3 华腾软件主要财务数据

单位:万元

项目	2016 年 6 月 30 日	2015 年 12 月 31 日	2014 年 12 月 31 日	2013 年 12 月 31 日
总资产	121,395.42	124,898.88	105,806.66	83,930.51
总负债	90,240.98	75,845.98	66,327.20	57,062.55
股东权益	31,154.44	49,052.90	39,479.46	26,867.96
项目	2016 年 1 ~6 月	2015 年	2014 年	2013 年
营业收入	41,994.64	104,670.78	92,950.00	67,185.74
营业利润	3984.73	11,193.94	13,504.99	5907.76
利润总额	4330.24	11,444.07	13,719.18	7083.72
净利润	4101.55	9573.43	12,606.25	7004.79

(三)重大资产重组方案精要

博通股份拟通过发行股份方式收购中软国际科技和华腾软件 100% 股权,交易完成后,中软国际科技和华腾软件将成为上市公司的全资子公司。

1. 估值和交易对价

以 2016 年 6 月 30 日为评估基准日,采用收益法进行评估,中软国际科技和华腾软件 100% 股权的预估值为 63.31 亿元,其模拟合并归属于母公司净资产为 14.16 亿元,评估增值 49.15 亿元,增值率 347.10%,交易作价拟定为 63.31 亿元。

2. 股票发行价格

本次发行股份购买资产的股票发行定价基准日,为博通股份第五届董事会第十七次会议决议公告日。本次发行股份的发行价格为 39.07 元/股,不低于定价基准日前 120 个交易日博通股份股票交易均价的 90%。博通股份以发行股份方式支付全部对价,预计将发行股份共 162,042,487 股。

3. 利润补偿安排

根据博通股份与中软国际(中国)签署的《利润补偿协议》,中软国际(中国)承诺标的资产 2016 年年度、2017 年年度和 2018 年年度合计实现的净利润数分别不低于 4 亿元、5.6 亿元、7.56 亿元。如果业绩承诺未能达成,则中软国际(中国)以股份补偿的方式,对标的资产实际净利润数与承诺净利润数之间的差额部分向博通股份进行补偿。

4. 本次交易构成重组上市

本次交易完成后,博通股份的控股股东将变更为中软国际(中国),上市公司将无实际控制人。在本次交易中,博通股份拟向中软国际(中国)购买资产的资产总额与预计交易金额孰高值为633,100万元,占上市公司2015年年末资产总额67,937.54万元的比例超过100%。按照《重组办法》的规定,本次交易构成重组上市。本次交易对上市公司股权结构的影响如表2-4-4所示。

表2-4-4　交易前后博通股份股权结构

股东名称	本次交易前		本次交易后	
	持股数量(股)	比例(%)	持股数量(股)	比例(%)
中软国际(中国)	—	—	162,042,487	72.18
西安经发集团有限责任公司	12,868,062	20.60	12,868,062	5.73
颜某某	2,185,842	3.50	2,185,842	0.97
陈某某	1,820,700	2.92	1,820,700	0.81
华宝食用香精(上海)有限公司	1,620,900	2.60	1,620,900	0.72
顾某某	1,472,200	2.36	1,472,200	0.66
无锡华海香料有限公司	1,469,411	2.35	1,469,411	0.65
中海信托股份有限公司-中海-浦江之星177号集合资金信托	1,263,392	2.02	1,263,392	0.56
福州驰恒贸易有限公司	1,254,883	2.01	1,254,883	0.56
其他股东	38,502,610	61.64	38,502,610	17.15
总计	62,458,000	100.00	224,500,487	100.00

二、案例分析

(一)行权过程

2016年8月8日,投服中心参加博通股份媒体说明会,会上就博通股份本次重组上市可能存在不确定性、资产估值是否公允、业绩承诺能否实现等事项进行了详细问询。博通股份2016年9月15日公告终止了本次重组。

(二)行权内容分析

1.本次重组涉及境外上市公司分拆和回归,构成借壳上市,由于政策的不明朗,重组存在重大不确定性

根据预案,本次交易标的资产中软国际科技和华腾软件的资产总额、资产净额指标合计均超过上市公司相应指标的100%;本次交易后,上市公司的控股股东将由经发集团变更为中软国际(中国),公司控制权发生变更。按照《重组办法》的规定,本次交易构成了借壳上市。本次交易标的资产的母公司中软国际为香港上市公司,旗下包括技术和专业服务集团(TPG)和互联网IT服务集团(IIG)两大业务板块,本次交易标的中软国际科技和华腾软件是其TPG业务的经营主体,通过本次交易实现与其保留的IIG业务经营主体层面的分割,本次交易涉及了境外上市公司的分拆和回归。

按照现行法律法规,近3年已有5家在海外上市的红筹企业实现退市后,通过并购重组回到A股市场上市。对此,市场一直存在一些质疑,认为这类企业回归A股市场有较大特殊性,境内外市场的估值价差、壳资源炒作等情况应当予以高度关注。2016年5月6日,证监会新闻发言人张晓军在新闻发布会上称:证监会已经注意到相关反映,目前正对这类企业通过IPO、并购重组回归A股市场可能引起的影响进行深入分析研究。目前,境外企业回归国内上市的相关政策尚未公布,本次标的资产是从香港上市公司分拆回来置入上市公司,涉及中概股回归,政策的不明朗使本次重组存在重大不确定性,重组可能失败。

博通股份近年来盈利能力较弱,2013~2015年实现的营业收入为2.60亿元、2.08亿元、1.72亿元,归属于母公司所有者的净利润为1053.75万元、600.12万元、317.87万元,主营业务收入及净利润均出现较大幅度下滑。虽然上市公司近3年

净利润均为正,但实际上近 2 年扣非后公司业绩都是亏损的。在这种情况下,投服中心希望和支持上市公司通过并购重组注入优质资产,增强盈利能力和持续经营能力,给广大中小投资者带来持续回报。投服中心了解到,在本次重组前,博通股份拟作价 3.5 亿元收购南京芯传汇 100% 股权,并募集配套资金 3.3 亿元,但在股东大会上被否决。如果本次重组也失败,上市公司需要考虑是否会进一步寻求优质资产进行注入。

2. 标的资产估值的合理性

预案披露,以 2016 年 6 月 30 日为预评估基准日,本次交易标的资产归属于母公司的净资产为 14.16 亿元,采用收益法评估的标的资产预估价值为 63.31 亿元,评估增值 49.15 亿元,增值率 347.1% 。对于本次交易标的资产的估值是否合理,投服中心提出了以下四个方面的内容:

(1)标的资产作价高于母公司市值:香港上市公司中软国际旗下业务包括 TPG 和 IIG 两大板块,本次交易的标的资产仅为中软国际的 TPG 业务资产。截至 2017 年 8 月 2 日收盘,中软国际总市值约为 72.12 亿港元,按照 8 月 2 日人民币汇率中间价 1 港元兑换 0.8559 元人民币计算,其总市值约为 61.73 亿元,低于本次交易标的资产估值 63.31 亿元。博通股份及交易对方等需要进一步披露 TPG 业务占中软国际整体业务的比例,本次交易标的资产估值高于母公司市值的原因及其合理性。

(2)评估值前后差异悬殊:预案披露,2016 年 2 月 6 日,华为科技将其持有的中软国际科技 40% 的股权转让予中软国际(中国),转让价格为 2 亿元,交易以中软国际科技 2015 年 8 月 31 日的净资产评估值为基础定价,以此测算中软国际科技的估值为 5 亿元;2016 年 6 月 20 日,华腾科技原股东将持有的华腾科技 100% 股权转让予中软国际(中国),转让价格 3.4 亿元,参照华腾科技 2016 年 4 月 30 日的账面净资产确定。而本次交易标的中软国际科技和华腾科技的总估值为 63.31 亿元,与上述两次交易的交易价格存在巨大差异。

(3)2016 年业绩突增的可持续性:预案披露,标的资产之一中软国际科技 2015 年营业利润为 6471.19 万元,2016 年上半年营业利润为 17,779.71 万元,增长了 174.75% ;2015 年净利润为 7926.75 万元,2016 年上半年净利润为 16,984.59 万元,增长了 114.27% 。2016 年上半年净利率为 8.68% ,是 2015 年净利率 2.76% 的 3.14 倍。根据预案,中软国际科技的主营业务是软件和信息技术服务,业务并无明显的周期性、季节性特征,2016 年上半年净利润可能不具有持续性。收益法评估依赖于对标的资产未来各年的净利润、现金流净额进行预测,在本次交易评估中,因为 2016 年上半年业绩激增,可能预测公司未来有较高的收入增长率,导致较高的估值。

(4)评估方法的选择:修改后的《重组办法》第 20 条第 3 款规定,“评估机构、估值机构原则上应当采取两种以上的方法进行评估或者估值”。预案中披露“本次交易拟采用市场法和收益法对标的资产进行评估,并选用收益法评估结果作为最终评估结论”,但并未披露市场法评估的结果,博通股份应当披露市场法的预估结果、选取收益法的原因以及评估作价的合理性。

3. 业绩承诺的可实现性

标的资产的股东中软国际(中国)承诺:标的资产 2016 年至 2018 年合计实现的净利润不低于 4 亿元、5.6 亿元和 7.56 亿元,其中与主营业务相关的税收返还和政府补贴不予扣除。这里需要上市公司作出解释:标的资产 2013 年至 2015 年的净利润分别是 1.50 亿元、2.03 亿元、1.75 亿元,2013 年至 2015 年的净利润复合增长率为 8.01%。若实现业绩承诺,2015 年至 2018 年的净利润复合增长率为 62.87%,远远高于 2013 年至 2015 年的 8.01%。标的资产盈利预测可能不具有可实现性。

案例5　卧龙地产发行股份及现金支付购买天津卡乐

2017年3月22日，卧龙地产集团股份有限公司(以下简称卧龙地产，600173)公告了《发行股份及支付现金购买资产并募集配套资金暨关联交易预案》(以下简称重组预案)，卧龙地产拟通过发行股份及支付现金的方式，购买天津卡乐互动科技有限公司(以下简称天津卡乐)100%股权。2016年7月30日，卧龙地产曾公告《发行股份及支付现金购买资产并募集配套资金暨关联交易预案》，拟出资44亿元通过股份支付及现金支付的方式购买深圳墨麟科技股份有限公司(以下简称墨麟科技)97.714%的股权，最终于2016年11月19日公告终止，因此本次重大资产重组卧龙地产更换了新的标的公司。

一、案例简介

(一)上市公司基本情况

卧龙地产成立于1993年，于1999年3月18日在上海证券交易所主板上市交易。发布重组预案时，卧龙地产股价为11.48元/股，总股本为725,147,460股，总市值83.20亿元，其控股股东为浙江卧龙置业投资有限公司(以下简称卧龙置业)，持有卧龙地产314,104,357股股份，持股比例为43.32%。陈建某持有卧龙控股集团有限公司(以下简称卧龙控股)48.93%股权，陈建某的女儿陈某持有卧龙控股38.73%股权，卧龙控股为卧龙置业的控股股东，持有卧龙置业77.25%的股权，同时直接持有卧龙地产1.13%股权，陈建某和陈某合计直接持有卧龙地产0.041%股权。基于上述，陈建某及其一致行动人合计持有卧龙地产44.49%股权，陈建某为卧龙地产的实际控制人。

卧龙地产主营业务为房地产的开发与销售,其两年一期的财务状况和经营成果如表2-5-1所示。

表2-5-1 卧龙地产基本财务指标

单位:万元

项目	2017年1月31日	2016年12月31日	2015年12月31日
总资产	399,810.39	411,492.7	440,176.95
归属于母公司股东的权益	168,461.89	167,484.9	163,036.28
项目	2017年1月	2016年	2015年
营业收入	5371.87	140,298.26	153,001.73
利润总额	1348.80	12,588.77	12,123.72
归属于母公司净利润	976.99	8074.36	6060.75

(二)标的公司基本情况

本次重组的标的公司为天津卡乐,交易对方为西藏道临信息科技有限公司(以下简称西藏道临)、完美世界(北京)数字科技有限公司(以下简称完美数字科技)、堆龙鸿晖新材料技术有限公司(以下简称堆龙鸿晖)、共青城立德投资管理合伙企业(有限合伙)(以下简称立德投资)、上海并购股权投资基金合伙企业(有限合伙)(以下简称上海并购基金)、上海中平国瑀并购股权投资基金合伙企业(有限合伙)(以下简称中平国瑀基金)、新余市君展宏图投资中心(有限合伙)(以下简称新余君展宏图)、鹰潭市锦深投资(有限合伙)企业(以下简称鹰潭锦深)、新余汇鑫资产管理中心(有限合伙)(以下简称新余汇鑫资管)、西藏盛格网络科技有限公司(以下简称西藏盛格),10个交易对方共持天津卡乐100%股权。

天津卡乐于2009年2月在天津成立,由燕某、乔某、席某某3人创办,经过3次增资及9次股权转让后,股东变更为上述10位,其中持股5%以上股东包括西藏道临(35.22%)、完美数字科技(24.34%)、堆龙鸿晖(17.17%)、上海并购基金(6.98%)、立德投资(5.82%),具体股东持股比例如图2-5-1所示。

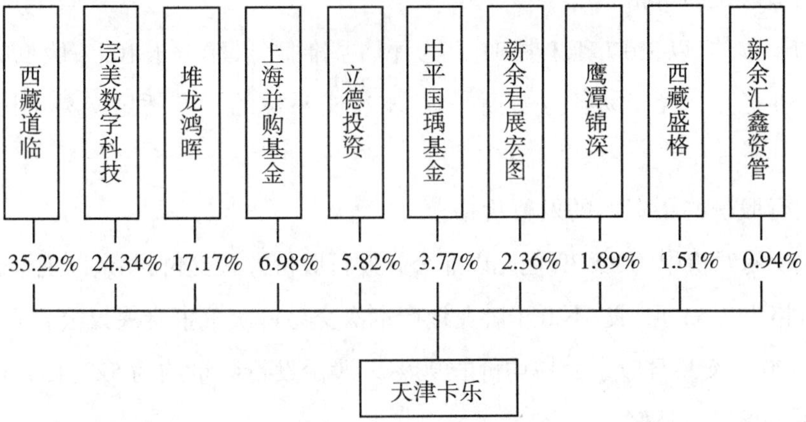

图 2－5－1　天津卡乐股权结构

天津卡乐主营业务为软件、电子信息技术开发、咨询、服务、转让以及软件制作、软件销售等，其财务状况和经营成果如表 2－5－2 所示。

表 2－5－2　天津卡乐业务主要财务数据

单位：万元

项目	2017 年 1 月 31 日	2016 年 12 月 31 日	2015 年 12 月 31 日
总资产	114,281.67	205,890.96	507.17
总负债	52,121.68	51,651.68	125.86
股东权益	62,159.99	154,239.28	381.31
项目	2017 年 1 月	2016 年	2015 年
营业收入	8826.85	76,629.68	472.38
营业利润	5772.17	30,785.78	226.46
利润总额	5766.93	32,760.12	229.88
净利润	5392.66	31,231.98	193.18

（三）重大资产重组方案精要

卧龙地产拟通过发行股份及支付现金的方式，购买交易对方西藏道临、完美数字科技、堆龙鸿晖、上海并购基金、立德投资、中平国瑀基金、新余君展宏图、鹰潭锦深、西藏盛格、新余汇鑫资管持有的天津卡乐 100% 股权。卧龙地产拟通过本次交易掌握 IP 资源并涉足网络游戏行业，构建房地产及互联网文化娱乐双主业的发展模式，使上市公司收入及利润在规模上大幅增长、在来源结构上优化。

1. 估值及交易价格

经初步预估,以 2017 年 1 月 31 日为评估基准日,天津卡乐 100% 股权的预估值约为 53.56 亿元。经交易各方协商一致,本次交易标的资产暂定交易价格为 53.3 亿元。

2. 发行股份购买资产的发行价格

本次交易对价中约 39.39 亿元以非公开发行股份方式支付,剩余以现金支付。股票发行价格为 7.53 元/股,不低于卧龙地产本次交易首次董事会决议公告日(定价基准日)前 120 个交易日股票交易均价的 90%。股份发行数量约为 523,135,129 股。

3. 业绩承诺与补偿

根据上市公司与业绩承诺方签署的《盈利补偿协议》,交易对方西藏道临、立德投资(以下简称业绩承诺方)承担对上市公司的利润补偿义务。业绩承诺方承诺天津卡乐 2017 年、2018 年和 2019 年的税后净利润数(以归属于母公司股东的扣除非经常性损益后的净利润与归属于母公司股东的净利润孰低为计算依据),分别为 3.95亿元、4.84 亿元和 5.81 亿元。

若承诺年度届满后天津卡乐承诺年度 3 年的实际利润合计数未能达到业绩承诺方承诺的利润合计数 14.6 亿元的,业绩承诺方将以股份和现金的方式对卧龙地产进行补偿。业绩承诺方应首先以其基于本次交易获得的对价股份进行补偿,股份不足补偿部分,以现金方式进行补偿。承诺年度期末应补偿股份数 =(承诺年度内各年的承诺利润总和 - 承诺年度内各年的实际利润总和)×(标的股权交易价格 ÷ 本次交易的每股发行价格)÷ 承诺年度内各年的承诺利润总和;承诺年度期末应补偿现金数 =(承诺年度期末应补偿股份数 - 承诺年度期末已补偿股份数)× 本次交易的每股发行价格。

4. 重组交易后股权结构

本次交易完成后的股权结构如表 2 - 5 - 3 所示。

表 2-5-3　本次重组前后上市公司股权结构

股东名称	本次交易前		本次交易后(不考虑配募)	
	数量(股)	比例(%)	数量(股)	比例(%)
卧龙置业	314,104,357	43.32	314,104,357	25.16
卧龙控股	8,184,610	1.13	8,184,610	0.66
陈建某	200,000	0.04	200,000	0.02
陈嫣某	100,000	0.01	100,000	0.01
上市公司实际控制人陈建某及其一致行动人合计	322,588,967	44.49	322,588,967	25.84
上市公司其他社会公众股合计	402,558,493	55.51	402,558,493	32.25
西藏道临	—	—	221,414,450	17.74
完美数字科技	—	—	66,042,747	5.29
堆龙鸿晖	—	—	104,940,401	8.41
新余君展宏图	—	—	14,055,549	1.13
新余汇鑫资管	—	—	4,669,656	0.37
上海并购基金	—	—	30,717,382	2.46
西藏盛格	—	—	2,716,179	0.22
中平国璟基金	—	—	26,710,766	2.14
鹰潭锦深	—	—	10,699,341	0.86
立德投资	—	—	41,168,658	3.30
合计	725,147,460	100.00	1,248,282,589	100.00

二、案例分析

(一)行权过程

2017 年 4 月 25 日,投服中心参加了卧龙地产重大资产重组媒体说明会,现场向卧龙地产提出四个方面问题:一是本次收购的真实目的;二是涉嫌规避重组上市;三是标的资产估值的公允性;四是业绩承诺的可实现性。2017 年 5 月 20 日,卧龙地产发布公告,鉴于国内证券市场环境及监管政策等客观情况发生较大变化,交易各方认为继续推进本次重大资产重组的条件不够成熟,经各方审慎研究并友好协商,决定终止本次重大资产重组。

早在2016年7月30日,卧龙地产曾公告《发行股份及支付现金购买资产并募集配套资金暨关联交易预案》,卧龙地产拟出资44亿元通过现金支付及股份支付的方式购买墨麟科技97.714%的股权。2016年8月24日,投服中心也参加了此次卧龙地产重大资产重组媒体说明会,对墨麟科技持续盈利能力的重大不确定性、重组涉嫌借壳上市、业绩承诺的可实现性提出三个方面的问题,卧龙地产最终于2016年11月19日公告终止了此次重大资产重组,主要原因是墨麟科技的游戏业务精品路线转型有所延期,上市公司与标的公司就后续的战略发展规划存在一定分歧,且经充分沟通后仍无法达成一致,经双方友好协商决定终止。

(二)行权内容分析

1. 本次重组收购的真实目的

一是卧龙地产选择收购游戏公司的理由不充分。预案披露,卧龙地产因房地产整体行业不景气,经营业绩持续下滑,为拓宽新业务、塑造新增长点,决定由单一房地产行业转型为房地产与网络游戏双主业公司。而网络游戏行业与房地产行业存在较大差异,是市场关注度较高的热门题材,具有高估值,业绩快速增长、不稳定等特点。"盲目跨界重组"是监管部门监管的重点,特别是对互联网游戏等热门题材的并购、重组,证监会从严审查,重点遏制忽悠式、跟风式、盲目跨界重组。卧龙地产在对"跨界并购"趋严监管的背景下仍选择收购网络游戏公司作为未来业绩的新增长点,存在炒作热门题材、进行盲目重组的嫌疑。

二是本次重组收购的深层原因不明。2016年7月,卧龙地产拟发行股份及支付现金购买墨麟科技97.714%股权,后因交易双方未就相关条款达成一致于2016年11月终止,在短短5个月内再次收购一家游戏公司的原因有待探究。同时,预案中卧龙地产对主营业务房地产行业的战略规划、未来60个月内关于调整主营业务的相关安排、承诺、协议等内容均未披露,令投资者对上市公司主营业务发展及未来战略规划产生怀疑。

2. 是否涉嫌规避重组上市

预案披露,卧龙地产拟通过发行股份及支付现金方式收购天津卡乐100%股权,交易作价初步为53.3亿元。由于本次交易中天津卡乐资产总额、净资产与交易金额孰高均超过卧龙地产相应指标的 100%，公司控制权是否发生变更将成为本次交易是否构成重组上市的关键因素。

一是重组前天津卡乐多次股权转让、增资交易存在刻意规避控制权变更的可能。预案披露，2016 年 9 月至 2017 年 3 月，天津卡乐经历了三次股权转让、两次增资，导致标的公司股权分散，新增 7 位股东，控股股东西藏道临持股比例由 58% 下降至 35.22%。西藏道临在交易前多次转让股权、分散股权的原因令人生疑，存在刻意规避本次重组后卧龙地产控制权变更的可能。新增股东与西藏道临是否存在关联关系、股权代持关系或一致行动关系均未在预案中说明，若还原前述多次股权转让，西藏道临对卧龙地产持股比例的增加可能影响陈建成对卧龙地产的控制权。

二是立德投资、完美数字科技与西藏道临存在构成一致行动人的可能。预案披露，立德投资是天津卡乐核心员工的持股平台，其执行事务合伙人西藏立安的单一股东为陈永某。陈永某持有西藏道临单一股东百战互动 1% 股权，并担任百战互动的监事，葛某某持有百战互动 99% 股权。陈永某在西藏道临的任职情况，可能构成《上市公司收购管理办法》第 83 条第 2 款第 6 项规定下“投资者之间存在合伙、合作、联营等其他经济利益关系”而认定与葛某某存在关联关系、构成一致行动关系。若陈永某可以控制立德投资，西藏道临与立德投资则可能构成一致行动关系。

另外，2014 年下半年至 2015 年年初，葛某某及大部分技术人员从完美数字科技离职加入天津卡乐，2016 年 3 月前完美数字科技持有天津卡乐 50% 的股权。2016 年 3 月完美数字科技将天津卡乐 20% 的股权作价 5.5 亿元转让给民生加银资管计划，7 月民生加银再次转让至西藏道临，该笔转让对价在预案中未披露。同时，完美数字科技又系天津卡乐全资子公司乐道互动 2015 年、2016 年第一、第二大客户。完美数字科技 2016 年转让 20% 股权的原因不明确。同时，葛某某及其核心技术人员在完美世界任职情况，可能与完美数字科技构成《上市公司收购管理办法》第 83 条第 2 款第 3 项、第 6 项规定下的一致行动人。完美数字科技与西藏道临存在因曾同时控制、持股天津卡乐构成一致行动人的可能。若立德投资、完美数字科技与西藏道临构成一致行动人，交易后三方合计持有上市公司 26.33% 股权，超过实际控制人 25.84% 的股权，公司控制权将发生变更。

三是重组预案存在信息披露不清晰的问题。预案中未披露交易完成后陈建某及其一致行动人、西藏道临、完美数字科技、立德投资等对卧龙地产及天津卡乐的董事及高管的提名情况,未说明卧龙地产是否为天津卡乐管理层控制,也未披露陈建某及其一致行动人未来 36 个月后减持计划、是否计划放弃公司控制权等信息。

3. 标的资产估值的公允性

预案披露,以 2017 年 1 月 31 日为基准日,收益法评估标的资产天津卡乐 100% 股权的预估值为 53.56 亿元,较其净资产 6.14 亿元增值 772.02%。对于标的资产的估值是否合理,存在以下五方面的质疑:

一是天津卡乐多次估值存在差异。预案披露,2016 年 12 月 26 日天津卡乐估值由 55 亿元调整为 43 亿元,而仅间隔 1 个月后本次交易估值为 53.56 亿元,天津卡乐历次评估差距较大的原因及合理性不明。

二是天津卡乐存在瑕疵。预案披露,天津卡乐尚未取得《网络出版服务许可证》,目前研发游戏的出版发行主要委托具有相关资质的第三方网络出版机构进行,存在被主管部门处罚风险。依据《网络出版服务管理规定》第 7 条、第 51 条的规定,从事网络出版服务,必须依法经过出版行政主管部门批准,取得《网络出版服务许可证》。未经批准,擅自从事网络出版服务由出版行政主管部门、工商管理部门依法予以取缔,并由相关电信主管部门给予责令关闭网站、删除相关网络出版物,没收违法所得和主要设备、专用工具,违法经营额 1 万元以上的,并处违法经营额 5 倍以上 10 倍以下的罚款。天津卡乐尚未取得《网络出版服务许可证》的原因不明,未取得许可证可能会对公司正常经营产生较大影响。

三是天津卡乐财务数据真实性存疑。预案披露,天津卡乐 2015 年、2016 年的净利润为 193.18 万元、3.12 亿元,其中天津卡乐全资子公司上海喆元 2015 年、2016 年的净利润为 -8184.99 万元、8053.38 万元。天津卡乐 2015 年、2016 年以及 2017 年 1 月的毛利率高达 100%、88.95% 及 95%。同时,天津卡乐下属公司乐道互动 2015 年第一大客户、2016 年第二大客户为完美数字科技,关联交易额分别为 2.5 亿元、1.7 亿元,占同业收入的 39.05%、26.25%。天津卡乐及上海喆元 2016 年净利润大幅上涨的原因不明,合理性有待进一步披露。天津卡乐毛利率超过游戏行业平均水平,特别是在网络游戏业务整体行业毛利率呈下降趋势的背景下,天津卡乐仍保持较高毛利率明显不合理。同时,预案未披露完美数字科技向乐道互动采购产品的原因,关联交易价格的依据及可持续性。

此外,根据证监会《关于重大资产重组涉及游戏公司有关事项的问题与解答》

规定,游戏公司重组需要提供较为翔实的经营数据,申请人应当结合游戏公司特点及运营模式,在重组报告书中分析并披露:主要游戏的总玩家数量、付费玩家数量、活跃用户数、付费玩家报告期内每月人均消费值、充值消费比、玩家的年龄和地域分布、开发人员等。预案中尚未披露标的资产的相关数据,无法判断标的资产披露的游戏收入是否与实际情况相匹配。

四是天津卡乐主营业务的持续盈利能力问题。预案披露,2016 年天津卡乐及上海喆元的净利润经历了爆发式增长。另外,乐道互动正在运营的主要游戏产品为 9 项,2016 年上线产品 7 项,而目前在研游戏产品仅 3 项。天津卡乐 2016 年业绩爆发式增长是否具有可持续性,令人质疑。由于网络游戏的生命周期较短,天津卡乐以前年度研发的游戏产品基本已进入生命周期的后半阶段,持续生产能力下降,部分游戏产品在苹果系统、安卓系统下载热度实际较冷清,而新研发的产品数量呈下降趋势且尚未达到预期收入水平,可能对天津卡乐持续盈利能力产生重大不利影响。

另外,天津卡乐下属日本公司 SNK 主要通过 IP 授权获得版权费及游戏流水分成收入,2016 年 IP 授权及分成收入较 2015 年增幅 1.38 倍,未来能否持续增长、保持长期竞争力不能确定。

五是核心人员是否存在潜在不稳定风险。核心技术人才是游戏公司实现业绩的重要保证,若核心技术人员离职,天津卡乐的盈利能力将大幅下降。预案中未披露卧龙地产与相关人员签署的承诺及协议,如果现有核心人员离职,卧龙地产将可能无法保障天津卡乐的持续盈利能力。

4. 业绩承诺与业绩补偿的合理性

预案披露,天津卡乐的 2 位股东西藏道临、立德投资承诺:天津卡乐 2017 年、2018 年、2019 年实现的净利润分别不低于 3.95 亿元、4.84 亿元、5.81 亿元。本次交易对方是天津卡乐的 10 位股东,做出业绩承诺的只有西藏道临和立德投资 2 位,承诺方合计持有天津卡乐 41.04% 股权,如果业绩不达标,将有 58.96% 的业绩无法补偿,对中小投资者合法权益影响十分重大,这样安排不符合监管部门关于强化中小投资者保护的规定。另外,在网络游戏市场增速放缓、天津卡乐业绩持续盈利能力存在较大不确定性、天津卡乐存在瑕疵的背景下,天津卡乐如何实现前述业绩承诺值得怀疑。

案例6　罗顿发展两次购买易库易供应链

2016年8月9日,罗顿发展股份有限公司(以下简称罗顿发展,600209)公告了《发行股份及支付现金购买资产并募集配套资金暨关联交易预案》(以下简称重组预案),拟通过发行股份及支付现金的方式购买深圳易库易供应链网络服务有限公司(以下简称易库易供应链)100%股权。2016年12月21日,经罗顿发展第六届二十五次董事会审议通过,终止了本次重大资产重组。然而罗顿发展没有放弃重组计划,又于2017年10月17日公告了《发行股份购买资产并募集配套资金暨关联交易报告书(草案)》(以下简称重组报告书),再次筹划购买易库易供应链。

一、案例简介

(一)上市公司基本情况

罗顿发展成立于1993年,于1999年3月25日上市。两次重组期间,其控股股东为海南罗衡机电工程设备安装有限公司(以下简称罗衡机电),实际控制人为李甲。罗顿发展主营业务为酒店经营及管理、装饰工程业务,其4年一期的财务状况和经营成果如表2-6-1所示。

表2-6-1　罗顿发展基本财务指标

单位:万元

项目	2017年5月31日	2016年12月31日	2015年12月31日	2014年12月31日	2013年12月31日
总资产	88,334.36	90,938.62	97,578.49	99,319.57	114,027.32
总负债	15,664.54	16,644.69	16,294.83	16,657.18	31,234.81

续表

项目	2017年5月31日	2016年12月31日	2015年12月31日	2014年12月31日	2013年12月31日
归属于母公司所有者权益	65,084.67	66,414.54	72,144.89	72,178.60	71,252.14
项目	2017年1~5月	2016年	2015年	2014年	2013年
营业收入	3565.94	15,335.49	10,976.00	20,209.86	20,380.70
营业利润	-1623.11	-6725.07	-3246.15	695.18	-3384.18
利润总额	-1624.10	-6110.33	-312.52	687.77	-3382.73
归属于母公司所有者的净利润	-1329.88	-4594.12	251.65	926.46	-2330.22

(二)标的公司基本情况

两次重组的标的公司都为易库易供应链，罗顿发展拟向易库易供应链全体股东发行股份及支付现金购买易库易供应链100%股权。

易库易供应链成立于2016年6月13日，经营范围为供应链解决方案设计，供应链管理，现代物流技术与物流公共服务系统的技术开发，信息安全技术研发，数据库服务，电子元器件的销售与电子元器件的技术咨询、技术转让、技术服务，网站的技术开发。最近3年，易库易供应链进行的股权转让如表2-6-2所示。

表2-6-2　2016年至2017年易库易供应链股权转让情况

序号	转让时间	转让方	受让方	转让股份出资额(万元)	转让价格(万元)	作价	估值水平(亿元)
1	2016年7月21日	易库易科技	前海禾雀等16名	2079.60	0.0001	1元	—
			宁波软银	480.00	2584.68	每股注册资本5.38元	6.98
			和谐创投	200.00	1076.95		
			嘉兴兴和	300.00	2536.22	每股注册资本8.45元	10.96
2	2016年12月22日	易库易科技	宁波德稻	6609.60	81,982.50	每股注册资本12.40元	16.075

续表

序号	转让时间	转让方	受让方	转让股份出资额(万元)	转让价格(万元)	作价	估值水平(亿元)
3	2017 年 1 月 13 日	林某某	易库易科技	264.50	5716.56	每股注册资本 21.61 元	28.01
		前海禾雀		215.01	2666.84	每股注册资本 12.40 元	16.075
		宁波软银		100.00	1230.00		
		和谐创投		100.00	1240.00		
		李某		80.00	992.31		
		永德企业		57.00	706.98		
		北京嘉宸		50.00	620.17		
		刘某某		50.00	620.17		
		搜租网络		50.00	620.17		
		蒋某某		40.01	496.15		
		薛某		40.01	496.07		
		潘某某		20.01	248.04		
		胡某某		12.00	148.85		
		吴某某		10.01	124.10		
		庄某某		10.01	124.10		
4	2017 年 4 月 11 日	泓文信息	易库易科技	367.49	4558.30	每股注册资本 12.40 元	16.075
		泓文网络		81.00	1004.69		
5	2017 年 5 月 9 日	易库易科技	詹某某	72.56	900.00	每股注册资本 12.40 元	16.075
			郑某	72.56	900.00		

注:易库易科技指易库易科技(深圳)有限公司,前海禾雀指深圳前海禾雀资本管理有限公司,宁波软银指宁波软银悦泰创业投资管理合伙企业(有限合伙),和谐创投指北京和谐创新投资中心(有限合伙),永德企业指永德企业管理顾问(深圳)有限公司,北京嘉宸指北京嘉宸投资基金有限公司,搜租网络指深圳搜租网络有限公司,泓文信息指深圳泓文信息管理合伙企业(有限合伙),泓文网络指深圳泓文网络科技合伙企业(有限合伙)。

易库易供应链最近两年一期经审计的主要财务数据如表 2-6-3 所示。

表 2-6-3　易库易供应链主要财务数据

单位:万元

项目	2017 年 5 月 31 日	2016 年 12 月 31 日	2015 年 12 月 31 日
总资产	166,659.09	164,201.35	65,339.09
总负债	144,564.53	138,898.12	47,231.22
归母所有者权益	22,161.98	25,341.50	18,107.87
项目	2017 年 1~5 月	2016 年	2015 年
营业收入	161,437.08	308,081.55	190,562.18
利润总额	7386.45	14,091.05	8821.61
扣非后归母净利润	5178.81	11,178.17	6823.90

(三)重大资产重组方案精要

1.2016 年 8 月 9 日重组预案

罗顿发展拟向易库易供应链全体股东发行股份及支付现金购买其持有的易库易供应链 100% 股权,截至 2016 年 4 月 30 日,易库易供应链预估值 16.075 亿元。其中,(1)易库易科技持有的易库易供应链 76.39% 股权,其中 8.3 亿元对价用发行股份方式支付,剩余部分对价使用现金支付;(2)除易库易科技以外的其他股东持有的易库易供应链股权,50% 由罗顿发展通过发行股份方式支付对价,50% 由罗顿发展通过现金支付对价。

2.2017 年 10 月 17 日重组报告书

在本次交易中,罗顿发展拟通过向特定对象非公开发行股份的方式购买宁波德稻、易库易科技、宁波软银、嘉兴兴和、泓文网络、泓文信息、永德企业、和谐创投、詹某某、郑某、薛某某、前海禾雀、蒋某某合计持有的易库易供应链 100% 的股权。同时,罗顿发展拟通过询价方式向其他不超过 10 名特定投资者发行股份募集配套资金,募集配套资金总额不超过 60,000.00 万元,不超过本次交易中以发行股份方式购买资产的交易价格的 100% 。

(1)估值及交易价格

截至本次交易的评估基准日 2017 年 5 月 31 日,本次交易拟购买资产的评估值为 199,818.01 万元。经协议各方协商一致,本次交易拟购买资产的交易价格为 199,800 万元。

(2)发行股份购买资产的发行价格

本次发行股份购买资产的发股价格为11.25元/股,不低于定价基准日前60个交易日股票均价的90%,据此计算,罗顿发展向易库易供应链全体股东发行股份的数量合计为177,599,996股。

(3)业绩承诺与补偿

宁波德稻、易库易科技、泓文网络、泓文信息作为业绩承诺人承诺,易库易供应链2017年年度、2018年年度及2019年年度对应的经审计的归属于母公司股东的净利润(以当年经审计的扣除非经常性损益后的金额为准)数额不低于17,000万元、23,000万元及30,000万元。

二、案例分析

(一)行权过程

2016年9月1日,投服中心参加罗顿发展重大资产重组媒体说明会,现场提出三方面问题:一是本次重组完成后,罗顿发展主营业务及实际控制人变化;二是标的资产2015年业绩大幅增长的原因不明,标的资产估值是否公允;三是业绩承诺不够清晰。

2017年11月8日,投服中心参加罗顿发展重大资产重组媒体说明会,现场提出三个方面问题:一是罗顿发展主营业务及实际控制人变化;二是标的资产估值是否公允;三是业绩承诺能否实现。

两次参加媒体说明会,投服中心都关注了主营业务及实际控制人变化、估值公允性、业绩承诺问题,经多次修改重组报告书,截至2018年6月30日,重组仍在进行中。

(二)行权内容分析

1. 罗顿发展主营业务及实际控制人变化

重组交易前,上市公司主营业务为酒店经营及管理和装饰工程,交易完成后,上市公司将转变成为"电子元器件分销及技术服务业务为主导,酒店经营及管理和装饰工程业务为支撑"的双主业发展模式。

罗顿发展2015年、2016年、2017年1月至5月营业收入分别为10,976万元、

15,335.49 万元、3565.94 万元,归属于母公司的净利润为 251.65 万元、-4594.12 万元、-1329.88 万元,处于微利或亏损状态。而标的资产易库易供应链 2015 年、2016 年及 2017 年 1 ~5 月,实现的营业收入分别为 190,562.18 万元、308,081.55 万元、161,437.08 万元,实现的归属于母公司所有者的净利润分别为 6841.74 万元、11,178.52 万元、5181.55 万元。可见交易完成后,易库易供应链的营收规模远超罗顿发展原有业务,交易完成后标的资产将成为罗顿发展的主要收入来源,成为其核心业务。草案披露"公司传统主营业务难以实现短期重大突破",罗顿发展原主业为何还要保留,双主业发展是否具有可实现性,原主业是否有发展或者剥离计划等问题值得关注。

另外,在重组交易前,罗顿发展实际控制人李甲共控制公司 25.04% 的股份。假如 2016 年的重组预案中的交易完成,李甲将持有罗顿发展 31.97% 股权,扣除认购募集配套资金取得的股份后,持有罗顿发展 16.32% 股权;夏某持有罗顿发展 14.17% 股权。假如 2017 年的重组报告书中的交易完成,不考虑配套融资,李甲及其一致行动人将控制公司 42.76% 的股份,考虑配套融资,则共控制公司 39.84% 股权。

两次重组,罗顿发展都称李甲仍会保持实际控制人地位,重组交易不会导致公司控制权的变化。重组交易对方易库易科技的实际控制人夏某为李甲亲属。首先,在第一次重组易库易供应链失败后,易库易科技向李甲控制的宁波德稻转让了易库易供应链 51% 的股份,使李甲提高了本次重组交易完成后在上市公司的股份占比,此举有规避重组上市嫌疑。其次,标的公司易库易供应链为夏某创立和经营,夏某对于易库易供应链市场开拓、客户服务和渠道资源的重要性和控制力等方面应会起到较大的作用,夏某在未来可能会因实质上控制易库易供应链,从而控制罗顿发展的核心业务。最后,草案称李甲与夏某两人形成了一致行动关系,一旦重组成功,夏某和李甲可能实质上共同控制罗顿发展,罗顿发展的控制权结构可能发生变更,从而导致本次交易构成重组上市。

2. 标的资产估值是否公允

本次交易的标的资产是易库易供应链 100% 股权,以 2017 年 5 月 31 日为评估基准日,使用收益法评估的预估值约 19.98 亿元,所有者权益账面价值约 2.22 亿元,增值额约 17.77 亿元,增值率为 801.63%,增值率较高。我们对标的资产估值

的公允性有以下几点考虑:

一是易库易供应链短期内估值差异巨大。从 2016 年重组预估值看,以 2016 年 4 月 30 日为评估基准日,同样使用收益法预估,易库易供应链预估值为 16.075 亿元,本次重组仅一年时间估值增加了 3.9 亿元。从易库易供应链转让历史来看,易库易供应链于 2016 年 7 月发生第一次股权转让,19 名受让方受让了股权,但给出的作价分别按照估值6.98 亿元、10.96 亿元给出,更有16 名受让方按照1 元作价受让。而 2017 年 1 月的股份转让再次出现同股不同价情况,一名转让方以 28 亿元估值转让股份,易库易供应链一年内出现 6.98 亿元、10.96 亿元、16 亿元、28 亿元等多种估值,几次估值差异巨大。

二是涉嫌利益输送。两次重组交易属于关联交易,罗顿发展实际控制人李甲,既是交易对方宁波德稻的实际控制人,也是交易标的易库易供应链的实际控制人。高估值也存在利益输送的嫌疑。

3. 业绩承诺是否合理

2016 年的重组预案对标的资产业绩承诺的相关内容不清楚、不充分,仅披露"业绩承诺人于上述业绩承诺期内承诺的累计净利润数,由业绩承诺人与罗顿发展根据标的公司《资产评估报告》协商确定",并未披露承诺的各期净利润数及累计净利润数。但预案第 148 页中披露"标的公司以 2016 年预计承诺的净利润计算的市盈率为 13.18 倍,以承诺期预计承诺的平均净利润计算的市盈率为 7.4 倍"。按此说法,交易双方应已经达成了明确的业绩承诺金额。此种做法影响了中小投资者的知情权,使其无法根据预案作出明确判断。

在 2017 年的重组报告书中,业绩承诺人承诺易库易供应链 2017 年、2018 年及 2019 年对应的归属于母公司股东的扣非后净利润不低于 17,000 万元、23,000 万元及 30,000 万元。而易库易供应链 2015 年、2016 年、2017 年 1 ~ 5 月实现的扣非后归属于母公司所有者的净利润,分别为 6823.9 万元、11,178.17 万元、5178.81 万元。

以目前公布的 2017 年 1 月至 5 月数据为准,按照平均法计算,易库易供应链 2017 年扣非后净利润预计约为 12,429 万元,与预期的业绩承诺 17,000 万元相差 4500 多万元,以此推算出 2016 年、2017 年扣非后净利润年增长率分别为 63.8%、11.2%,差异大且增长率不稳定。而 2018 年、2019 年承诺未来扣非后净利润年增长率分别为35.3%、30.43%,与目前业绩增长率存在差异。

此外,易库易供应链存在业绩增长不可持续的风险。从合作期限上看,易库易供应链与其代理原厂签约周期一般为1年至3年,14家代理产品中有8家合作将于2018年到期,3家合作将于2017年到期。与重要原厂代理授权到期后协议是否续期存在不确定性,这也导致了标的资产营收能力及业绩增长具有不确定性,以及标的资产业绩承诺可能会受到影响。

案例7　洲际油气发行股份购买泷洲鑫科96.70%股权

2016年9月21日，洲际油气股份有限公司（以下简称洲际油气，600759）公告了《发行股份购买资产并募集配套资金暨关联交易预案（修订稿）》（以下简称重组预案），对原重组方案进行了第二次调整。调整后洲际油气拟通过发行股份的方式购买上海泷洲鑫科能源投资有限公司（以下简称泷洲鑫科）96.70%股权，同时发行股份募集配套资金。

一、案例简介

（一）上市公司基本情况

洲际油气于1984年在海南成立，1996年10月8日在上海证券交易所主板上市交易。发布重组预案时，洲际油气股价为7.99元/股，总股本为2,263,507,518股，总市值180.85亿元。广西正和实业集团有限公司（以下简称广西正和）持有洲际油气665,081,232股股份，占洲际油气总股本的29.38%，为洲际油气的控股股东，HUILing（许某）为洲际油气的实际控制人。

最近3年，洲际油气主营业务为石油开采、房地产开发与销售、贸易、矿业，其两年一期的主要财务数据如表2-7-1所示。

表 2-7-1 洲际油气主要财务数据

单位:万元

项目	2016 年 6 月 30 日	2015 年 12 月 31 日	2014 年 12 月 31 日
总资产	1,470,833.28	1,419,520.96	1,180,588.21
总负债	938,160.30	878,124.03	626,149.73
股东权益	532,672.98	541,396.93	554,438.48
项目	2016 年 1~6 月	2015 年	2014 年
营业收入	55,962.85	126,065.52	138,724.59
营业利润	-821.68	10,516.21	11,754.87
净利润	1646.31	6444.25	9342.53

(二)标的公司基本情况

本次重组发行股份购买资产的交易对方为宁波华盖嘉正股权投资合伙企业(有限合伙)(以下简称宁波华盖嘉正)、深圳前海新时代宏图贰号投资基金合伙企业(有限合伙)(以下简称新时代宏图贰号)、宁波天恒信安股权投资合伙企业(有限合伙)(以下简称宁波天恒信安)、常德市久富贸易有限公司(以下简称常德久富贸易),标的资产为泷洲鑫科 96.70% 股权。

2015 年 11 月 27 日,泷洲鑫科在上海成立。在本次交易中,泷洲鑫科或其指定的下属子公司拟以现金方式收购两项油气资产,即班克斯石油有限责任公司(以下简称班克斯)100% 股权和上海基傲投资管理有限公司(以下简称基傲投资)100% 股权。收购完成后,两项核心资产将成为泷洲鑫科的核心资产。本次交易以收购上述两项油气资产完成后的泷洲鑫科 96.70% 股权为标的资产。

泷洲鑫科成立时由洲际油气 100% 持股,经过两次增资和四次股权转让后,泷洲鑫科模拟收购标的油气资产完成后的股权结构如图 2-7-1 所示。

截至本重组预案签署日,泷洲鑫科尚未有实际经营,目前主要为拟收购班克斯 100% 股权和基傲投资 100% 股权的平台公司。

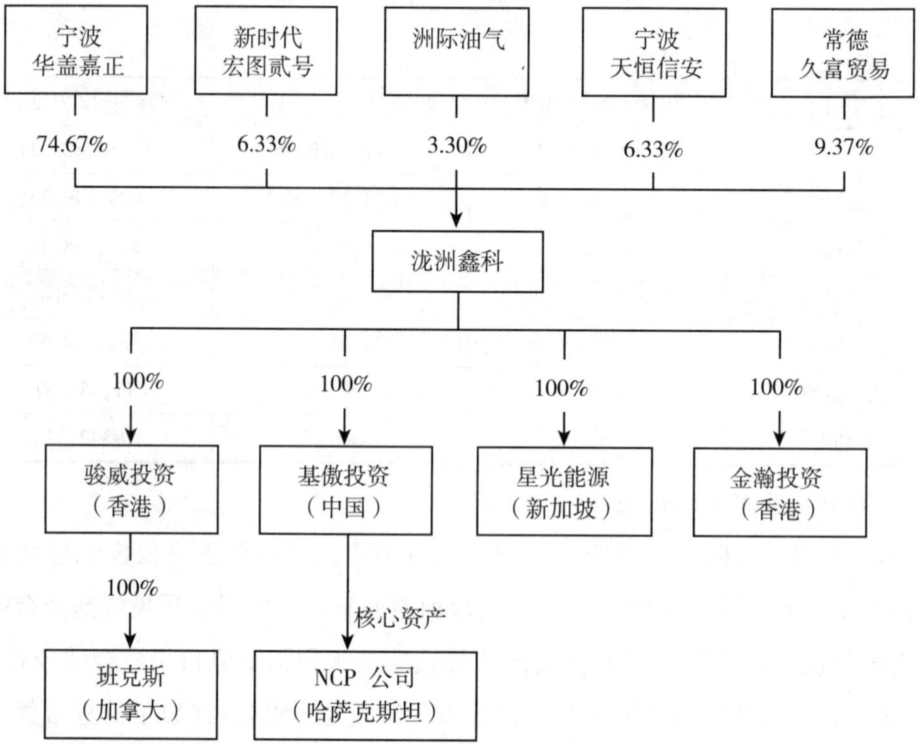

图 2-7-1 泷洲鑫科股权结构

1. 班克斯

班克斯于 1983 年 8 月在加拿大成立,主营业务为石油勘探、开发、生产及销售,主要运营位于阿尔巴尼亚的 Patos-Marinza、Kucova、Block F 区块,其中,Block F 是勘探区块,尚未进入生产阶段,油气估算量为 820.6 百万桶;Patos-Marinza、Kucova 是在产油田区块,剩余可采储量为 291.5 百万桶,是班克斯拥有的两个主要区块。班克斯最近两年一期未经审计的主要财务数据如表 2-7-2 所示。

表 2-7-2 班克斯主要财务数据

单位:万元

项目	2016 年 5 月 31 日	2015 年 12 月 31 日	2014 年 12 月 31 日
总资产	790,412.87	819,096.21	786,197.27
总负债	338,827.47	352,015.46	347,748.89
股东权益	451,585.40	467,080.75	438,448.38

续表

项目	2016年1~5月	2015年	2014年
营业收入	36,274.14	178,527.12	358,198.95
营业利润	-36,733.89	-12,242.54	132,700.45
利润总额	-36,733.89	-12,242.54	132,700.45
净利润	-21,196.36	-2250.94	79,139.54

2. 基傲投资

基傲投资于2014年12月在上海成立,主要资产是其间接控股NCP公司持有的位于哈萨克斯坦的5个区块资产,主要业务为通过NCP公司在哈萨克斯坦从事石油勘探业务。目前5个区块的地下资源使用合同均处于勘探期并已取得哈萨克斯坦能源部的批准,截至2016年11月14日到期。合同到期后,NCP公司有权将5份合同延期,可延期两次,每次延期为两年;NCP公司须在合同到期前提前3个月申请延期。根据最新的第三方资源量报告,5个区块合计的石油地质资源量为17.41亿吨,可采资源量为6.09亿吨。基傲投资最近两年一期未经审计的主要财务数据如表2-7-3所示。

表2-7-3　基傲投资主要财务数据

单位:万元

项目	2016年5月31日	2015年12月31日	2014年12月31日
总资产	47,295.36	45,718.34	—
总负债	15,997.61	17,372.37	1.40
股东权益	31,297.75	28,345.97	-1.40
项目	2016年1~5月	2015年	2014年
营业收入	—	1.68	—
营业利润	-308.45	-5476.62	-1.40
利润总额	-308.45	-5476.62	-1.40
净利润	-443.26	-5477.90	-1.40

(三)重大资产重组方案精要

经过两次重组方案调整后,本次洲际油气拟通过发行股份的方式购买宁波华盖嘉正等4名交易对方合计持有的泷洲鑫科96.70%股权。洲际油气目前持有泷洲鑫科3.30%股权,本次重组完成后,洲际油气将持有泷洲鑫科100%股权,并间接控制泷洲鑫科拥有的标的油气资产权益。同时,洲际油气拟发行股份募集配套资金,但本次发行股份购买资产不以募集配套资金的成功实施为前提,最终募集配套资金发行成功与否不影响本次发行股份购买资产行为的实施。洲际油气重组方案调整情况如表2-7-4所示。

表2-7-4 洲际油气重组方案调整情况

项目	原方案	第一次调整后	本次调整后
标的资产	通过发行股份的方式购买泷洲鑫科99.99%股权。泷洲鑫科拟拥有的标的为:班克斯100%股权、基傲投资100%股权、雅吉欧51%股权	通过发行股份的方式购买泷洲鑫科99.99%股权。泷洲鑫科拟拥有的标的为:班克斯100%股权、基傲投资100%股权	通过发行股份的方式购买泷洲鑫科96.70%股权,本次交易完成后,洲际油气持有泷洲鑫科100%股权。泷洲鑫科拟拥有的标的为:班克斯100%股权、基傲投资100%股权
购买资产交易对方	—	上海麓源投资、宁夏丰实创业、上海莱吉投资、上海鹰啸投资	宁波华盖嘉正、新时代宏图贰号、宁波天恒信安、常德久富贸易

注:雅吉欧全称为雅吉欧有限责任公司。

1.估值和交易对价

以2016年5月31日为评估基准日,采用整体收益法评估,泷洲鑫科96.70%股权的预估值为33.64亿元,双方初步商定的交易金额为336,150万元。

2.股票发行价格

发行股份购买资产定价基准日为公司第十一届董事会第五次会议决议公告日,每股发行价格不低于定价基准日前20个交易日公司A股股票交易均价8.12元/股的90%,即7.31元/股。经交易双方协商本次发行价格为7.33元/股,发行股份数量为458,594,815股。

3.发行股份募集配套资金

本次交易洲际油气拟向特定对象深圳安达畅实业有限公司(以下简称深圳安达畅实业)、金砖丝路二期(深圳)股权投资基金合伙企业(有限合伙)(以下简称金砖丝路二期)非公开发行股份募集配套资金,拟募集配套资金总额不超过320,000.00万元,不超过本次拟购买资产交易价格的100%。本次发行股份募集配套资金的发行价格为7.33元/股,发行数量不超过436,562,073股。募集的配套资金用于标的资产在建项目建设、支付本次并购交易税费。

4. 重组后股权结构

本次重组完成之后，洲际油气控股股东仍为广西正和，实际控制人仍为许某，具体持股情况如表2－7－5所示，本次重组不会导致洲际油气实际控制人发生变更。

表2－7－5　本次重组完成后股权结构

股东名称	本次交易后（不考虑募集配套）		本次交易后（考虑募集配套）	
	持股数量（股）	比例（%）	持股数量（股）	比例（%）
广西正和	665,081,232	24.43	665,081,232	21.06
购买资产交易对方				
宁波华盖嘉正	212,312,414	7.80	212,312,414	6.72
新时代宏图贰号	70,770,805	2.60	70,770,805	2.24
宁波天恒信安	70,770,805	2.60	70,770,805	2.24
常德久富贸易	104,740,791	3.85	104,740,791	3.32
募集资金认购方				
金砖丝路二期	—	—	40,927,694	1.30
深圳安达畅实业	—	—	395,634,379	12.53
其他股东	1,598,426,286	58.72	1,598,426,286	50.60
合计	2,722,102,333	100.00	3,158,664,406	100.00

注：1. 广西正和、常德久富贸易、深圳安达畅实业为一致行动人，根据证监会《关于上市公司发行股份购买资产同时募集配套资金的相关问题与解答》，相关股份不合并计算；

2. 新时代宏图贰号、宁波华盖嘉正为关联方。

二、行权过程

2016年10月17日，投服中心参加洲际油气重大资产重组媒体说明会，现场提出标的资产估值的合理性、业绩承诺与补偿方案缺失、财务顾问及评估机构是否勤勉尽责、标的资产的油田资产能否收购完成、可能构成重组上市等问题。洲际油气于2017年8月4日终止了本次重组。

1. 标的资产的估值是否公允

重组预案披露，本次交易的标的公司泷洲鑫科尚未有实际经营，目前主要是收购班克斯 100% 股权和基傲投资 100% 股权的平台公司。采用整体收益法评估,以 2016 年 5 月 31 日为评估基准日,泷洲鑫科 100% 股权的预估值为 36.34 亿元。在泷洲鑫科拟收购资产 2015 年、2016 年 1 ~ 5 月净利润均为亏损的情况下,对于本次标的资产估值是否合理,我们注意到以下几点问题:

(1)评估油价持续上涨的合理性。基傲投资的主要资产是其持有的 NCP 65% 股权,班克斯和 NCP 的主营业务均为石油勘探、生产、销售等。上市公司在对班克斯和 NCP 油田进行评估时,预计油价从 2016 年的 45 美元/桶持续上涨至 2029 年的 100 美元/桶,并在 2029 年至 2040 年维持 100 美元/桶的价格。众所周知,原油并非普通产品,其价格与国际经济政治形势密切相关,又受宗教问题、恐怖活动等各种因素影响,预测油价 2016 年至 2029 年持续上涨并在此后维持高价水平不具有合理性。目前,美国页岩气开采的平均成本约为 40 美元/桶,页岩气产能释放在一定程度上抑制了油价的持续上涨,预案应当进一步披露估计油价持续上涨的依据。

(2)标的资产整体估值超过拟收购公司估值的合计。泷洲鑫科的估值为 36.34 亿元,其中,班克斯 100% 股权采用收益法评估,估值 31.49 亿元;基傲投资 100% 股权采用资产基础法评估,估值 3.60 亿元。泷洲鑫科整体估值超过班克斯和基傲投资合计估值 1.25 亿元,上市公司及相关方应解释增加的原因。

(3)油田勘探区块盈利的不确定性。在泷洲鑫科拟收购的境外油田中,班克斯 1 个区块、NCP 5 个区块目前仍处于勘探阶段,投入的勘探成本尚未能形成明确的资产,处于勘探状态的油田其未来打井成功率、开采收益均存在较大不确定性。基傲投资的主要资产便是通过 NCP 间接控股的 5 个油气勘探区块,2014 年、2015 年、2016 年 1 ~ 5 月基傲投资的净利润分别为 -1.40 万元、-5477.90 万元、-443.26 万元,因勘探仍须投入资金和勘探结果的不确定性,基傲投资存在短期内无法实现盈利的风险。

(4)投入班克斯的两项新技术的实际效果。班克斯 2014 年、2015 年、2016 年 1 ~ 5 月净利润分别为 7.91 亿元、-0.23 亿元、-2.12 亿元,净利润逐年下降且最近一年一期亏损。预案披露,本次交易后,洲际油气拟为班克斯带来两项新油田开发技术,新技术投产后,班克斯各项业务指标将出现大幅上升,开采年限、采收率、平均产量都出现成倍增长,每桶开采成本下降 1/3。目前,两项新技术可能并不成熟,并不能达到预案中所披露的开采效益。

投服中心认为上述情形将严重影响标的资产估值的合理性。除此之外，本次交易还涉及关联交易和海外资产，评估机构对海外资产的核查可能并不到位，形成的交易价格可能有损广大中小投资者的利益。

2. 预案中未披露业绩承诺和补偿方案

根据预案，本次交易对标的资产采用收益法评估，但预案中并未披露业绩承诺和补偿方案。首先，《重组办法》第 35 条第 1 款规定："采取收益现值法、假设开发法等基于未来收益预期的方法对拟购买资产进行评估或者估值并作为定价参考依据的，交易对方应当与上市公司就相关资产实际盈利数不足利润预测数的情况签订明确可行的补偿协议。"其次，按照惯例，在近几年的重大资产重组中，基本上都做出了业绩承诺和补偿安排，这是对中小投资者的保护措施。在泷洲鑫科净利润连续亏损、估值假设不合理的情况下，其未做出业绩承诺和补偿安排将严重侵害中小投资者的权益，与监管部门近年来强调投资者保护的监管趋势不符。泷洲鑫科应当补充披露，在本次交易中交易对方是否对交易标的经营业绩做出利润预测并签订明确可行的补偿协议。

3. 独立财务顾问是否勤勉尽责

预案披露，本次重组方案调整前由新时代证券与太平洋证券作为联合财务顾问。在本次方案调整中，新时代证券的全资子公司新时代宏图贰号和关联方宁波华盖嘉正入股标的资产进行交易，且是本次交易中主要的交易对方，交易完成后，新时代宏图贰号、宁波华盖嘉正拟合计持有洲际油气股份超过 5%。调整后，新时代证券不再具备担任独立财务顾问的资格，由太平洋证券担任单一独立财务顾问。洲际油气及相关方、中介机构应解释以下几个问题：在本次交易过程中上市公司董事会、高管层及现任财务顾问太平洋证券是否已尽勤勉尽责义务？对于前期新时代证券作为财务顾问负责的一些事项是否重新进行了尽职调查？新时代证券在前期作为独立财务顾问，调整后参与交易是否存在问题？上市公司与新时代证券之间是否存在未披露的关于本次收购资产的协议？是否存在利益输送及损害上市公司利益的情形？

4. 标的资产收购油田资产存在不确定性

泷洲鑫科能否完成收购班克斯 100% 股权、基傲投资 100% 股权决定了本次重组交易是否能够顺利进行。预案披露，方案调整后，泷洲鑫科不再收购雅吉欧 51%

股权,原因是油价快速上涨导致雅吉欧公司小股东对未来前景强烈看好。从这一披露来看,油价的波动对泷洲鑫科最终能否完成海外油田的收购可能起到比较重要的作用,本次交易存在可能由于油价波动而造成收购终止的风险。

在对班克斯的收购中,泷洲鑫科的境外子公司与班克斯签订的《延期协议》规定,若2016年9月30日前泷洲鑫科及其子公司未能办理完毕支付本次收购的外汇业务登记手续,则班克斯有权选择终止本次交易,同时获得2000万美元的反向终止费。预案披露,2016年9月5日,泷洲鑫科已向班克斯支付2000万美元反向终止费,尚未到9月30日便支付反向终止费并非合理,重组预案中并未对此进行说明。这是否意味着班克斯会根据《延期协议》终止收购交易?根据重组预案和公司公告,2016年9月6日,泷洲鑫科已完成收购的外汇业务登记手续;公司公告披露,2016年9月29日,泷洲鑫科已完成对班克斯100%股权的收购,既然收购已经完成为何还向班克斯支付2000万美元?前后自相矛盾。泷洲鑫科应说明收购班克斯的具体情况和进程以及2000万美元终止费的后续安排。

5. 本次重组存在被认定为重组上市的风险,可能会导致重组失败

2013年12月2日,香港中科完成对洲际油气的间接收购,洲际油气的实际控制人由陈某某变更为许某。《重组办法》第13条规定,上市公司自控制权发生变更之日起60个月内,向收购人及其关联人购买资产进行重大资产重组,购买资产的资产总额、资产净额、最近一个会计年度的营业收入、净利润、为购买资产发行的股份中任一个指标达到上市公司控制权发生变更前相应指标100%以上的,即构成重组上市。

在本次重组的两次方案调整中,泷洲鑫科股东即发行股份购买资产的交易对手方均发生较大变化,且在本次方案中,洲际油气控股股东的一致行动人常德久富在标的资产泷洲鑫科中入股,泷洲鑫科另外3个股东新时代宏图贰号、宁波华盖嘉正及宁波天恒信安均是2016年新成立的私募基金或资管计划。媒体上有人质问,新时代宏图贰号、宁波华盖嘉正及宁波天恒信安是否存在“明股实债”,实际是在为上市公司的控股股东的海外收购提供过桥贷款?证券交易所也在问询函中指出,上市公司实际控制人及其一致行动人常德久富是否对交易标的泷洲鑫科存在控制权?

如果上市公司控股股东的一致行动人常德久富实际上控制标的资产泷洲鑫

科,根据《重组办法》规定,泷洲鑫科2015年的资产总额、净资产和营业收入均达到洲际油气实际控制权发生变更前2012年相应指标的100%,则洲际油气此次重组可能被认定为重组上市。按IPO标准审核,目前标的资产的指标情况将无法通过审核,进而导致重组失败。

案例8　三爱富重大资产购买及出售

2016年9月30日上海三爱富新材料股份有限公司（以下简称三爱富，600636）公告了《重大资产购买及出售暨关联交易预案》（以下简称重组预案）。

本次交易包括重大资产购买及出售两项内容：一是三爱富拟以支付现金方式购买广州市奥威亚电子科技有限公司（以下简称奥威亚）100%股权和成都东方闻道科技发展有限公司（以下简称东方闻道）51%股权。二是三爱富拟出售其持有的三爱富索尔维（常熟）高性能聚合物有限公司（以下简称三爱富索尔维）90%股权、常熟三爱富氟化工有限责任公司（以下简称常熟三爱富）75%股权、常熟三爱富中昊化工新材料有限公司（以下简称三爱富中昊）74%股权、内蒙古三爱富万豪氟化工有限公司（以下简称内蒙古万豪）69.9%股权、上海三爱富戈尔氟材料有限公司（以下简称三爱富戈尔）40%股权、上海华谊集团财务有限责任公司（以下简称华谊财务公司）6%股权及其他与氟化工相关的部分资产。

一、案例简介

（一）上市公司基本情况

三爱富成立于1992年，于1993年1月5日在上海证券交易所主板上市交易。发布重组预案前，三爱富停牌股价为13.86元/股，总股本为4.47亿元，总市值66.42亿元。三爱富控股股东为上海华谊（集团）公司（以下简称上海华谊），实际控制人为上海市国资委。最近3年，公司控股股东和实际控制人均未发生变动。

三爱富主营业务是含氟化学品的研究、开发、生产和经营，是中国氟化工最大的研究开发基地。其近3年的财务状况和经营成果如表2-8-1所示。

表 2－8－1　三爱富基本财务指标

单位:万元

项目	2015 年 12 月 31 日	2014 年 12 月 31 日	2013 年 12 月 31 日
总资产	456,997.28	388,130.26	332,473.08
总负债	124,946.53	177,176.37	123,093.68
归属于母公司所有者权益合计	278,687.44	162,689.73	167,228.81
项目	2015 年	2014 年	2013 年
营业收入	357,119.06	393,993.31	328,667.86
营业利润	－29,729.74	－1992.06	－2407.60
利润总额	－28,564.29	8833.22	16,237.10
归属于母公司所有者的净利润	－31,101.36	646.68	7046.19

(二)标的资产基本情况

1. 拟出售资产基本情况

本次重组的拟出售资产交易对方为上海华谊、上海三爱富新材料科技有限公司(以下简称新材料科技)及常熟三爱富氟源新材料有限公司(以下简称氟源新材料),截至重组预案出具之日,上海华谊系三爱富控股股东,新材料科技及氟源材料均为上海华谊设立的 100% 控股公司。

2. 拟购买资产基本情况

在本次重组中,三爱富购买奥威亚 100% 股权的交易对方为姚世娴(奥威亚控股股东,持有奥威亚 38.45% 股权)、关某某(持有奥威亚 13.30% 股权)、钟子某(持有奥威亚 6.65% 股权)、叶某某(持有奥威亚 5.60% 股权)、钟某(持有奥威亚 3.50% 股权)、欧某(持有奥威亚 3.33%)、邹某某(持有奥威亚 3.00%)、姚某某(持有奥威亚 2.50%)、樟树市睿科投资管理中心(持有奥威亚 23.67% 股权)。购买东方闻道 51% 股权的交易对方,为樟树市博闻投资管理中心(出售东方闻道 43.00% 股权)、樟树市明道投资管理中心(出售东方闻道 8.00% 股权)。

奥威亚于 2005 年 1 月成立,是一家专注于教育信息化产品研发、制造、销售及互联网教育信息服务的高科技企业,是教育智慧录播系统整体应用解决方案的专业提供商。奥威亚两年一期的财务状况和经营成果如表 2－8－2 所示。

表2-8-2　奥威亚业务主要财务数据

单位:万元

项目	2016年5月31日	2015年12月31日	2014年12月31日
总资产	18,258.85	17,268.05	9083.05
总负债	8285.64	7004.02	4948.39
股东权益	9973.21	10,264.03	4134.66
项目	2016年1~5月	2015年	2014年
营业收入	8889.17	19,202.99	12,469.05
营业利润	-37,442.18	7416.90	3023.07
利润总额	-36,731.24	8243.51	3821.86
净利润	-37,288.67	7129.37	3437.69

东方闻道于2000年4月成立,是一家面向K12提供信息化教学综合解决方案的服务运营商,公司自2000年设立以来,经过多年的摸索和运营经验的积累,已具备较强的信息化教学的运营服务能力和技术研发能力,其教学服务业务已实现课堂教学服务领域和课外教学服务领域的全方位、全时段覆盖。东方闻道最近两年一期的财务状况和经营成果如表2-8-3所示。

表2-8-3　东方闻道业务主要财务数据

单位:万元

项目	2016年5月31日	2015年12月31日	2014年12月31日
总资产	10,281.98	10,215.58	8053.66
总负债	5147.06	3842.78	4530.93
股东权益	5134.92	6372.80	3522.73
项目	2016年1~5月	2015年	2014年
营业收入	3473.79	7291.16	5596.66
营业利润	2191.70	3831.28	2648.63
利润总额	2191.70	3841.83	2650.19
净利润	1862.12	3148.60	2146.38

(三)重大资产重组方案精要

本次重组交易,三爱富拟以支付现金方式购买奥威亚100%股权和东方闻道51%股权;拟出售其持有的三爱富索尔维90%股权、常熟三爱富75%股权、三爱富中昊74%股权、内蒙古万豪69.9%股权、三爱富戈尔40%股权、华谊财务公司6%股权及其他与氟化工相关的部分资产。本次重组之前，三爱富控股股东上海华谊通过公开征集受让方的方式拟将其所持有的三爱富20%股权转让给中国文发，该股份转让完成后，三爱富控股股东将由上海华谊变更为中国文发，公司实际控制人将由上海市国资委变更为国务院国资委。该股份转让以重大资产购买和出售为前提，即若重大资产购买和出售中任一事项未获得所需的批准或为成功实施，则该股份转让将不再实施。

1. 标的资产的估值

本次重组以2016年5月31日为评估基准日，拟出售资产未经审计的账面净资产为16.46亿元，预估值约为22.43亿元，预估增值率为36.27%。本次拟购买的奥威亚100%股权的账面净资产为1亿元，采用收益法的预估值约为19亿元，预估增值率为1805.1%；东方闻道51%股权未经审计的账面净资产为0.26亿元，采用收益法的预估值为3.6亿元，预估增值率为1274.9%。

2. 业绩承诺与补偿

奥威亚的股东承诺，奥威亚2016年、2017年、2018年实现的扣除非经常性损益后归属于母公司股东净利润分别不低于11,000万元、14,300万元、18,590万元，如奥威亚未实现承诺的净利润，奥威亚全体股东先以现金进行补偿，不足部分由奥威亚全体股东按照约定购买的三爱富股份进行补偿；东方闻道的股东承诺，东方闻道2016年、2017年、2018年实现的扣除非经常性损益后的归属于母公司股东净利润分别不低于5000万元、6100万元、7300万元，如东方闻道未实现承诺的净利润，则东方闻道股东以现金方式向三爱富进行补偿。

二、案例分析

（一）行权过程

2016年11月3日投服中心参加三爱富重大资产重组媒体说明会，现场向三爱富提出三方面问题：一是标的资产估值是否公允；二是业绩承诺和补偿能否实现；三是重组方案能否通过审核。2017年5月19日，在重组预案的二次修订稿中，三爱富终止了收购东方闻道51%股权；2017年12月29日，三爱富公告收购奥威亚

100%股权事项完成股权过户;2018 年 1 月 13 日,三爱富发布了重大资产重组出售资产完成交割的公告。

(二)行权内容分析

1. 标的资产的估值是否合理

预案披露,以 2016 年 5 月 31 日为评估基准日,标的资产采用收益法的预估值合计为 22.6 亿元,其中奥威亚 100%股权的预估值为 19 亿元,增值 18.05 倍;东方闻道 51%股权的预估值 3.6 亿元,增值 12.74 倍。高估值基于预测标的资产未来有较强的营收能力,但标的资产存在一些影响未来持续盈利能力的事项。首先,奥威亚的主营业务是为学校提供教育视频录播系统,但盈利模式披露得不够清晰。奥威亚是否以项目制运行,为客户提供一次性服务及是否存在项目后期运营维护业务存在疑问。其次,东方闻道提供的中学全日制远程直播教学业务,实际上就是给成都七中东方闻道网校提供运营服务,并且来源于这部分的收入和利润占比较高,这部分收入和利润具体占多大的比例存在不确定性。此外,东方闻道也为实验小学东方闻道网校提供运营服务,东方闻道目前的实际控制人王某某同时担任上述两家网校的法定代表人。东方闻道对于上述网校是否存在重大依赖,相关网络教学服务费用支付是否公允,是否存在上述网校在报告期内向东方闻道输送利益的行为也存有疑问。

2. 业绩承诺和补偿能否实现

预案披露,奥威亚全体股东承诺 2016～2018 年年度扣非后净利润分别不低于 1.1 亿元、1.43 亿元、1.86 亿元,未实现业绩承诺须向三爱富支付补偿时,奥威亚全体股东先以现金进行补偿,不足部分由其按照协议约定购买的三爱富股份进行补偿。东方闻道股东承诺 2016～2018 年年度实现扣非后净利润分别不低于 5000 万元、6100 万元、7300 万元,未实现业绩承诺时以现金进行补偿,业绩承诺能否实现存在不确定性。奥威亚 2014 年、2015 年扣非后净利润分别为 3386.03 万元、6820.32 万元,若实现业绩承诺,2015 年至 2018 年的净利润复合增长率为 39.85%;东方闻道 2014 年、2015 年扣非后净利润分别为 2146.38 万元、3148.6 万元,实现业绩承诺,意味着要实现 32.35%的年均复合增长率。奥威亚及东方闻道对 2016～2018 年年度的业绩承诺均大幅高于 2015 年已实现的业绩,标的资产持续保持高增长率以实现业绩承诺尚存疑问。上市公司业绩补偿承诺到期不兑现的事件屡见不鲜,本次重组东方闻道股东承诺以现金方式进行补偿，如果届时承诺方拒不进行现金补偿，会有损上市公司及中小投资者的合法权益。

3. 重组方案能否通过审核

重组预案中披露“本次交易本身并不会导致公司实际控制权变更，且不涉及向收购人及其关联人购买资产的情形，因此不构成《重组办法》第十三条规定的交易情形，即不构成重组上市，不需要提交中国证监会审核”。但对于本次重组交易是否导致公司实际控制权变更、是否构成重组上市，尚存疑问。

三爱富本次重组交易分为资产购买、资产出售、股权转让三个步骤。具体而言，三爱富以22.6亿元现金购买奥威亚100%股权和东方闻道51%股权，以22.43亿元出售氟化工资产。在上述资产购买和资产出售完成后，上海华谊将其持有的三爱富20%股份转让给中国文发，股权转让完成后，三爱富的控股股东由上海华谊变更为中国文发，实际控制人由上海市国资委变更为国务院国资委。如果将上述三个步骤割裂来看，每一步骤都没有达到《重组办法》中规定的重组上市认定标准，但从披露的信息来看，股权转让变更实际控制人以资产购买与资产出售成功为前提，各项交易可能构成“一揽子”交易。实际上整个交易完成后，三爱富主营业务由含氟化学品的研发、生产、经营变更为教育信息化产品的研发、制造和销售，主营业务发生根本变化，实际控制人也由上海市国资委变更为国务院国资委，达到了《重组办法》的认定标准，如果监管部门遵循“重实质、轻形式”的原则，本次重组可能被认定为重组上市，存在被否的风险。

案例9 新疆城建重大资产置换及发行股份购买卓郎智能

2016年10月31日新疆城建(集团)股份有限公司(以下简称新疆城建,600545,现已更名为卓郎智能)公告了《重大资产置换及发行股份购买资产暨关联交易预案》(以下简称重组预案),拟通过资产置换及发行股份的方式获得卓郎智能机械有限公司(以下简称卓郎智能)100%股权。本次交易是重组新规发布以来首个重组上市案例。

一、案例简介

(一)上市公司基本情况

新疆城建成立于1993年,于2003年12月3日在上海证券交易所主板上市交易。发布重组预案时,新疆城建股价为6.86元/股,总股本为67,578.58万股,总市值为46.36亿元。乌鲁木齐国有资产经营(集团)有限公司(以下简称国资公司)持有新疆城建17,947.29万股,占其总股本25.56%,为新疆城建控股股东,乌鲁木齐市国资委为新疆城建实际控制人。

新疆城建主营业务为建筑施工和房地产开发业务。其3年一期的财务状况和经营成果如表2-9-1所示。

表 2-9-1　新疆城建基本财务指标

单位：万元

项目	2016 年 9 月 30 日	2015 年 12 月 31 日	2014 年 12 月 31 日	2013 年 12 月 31 日
总资产	977,740.90	1,044,908.20	958,024.97	842,608.93
总负债	776,719.79	824,494.85	740,666.76	633,819.62
归母所有者权益	183,439.44	209,061.83	208,899.28	206,552.22
项目	2016 年 1～9 月	2015 年	2014 年	2013 年
营业收入	214,817.50	437,972.60	566,500.15	444,095.80
利润总额	-26,570.99	6004.56	19,891.09	20,130.78
归母净利润	-22,244.46	3119.07	9660.78	17,703.45

（二）标的公司基本情况

本次重组置入资产为卓郎智能 100% 股权，交易对方为卓郎智能全体股东，即包括江苏金昇实业股份有限公司（以下简称金昇实业）在内的 17 位法人和 1 位自然人。

卓郎智能于 2012 年 11 月成立，截至预案发布日，共经历 1 次增资和 10 次股权转让，控股股东为金昇实业，实际控制人为潘某某。卓郎智能主要经营智能化纺织成套设备的生产、研发、销售，自营和代理各类商品及技术的进出口业务。其财务状况和经营成果如表 2-9-2 所示。

表 2-9-2　卓郎智能主要财务数据

单位：万元

项目	2016 年 8 月 31 日	2015 年 12 月 31 日	2014 年 12 月 31 日	2013 年 12 月 31 日
总资产	1,301,276.7	942,626.0	881,194.3	818,475.2
总负债	651,580.5	736,883.7	718,732.9	792,781.4
归母所有者权益	226,666.9	202,809.5	159,073.6	18,089.8
所有者权益	649,696.2	205,742.3	162,461.4	25,693.8
项目	2016 年 1～8 月	2015 年	2014 年	2013 年
营业收入	384,039.6	664,890.2	665,003.6	379,015.9
利润总额	34,819.8	47,028.2	46,613.2	23,799.9
归母净利润	27,668.0	40,362.2	32,759.3	15,676.3

(三)重大资产重组方案精要

1. 交易过程

本次重组交易由资产置换、置出资产承接及股份转让、发行股份购买资产三部分组成:一是资产置换。新疆城建以置出资产与金昇实业持有的同等价值的卓郎智能股权进行置换,留在新疆城建的1.85亿元现金可在本次发行股份购买资产前以现金分红的方式分配给上市公司全体股东并由其享有。二是置出资产承接及股份转让。金昇实业以部分卓郎智能股权从新疆城建置换出的置出资产,由国资公司或其指定的第三方承接,作为国资公司或其指定第三方承接置出资产的交易对价的一部分,国资公司向金昇实业转让其持有的上市公司22.11%的股份(149,400,432股普通股)。三是发行股份购买资产。新疆城建以发行股份的方式购买资产置换后卓郎智能全体股东持有的卓郎智能剩余全部股权。本次交易完成后,新疆城建将持有卓郎智能100%股权。

上述资产置换、置出资产承接及股份转让、发行股份购买资产互为条件,其中任何一项不生效或因故无法实施的,其他两项也不生效或不予实施。本次重组交易结构如图2-9-1所示。

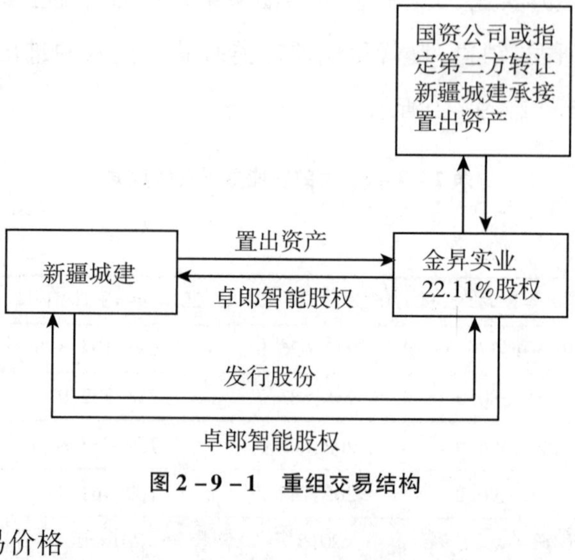

图2-9-1 重组交易结构

2. 估值及交易价格

截至重组预案签署日,标的资产的审计、评估工作尚未完成。本次交易置出资产为截至评估基准日新疆城建除1.85亿元现金以外的其他全部资产及负债,以2016年8月31日为评估基准日,新疆城建全部资产及负债账面价值为19.67亿元,预估值为23.98亿元，预估增值4.31亿元，增值率为21.91%。本次交易置入资产为卓郎智能100%股权，以2016年8月31日为评估基准日，卓郎智能归属于母公司所有者权益账面值为22.67亿元，预估值为103.00亿元，预估增值80.33亿元，增值率为354.34%。

3. 发行股份购买资产的股票发行价格

本次发行股份的定价基准日，为新疆城建审议重组预案的2016年第十四次临时董事会决议公告日。本次向全体交易对方发行股份的每股价格为定价基准日前20个交易日公司股票交易均价的90%，即6.49元/股，因权益分配调整为6.44元/股。

4. 业绩承诺与补偿

金昇实业承诺本次重组实施完毕当年及其后两个完整会计年度，卓郎智能实现的合并报表扣除非经常性损益后归属于母公司所有者的净利润（以下简称净利润）分别不低于具有证券业务资质的评估机构出具并经国有资产管理部门核准/备案的《资产评估报告》对卓郎智能的预测净利润，但由于审计、评估工作未完成，交易预案并未给出具体的数值。补偿时，金昇实业首先以其因本次重组获得的新疆城建股份进行补偿，前述股份不足补偿的，由金昇实业以从二级市场购买或其他合法方式取得的新疆城建股票进行补偿。当股份补偿总数达到本次发行股份购买资产发行的股份总数的90%后，将由金昇实业以现金补偿。

5. 本次重组构成重组上市

本次交易完成后，新疆城建总股本将增加至193,153.11万股，金昇实业将持有84,536.32万股，占本次交易后上市公司总股本的43.77%，金昇实业将成为新疆城建控股股东，潘某某将成为实际控制人，本次重组交易前后新疆城建股权结构如表2－9－3所示。本次重组导致新疆城建的实际控制人发生变更，构成了重组上市。

表2－9－3　重组交易前后新疆城建股权结构

股东名称	资产重组前		发行股份购买资产后		股权转让完成后	
	数量（股）	比例（%）	数量（股）	比例（%）	数量（股）	比例（%）
原新疆城建股东						
国资公司	179,472,899	26.56	179,472,899	9.29	30,072,467	1.56
新疆城建其他股东	496,312,879	73.44	496,312,879	25.70	496,312,879	25.70

续表

股东名称	资产重组前		发行股份购买资产后		股权转让完成后	
	数量(股)	比例(%)	数量(股)	比例(%)	数量(股)	比例(%)
小计	675,785,778	100.00	675,785,778	34.99	526,385,346	27.25
新增股东						
金昇实业	—	—	695,962,732	36.03	845,363,164	43.77
国开金融	—	—	95,962,732	4.97	95,962,732	4.97
上海涌云	—	—	79,968,944	4.14	79,968,944	4.14
赵某某	—	—	71,972,049	3.73	71,972,049	3.73
金布尔	—	—	63,975,155	3.31	63,975,155	3.31
江苏华泰	—	—	47,837,852	2.48	47,837,852	2.48
和合投资	—	—	37,078,400	1.92	37,078,400	1.92
深圳龙鼎	—	—	33,586,956	1.74	33,586,956	1.74
先进制造产业基金	—	—	31,987,577	1.66	31,987,577	1.66
华山投资	—	—	15,993,788	0.83	15,993,788	0.83
上海永钧	—	—	15,993,788	0.83	15,993,788	0.83
宁波裕康	—	—	15,993,788	0.83	15,993,788	0.83
西藏嘉泽	—	—	15,993,788	0.83	15,993,788	0.83
合众投资	—	—	10,902,965	0.56	10,902,965	0.56
上海谨业	—	—	7,996,894	0.41	7,996,894	0.41
上海泓成	—	—	7,996,894	0.41	7,996,894	0.41
北京中泰	—	—	6,397,515	0.33	6,397,515	0.33
南京道丰	—	—	143,513	0.01	143,513	0.01
小计	—	—	1,255,745,330	65.01	1,405,145,762	72.75
合计	675,785,778	100.00	1,931,531,108	100.00	1,931,531,108	100.00

二、案例分析

(一)行权过程

2016年11月4日投服中心参加新疆城建重大资产重组媒体说明会,现场向新疆城建及相关方提出三方面问题:一是关于财务报表中非经常性损益方面的问题;二是关于关联销售方面的问题;三是关于常州卓郎纺机业务方向的问题。最终,在新疆城建修订方案、发布草案、两次修订报告书后,证监会于 2017 年 8 月 1 日核准了本次重组上市。

(二)行权内容分析

1. 关于财务报表中非经常性损益方面的问题

根据预案披露的财务数据,卓郎智能在 2014 年、2015 年及 2016 年 1 ~ 8 月的归属于母公司的净利润分别为 3.28 亿元、4.04 亿元、2.77 亿元,而卓郎智能同期归属于母公司的非经常性损益为 0.69 亿元、1.02 亿元、1.2 亿元,分别占净利润的 21.12%、25.32%、43.5%,占比较大,并呈逐年上升趋势。在非经常性损益情况表中,有一项科目为"计入当期损益的对非金融企业收取的资金占用费",数额较大,2014 年、2015 年及 2016 年 1 ~ 8 月分别达到了 1.06 亿元、1.34 亿元、0.69 亿元,但这项业务的具体内容并未披露。

此外,政府补助尤其是 2016 年的 3000 万元政府补助,也对净利润产生了一定影响。预案中称非经常性损益不具有连续性。根据卓郎智能预估值 103 亿元和市盈率 25.53 计算,未来年平均净利润应达到 4 亿元,而 2014 年、2015 年及 2016 年 1 ~ 8 月扣非后净利润为 2.58 亿元、3.01 亿元、1.56 亿元,二者存在一定差距,在非经常性损益不可持续的情况下,卓郎智能未来能否保持净利润的增长也存有隐患。

2. 关于关联销售方面的问题

根据预案,2014 年年底至 2015 年年初,卓郎智能控股股东金昇实业设立 3 家子公司,即新疆利泰丝路投资有限公司、奎屯利泰丝路投资有限公司和 LT Textile International。卓郎智能自 2015 年起,向 3 家子公司销售纺织成套设备及核心零部件。3 家子公司 2015 年及 2016 年 1 ~ 8 月的合计关联方采购数占卓郎智能同期销售收入的 21.32%、15.08%。预案预计该关联交易在本次交易完成后一定时期内仍将持续存在,并对卓郎智能经营业绩产生较大影响。扣除关联方销售额,卓郎智能近年业绩会打很大折扣。因此,可能产生关联销售影响卓郎智能经营的独立性、关联销售价格是否合理、关联方能否保持设备及零件的持续购买需求等问题。

3. 关于常州卓郎纺机业务方向的问题

根据预案,卓郎智能投资 14.1 亿元控股子公司常州金坛卓郎纺机,又投资 28.1

亿元给该公司的子公司常州卓郎纺机。预案披露,常州卓郎纺机尚未开展实际业务,未来将作为卓郎智能在全球范围内进行同行业及上下游优质资产并购和整合的平台。卓郎智能投入大额资金给这两家公司,后续经营如何安排、对卓郎智能的生产经营有何影响也需要进一步说明。

案例10　凤凰光学发行股份购买海康科技

2016年12月江西凤凰光学股份有限公司（以下简称凤凰光学，600071）公告了《发行股份购买资产暨关联交易预案》（以下简称重组预案），拟发行股份购买浙江海康科技有限公司（以下简称海康科技）100%股权。

一、案例简介

（一）上市公司基本情况

凤凰光学成立于1997年，并于1997年5月28日在上海证券交易所主板上市交易。因筹划本次重组，凤凰光学于2016年7月12日停牌，停牌前一日，凤凰光学股价为30.29元/股，总股本为23,747.2456万股，总市值72.9亿元。凤凰光学的股权结构如图2-10-1所示，其控股股东为凤凰光学控股有限公司（以下简称凤凰控股），间接控股股东为中电海康集团有限公司（以下简称中电海康），实际控制人为中国电子科技集团公司（以下简称中国电科），最终实际控制人为国务院国资委。

凤凰光学主营业务为光学元件加工和锂电芯加工，其3年一期的主要财务数据如表2-10-1所示。

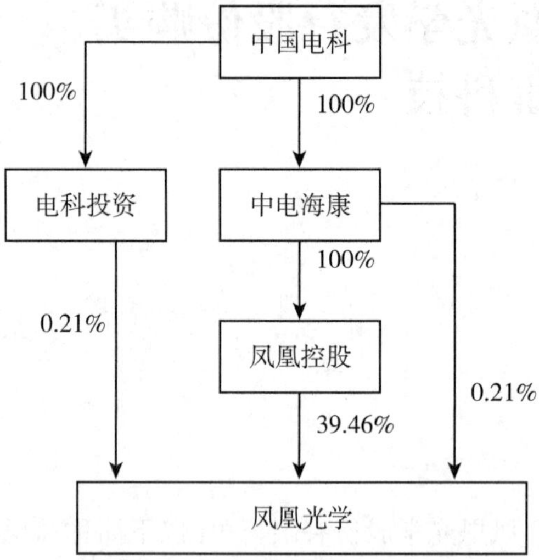

图 2－10－1　凤凰光学股权结构

注:电科投资是指中电科投资控股有限公司。

表 2－10－1　凤凰股份主要财务数据

单位:万元

项目	2016 年 6 月 30 日	2015 年 12 月 31 日	2014 年 12 月 31 日	2013 年 12 月 31 日
资产总额	96,287.05	108,718.44	107,484.29	93,234.05
总负债	37,979.91	46,141.2	44,493.72	18,537.13
股东权益	58,307.14	62,577.24	62,990.57	74,696.92
项目	2016 年 1～6 月	2015 年	2014 年	2013 年
营业收入	32,507.68	80,323.29	89,097.23	69,778.27
利润总额	－3326.17	3393.23	－15,376.86	－4130.01
净利润	－3369.17	1986.67	－15,817.85	－4193.31

(二)标的公司基本情况

本次重组的标的公司为海康科技,交易对方为中电海康、杭州滨康投资有限公司(以下简称滨康投资)2 名法人,及严某、范某、吴某某、乐某某、何某某、童某某 6 名自然人,8 个交易对方共持有海康科技 100% 股权。

海康科技于 2009 年 4 月在杭州市成立,中国电科通过中电海康持有海康科技 67.00% 股权,中电海康为海康科技的控股股东,中国电科为海康科技的实际控制人,海康科技持股 5% 以上股东包括中电海康(持有海康科技 67.00% 股权)、滨康投资(持有海康科技18.32%股权)以及严晨(持有海康科技5.31%股权)。海康科技的股权结构如图2-10-2所示。

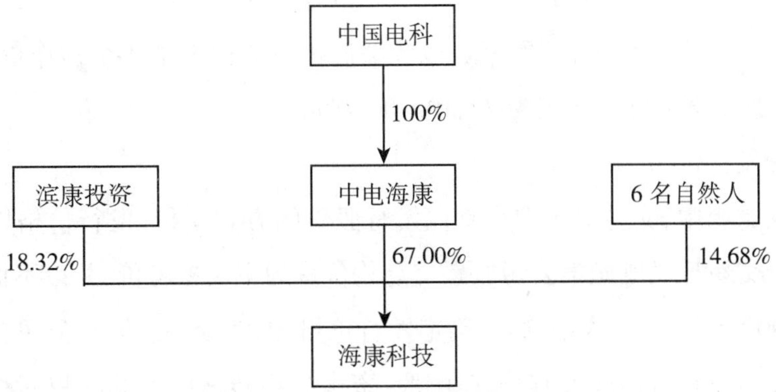

图2-10-2 海康科技股权结构

海康科技的主营业务为智能控制器、物联网产品、智能设备的研发、生产和销售,其中智能控制器业务收入占比最高,物联网业务是海康科技的重点发展方向,海康科技两年一期主要财务数据如表2-10-2所示。

表2-10-2 海康科技主要财务数据

单位:万元

项目	2016年6月30日	2015年12月31日	2014年12月31日	2013年12月31日
总资产	33,539.83	29,681.18	25,223.45	23,871.95
总负债	13,947.68	9706.78	7081.51	6223.70
股东权益	19,592.15	19,974.40	18,141.94	17,648.25
项目	2016年1~6月	2015年	2014年	2013年
营业收入	29,382.32	50,765.39	42,135.61	36,555.45
营业利润	2919.36	4465.47	3326.34	2543.96
利润总额	2984.24	4884.27	3602.73	2599.03
净利润	2617.75	4307.47	3201.87	2332.83

(三)重大资产重组方案精要

凤凰光学拟通过发行股份的方式,购买交易对方中电海康、滨康投资、严某、范某、吴某某、乐某某、何某某、童某某持有的海康科技100%股权。

1. 估值及交易价格

以 2016 年 6 月 30 日为评估基准日,海康科技账面净资产值为 19,592.15 万元,收益法评估的预估值为 72,100.00 万元,预估增值 52,507.85 万元,预估增值率为 268.00%。经交易各方协商一致,以收益法预估值作为本次交易作价依据,海康科技 100% 股权交易价格暂定为 72,100.00 万元。

2. 股份发行价格

在本次重组中,交易对价拟全部以发行股份的方式支付,发行价格以定价基准日前 120 个交易日凤凰光学公司股票交易均价作为市场参考价,并以不低于该市场参考价的 90% 作为定价依据,最终确定发行价格为 22.15 元/股。公司在本次发行定价基准日至发行日期间如有分红、配股、资本公积转增股本等除权、除息事项的,将相应调整本次发行的发行价格。

3. 业绩承诺与补偿

根据凤凰光学与 8 个交易对方签订的《盈利预测补偿协议》,本次交易的利润补偿期间为本次交易实施完成后的 3 年(含本次交易完成当年),承诺净利润数以具有证券业务资质的资产评估机构出具的正式资产评估报告中载明的海康科技相关预测利润数为依据,由协议各方另行确定,但原则上不得低于正式资产评估报告载明的预测利润数。

如果标的公司实现的净利润未达到对应的承诺净利润,交易对方应优先以届时持有的凤凰光学股份向凤凰光学补偿,不足的部分由其以现金补偿。

4. 本次交易构成重组上市

2015 年 7 月,中国电科通过全资子公司中电海康以股权无偿划转方式取得凤凰控股 100% 股权,从而间接控制凤凰光学,并成为上市公司的实际控制人。本次交易标的公司海康科技的实际控制人也为中国电科,因此,本次交易是凤凰光学自控制权发生变更之日起 60 个月内,向收购人购买资产。

同时,根据凤凰光学经审计的 2014 年财务数据、海康科技未经审计的 2015 年财务数据以及初步交易作价情况,在本次交易中,海康科技在最近一个会计年度(2015 年年度)所产生的净利润占凤凰光学控制权发生变更的前一个会计年度(2014 年年度)经审计的合并财务会计报告的净利润的比例达到 100% 以上。按照《重组办法》第 13 条的规定,本次重组构成重组上市。

本次重组交易完成后，中电海康将直接持有凤凰光学 8.26% 股权，并通过其全资子公司凤凰控股间接持有凤凰光学 34.71% 股权。凤凰光学的控股股东仍为凤凰控股，实际控制人仍为中国电科。因此，本次交易不会导致上市公司控制权发生变化。本次重组前后凤凰光学股权结构如表 2－10－3 所示。

表 2－10－3　本次重组前后凤凰光学股权结构

股东名称	本次交易前		本次交易后	
	数量（百万股）	比例（%）	数量（百万股）	比例（%）
凤凰控股	93.7	39.46	93.7	34.71
中电海康	0.5	0.21	22.3	8.26
电科投资	0.5	0.21	0.5	0.19
滨康投资	—	—	5.96	2.21
严某	—	—	1.72	0.64
范某	—	—	1.23	0.46
吴某某	—	—	0.62	0.23
乐某某	—	—	0.44	0.16
何某某	—	—	0.38	0.14
童某某	—	—	0.38	0.14
其他 A 股股东	142.77	60.12	142.77	52.87
合计	237.47	100.00	270.02	100.00

二、案例分析

（一）行权过程

2016 年 12 月 20 日投服中心参加凤凰光学重大资产重组媒体说明会，现场向凤凰光学提出四个方面的问题：一是本次重组是否为刻意安排；二是标的资产的盈利是否真实且具备持续盈利能力；三是发行价格调整方案是否合理；四是与本次重组具有关联性的非公开发行是否涉及利益输送。2017 年 9 月 2 日，凤凰光学公告终止重组。

（二）行权内容分析

1. 本次重组标的资产体量小、业绩一般，如果获批，未来凤凰光学再注入其他

资产,将不再按照重组上市条件审核,本次重组是否刻意安排

央企资产证券化一直是国资委力推的举措,这也被认为是国企改革最好的路径之一。通常而言,央企会利用重组上市的机会,充分利用好上市公司的资本平台,加大内部资源整合力度,大力推动相关子企业整合发展,实现资产价值最大化,往往注入资产的体量较大,盈利能力较强。中国电科作为央企在 2014 年 8 月通过协议受让方式,间接控制凤凰光学 39.46% 股份,并约定将公司打造成国内一流、世界领先的光学核心部件高端供应商,并逐步形成光机电、研产销一体的具有核心竞争力的企业集团,并在“十三五”末实现“百亿”产业规模,投资者对公司的重组预期较高。但是在本次重组上市中,注入资产海康科技盈利能力一般,营收只有 5 亿多元的规模,与投资者预期差距较大。

同时,《〈上市公司重大资产重组管理办法〉第十四条、第四十四条的适用意见——证券期货法律适用意见第 12 号》中规定:“重组上市执行累计首次原则,即上市公司控制权发生变更之日起 60 个月内(含上市公司控制权发生变更的同时),向收购人及其关联人购买的资产所对应的资产总额、资产净额、营业收入或净利润,占上市公司控制权发生变更的前一个会计年度经审计的合并财务会计报告的相应指标的比例累计首次达到 100% 以上的,或者所对应的发行股份的数量,占上市公司首次向收购人及其关联人购买资产的董事会决议前一个交易日的股份比例累计首次达到 100% 以上的,合并视为一次重大资产重组,应当按规定申报核准;前述 60 个月内分次购买资产的,每次所购买资产对应的资产总额、资产净额、营业收入、净利润,以该购买事项首次公告日的前一个会计年度经审计的相应指标为准。”根据本次重组方案,凤凰光学收购海康科技构成重组上市,而这次注入凤凰光学的为小体量资产,如果凤凰光学该重组方案获得行政审批,按照上述规定,凤凰光学以后再装入其他资产将不再按重组上市条件进行审核。按照这种分步装入资产的方式,其随意性较强,但资产的质量、大小都无法保证,审核也较宽松。这种安排对上市公司现有控股股东有利,但可能侵害中小投资者利益。

2. 标的资产的盈利是否真实且具备持续盈利能力

重组预案披露,凤凰光学 2013 年、2014 年、2015 年、2016 年 1 ~ 6 月实现的归属母公司股东的净利润分别为 - 2823 万元、- 10,081 万元、1984 万元、- 3237 万元,虽然 2015 年盈利,但当年扣非后净利润为 - 3618 万元。近几年,凤凰光学所处行

业景气度、主营业务、主要客户等方面没有重大变化,2015 年依靠大额非经常性损益才免于退市风险。因此,凤凰光学下一步持续盈利能力尤为重要。对本次重组标的公司海康科技的持续盈利能力,还存在以下三点疑问:

一是海康科技对第一大客户兼供应商可能存在重大依赖,持续盈利能力存疑。海康科技主要供应商和客户同为一家,即松下电器相关企业,2013 年、2014 年、2015 年、2016 年 1 ~ 6 月海康科技向松下电器相关企业销售额占当期营业收入比例分别为 68.78%、66.77%、65.75% 和 68.10%;向其采购额占当期总采购额的比例分别为 40.46%、44.25%、41.18% 和 38.99%。本次重组构成重组上市,应当符合《首发办法》的相关规定。《首发办法》第 30 条第 3 项规定,发行人不得有最近 1 个会计年度的营业收入或净利润对关联方或者存在重大不确定性的客户存在重大依赖这一影响持续盈利能力的情形。但海康科技向松下电器相关企业销售与采购比例较大,可能会导致其不符合上述规定。

二是海康科技客户集中度较高,盈利能力的真实性存疑。2013 年、2014 年、2015 年和 2016 年 1 ~ 6 月,海康科技向前五名客户的销售额占当期营业收入的比例分别为 88.37%、84.33%、84.05% 和 86.53%,除第一大客户为松下电器相关企业外,还包括与中国电科下属企业之间的关联交易。那么海康科技与松下电器相关企业及关联方企业之间交易的依赖性和定价的公允性,直接决定了海康科技盈利的真实性与可靠性。

三是海康科技账上存在大量的存货,盈利的可实现性风险较高。根据重组预案披露,海康科技 2013 年、2014 年、2015 年、2016 年 1 ~ 6 月各期末存货账面价值分别为 5937.76 万元、8658.00 万元、8656.05 万元和 11,140.91 万元,占流动资产的比例分别为 32.48%、44.11%、35.82% 和 40.20%。报告期内,海康科技存货大幅增加,存货坏账准备计提是否合理、谨慎,对海康科技报告期内净利润影响较大,可能会导致净利润大幅下降。

海康科技 2013 年、2014 年、2015 年、2016 年 1 ~ 6 月净利润分别为 2332.83 万元、3201.87 万元、4307.47 万元、2617.75 万元,净利润较小。《首发办法》第 26 条第 1 项规定,发行人应当符合最近 3 个会计年度净利润均为正数且累计超过人民币 3000 万元,净利润以扣除非经常性损益前后较低者为计算依据。如果上述影响海康科技盈利可实现性的问题如存在,可能会影响其净利润不再符合《首发办法》的明确要求。

3. 发行价格调整方案是否合理

一是调价触发条件。根据重组预案,海康科技 100% 股权的交易价格不进行调整,发行股份数量根据调整后的发行价格相应进行调整。在可调价期间内,上证综指(000001. SH)和申万光学光电指数(801084. SI)在任一交易日前的连续 20 个交易日中有至少 10 个交易日较公司因本次重组首次停牌日前一交易日,即 2016 年 7 月 11 日收盘点数,跌幅超过 10%,即触发调价条件。而此调价触发条件只规定了股价向下调整的触发条件,没有规定向上调整的触发条件,相当于单向的只调跌不调涨。这种调整方式容易稀释现有股东,特别是中小股东的权益。

二是发行价格调整基准日。此次预案中调价基准日有两个口径:其一,根据重组预案第 4 页第 5 条和第 182 页第 5 条,调价基准日是调价触发条件中满足至少一项的任一交易日当日;其二,根据预案第 183 页第 6 条,发行价格调整方案的生效条件满足且公司董事会审议决定对发行价格进行调整的,调价基准日为该次董事会决议公告日。最终如何确定调价基准日存变数。

4. 与本次重组具有关联性的非公开发行是否涉及利益输送

凤凰光学于 2014 年 6 月 18 日召开董事会审议通过了非公开发行股票相关事项,定价基准日为 2014 年 6 月 19 日,发行价格为 6.22 元/股,发行对象为中电海康与中电科投资 2 名特定投资者。2015 年 12 月 15 日,公司召开股东大会,审议通过了该次非公开发行相关议案。而在此期间,中电海康通过无偿划转取得凤凰光学控股股东凤凰控股控股权,中电海康成为公司的间接控股股东。在公司控制权即将发生变更之前,选择现实际控制人关联方中电海康与中电科投资等 2 名特定投资者作为发行对象,涉嫌损害上市公司中小股东利益。

案例 11　恒力股份发行股份购买恒力投资和恒力炼化

2017 年 1 月 25 日恒力石化股份有限公司（以下简称恒力股份，600346）公告了《发行股份购买资产并募集配套资金暨关联交易预案》（以下简称重组预案），拟发行股份购买恒力投资（大连）有限公司（以下简称恒力投资）100% 股权和恒力石化（大连）炼化有限公司（以下简称恒力炼化）100% 股权，同时发行股份募集配套资金。

一、案例简介

（一）上市公司基本情况

恒力股份成立于 1999 年 3 月 9 日，于 2001 年 8 月 20 日在上海证券交易所主板 A 股上市交易。发布重组预案时，恒力股份股价为 8.33 元/股，总股本为 2,825,686,900 股，总市值为 235.38 亿元。恒力股份的控股股东为恒力集团有限公司（以下简称恒力集团），持股比例为 53.15%，陈某某、范某某夫妇通过直接和间接方式持有恒力集团 100% 股份，为恒力股份的实际控制人。

恒力股份主营业务为涤纶长丝和聚酯切片，其 3 年一期的基本财务数据如表 2-11-1 所示。

表2-11-1 恒力股份基本财务数据

单位:万元

项目	2016年9月30日	2015年12月31日	2014年12月31日	2013年12月31日
总资产	1,994,108.49	289,704.61	300,480.12	288,635.10
总负债	1,441,178.16	240,548.64	225,114.29	221,669.61
股东权益	534,676.14	41,266.14	66,223.76	57,321.83
项目	2016年1~9月	2015年	2014年	2013年
营业收入	1,378,871.44	84,070.31	87,605.56	121,781.25
利润总额	81,679.77	-24,734.82	-18,432.99	1143.02
净利润	64,001.83	-24,918.78	-18.976.74	1349.75

(二)标的公司基本情况

本次重组的标的公司为恒力投资和恒力炼化,交易对方为范某某、恒能投资(大连)有限公司(以下简称恒能投资)、恒峰投资(大连)有限公司(以下简称恒峰投资)。其中范某某和恒能投资分别持有恒力投资51%和49%股权,恒能投资和恒峰投资分别持有恒力炼化96.63%和3.37%股权。

恒力投资于2010年3月12日在大连成立,范某某通过直接和间接方式持有恒力投资100%股权,为恒力投资的实际控制人。截至重组预案披露日,恒力投资共直接控制6家子公司,主营业务为精对苯二甲酸(PTA)的生产、销售业务,其近两年的主要财务数据如表2-11-2所示。

表2-11-2 恒力投资业务主要财务数据

单位:万元

项目	2016年12月31日	2015年12月31日
总资产	3,407,484.29	3,786,328.04
总负债	2,653,286.70	2,981,352.17
股东权益	754,197.59	804,975.87
项目	2016年	2015年
营业收入	2,912,911.46	2,834,383.59
营业利润	-51,714.65	-112,316.63
利润总额	-50,786.62	-99,925.53
净利润	-50,785.21	-99,925.53

恒力炼化于2014年3月10日在大连成立，控股股东为恒能投资，实际控制人为范某某。恒力炼化主营业务为原油炼化一体化及化工产品的生产和销售，其近两年的主要财务数据如表2－11－3所示。

表2－11－3　恒力炼化业务主要财务数据

单位：万元

项目	2016年12月31日	2015年12月31日
总资产	352,783.30	323,422.09
总负债	62,642.60	33,175.17
股东权益	290,140.70	290,246.91
项目	2016年	2015年
营业收入	—	—
营业利润	－106.21	－5844.06
利润总额	－106.21	－5844.06
净利润	－106.21	－5844.06

（三）重大资产重组方案精要

本次重组交易方案包括两部分：发行股份购买资产和发行股份募集配套资金。一是恒力股份拟以发行股份的方式购买范某某、恒能投资合计持有的恒力投资100%股权以及恒能投资、恒峰投资合计持有的恒力炼化100%股权；二是恒立股份拟向不超过10名符合条件的特定对象非公开发行股票募集配套资金。恒力股份拟通过本次交易加快实施恒力炼化一体化项目及提高二甲苯产品产能，从而达到上市公司对其盈利能力提升的预期。

1. 估值及交易价格

以2016年12月31日为评估基准日，采用资产基础法对标的资产进行估值。

恒力投资100%股权预估值为831,099.14万元，较恒力投资评估基准日账面净资产618,091.42万元增加213,007.72万元，增值率为34.46%。参考预估值，经交易各方友好协商，恒力投资100%股权暂定的交易价格为831,000.00万元。

恒力炼化100%股权预估值为319,929.26万元，较恒力炼化评估基准日账面净资产290,141.30万元增加29,787.96万元，增值率为10.27%。参考预估值，经交易各方友好协商，恒力炼化100%股权暂定的交易价格为319,000.00万元。

2. 发行股份购买资产的发行价格

本次交易恒力股份拟全部以发行股份的方式购买,发行价格定价基准日为恒力股份首次审议本次交易董事会(恒力股份第七届董事会第十二次会议)决议公告日,发行股份的价格为6.85元/股,不低于定价基准日前20个交易日上市公司股票交易均价的90%。按照暂定交易价格计算,本次交易恒力股份拟向3名交易对方合计发行股份约为1,678,832,115股。

3. 业绩承诺与补偿

根据恒力股份与范某某、恒能投资(以下简称业绩承诺方)签署的《利润补偿协议》,业绩承诺方承诺恒力投资2017年、2018年及2019年净利润预测数分别不低于6亿元、8亿元及10亿元。

如恒力投资利润补偿期间累计实际净利润数达不到净利润预测数,则业绩承诺方就差额部分以现金方式对恒力股份进行补偿。各业绩承诺方当年应补偿现金数=(截至当年年末累计净利润预测数-截至当年年末累计实际净利润数-各交易对方已补偿现金数)×各交易对方本次交易前持有的恒力投资股权比例。

4. 发行股份募集配套资金

在本次重组交易中,恒力股份拟采用询价发行方式向不超过10名符合条件的特定对象非公开发行股票募集配套资金。

本次募集配套资金扣除本次重组中介费用及相关税费后,将全部用于由标的公司恒力炼化实施的"恒力炼化2000万吨/年炼化一体化项目"。本次募集配套资金总额不超过115.00亿元,同时不超过本次发行股份拟购买资产交易价格的100%,发行价格为6.85元/股。

5. 重组交易后股权结构

本次重组交易前,恒力股份总股本为282,568.69万股。根据本次重组方案,在不考虑配套融资的情形下,本次发行股份购买资产拟发行167,883.21万股股份,交易完成后上市公司总股本将增加至450,451.91万股,公司控股股东恒力集团及其一致行动人的持股比例将由本次交易前的74.55%变为84.03%(若考虑配套融资的影响则为61.22%),恒力集团仍为恒力股份的控股股东,陈某某、范某某夫妇仍为恒力股份的实际控制人。本次重组交易前后,恒力股份股权结构如表2-11-4所示。

表 2-11-4　本次重组前后恒力股份股权结构

股东名称	本次交易前		本次交易后（不含配套融资）		本次交易后（含配套融资）	
	数量（万股）	比例（%）	数量（万股）	比例（%）	数量（万股）	比例（%）
恒力集团及一致行动人	210,653.03	74.55	378,536.24	84.03	378,536.24	61.22
恒力集团	150,159.42	53.14	150,159.42	33.34	150,159.42	24.28
德诚利	52,336.55	18.52	52,336.55	11.62	52,336.55	8.46
和高投资	4425.15	1.57	4425.15	0.98	4425.15	0.72
海来得	3731.92	1.32	3731.92	0.83	3731.92	0.60
范某某	—	—	61,870.07	13.74	61,870.07	10.01
恒能投资	—	—	104,443.03	23.19	104,443.03	16.89
恒峰投资	—	—	1570.11	0.35	1570.11	0.25
重组前恒力股份其他股东	71,915.66	25.45	71,915.66	15.97	71,915.66	11.63
不超过10名特定对象	—	—	—	—	167,883.21	27.15
合计	282,568.69	100	450,451.91	100	618,335.12	100

注：表中股份的计算，假定不超过10名特定对象不包括本次发行股份购买资产交易对方。

二、案例分析

（一）行权过程

2017年2月15日，投服中心参加恒力股份重大资产重组媒体说明会，现场向恒力股份提出了上市公司注入亏损资产的合理性、标的资产估值的公允性、发行股份调价机制的合理性、业绩承诺与补偿的可实现性等四方面的问题。2018年2月2日，标的资产过户完成。

（二）行权内容分析

1. 注入亏损资产的合理性

重组预案披露，恒力股份发行股份以83亿元作价购买恒力投资100%股权，以

32 亿元作价购买恒力炼化 100% 股权。同时,恒力股份拟发行股份募资不超过 115 亿元配套资金,用于“恒力炼化 2000 万吨/年炼化一体化项目”的建设。

根据预案,恒力投资的主营业务是精对苯二甲酸(PTA)的生产和销售,2015 年、2016 年的净利润分别为 -9.99 亿元、-5.08 亿元,连续巨额亏损。目前,PTA 需求不振、行业产能过剩,整体盈利水平不佳,根据郑州商品交易所 PTA 行情指数,PTA 价格一直在底部运行,前景堪忧。在此背景下,注入亏损资产对恒力股份的盈利并无好处,不利于提高恒力股份资产质量。2016 年 3 月,恒力股份借壳 * ST 橡塑完成上市,本次资产重组中,将质量不高的资产装入上市公司,盈利具有不确定性。

本次重组交易,募集的配套资金金额巨大。根据证监会有关规定,在重大资产重组中,募集的配套资金不能超过标的资产的交易价格。本次上市公司募集 115 亿元配套资金用于恒力炼化项目,但同时购买恒力炼化和恒力投资两项标的资产,存在有把标的资产的总交易价格做高来募集资金圈钱的意图。本次交易前,恒力股份总共 28 亿股股份,发行股份购买资产后扩大为 45 亿股,发行股份募集配套资金后扩大为 62 亿股,股份数量扩大为原来的 2.2 倍,中小股东权益被严重摊薄。

2016 年 3 月在恒力股份借壳 * ST 橡塑重组上市中,恒力股份实际控制人陈某某、范某某承诺,将在恒力石化净利润为正时,把恒力石化整体注入上市公司。但本次重组预案显示,恒力石化是恒力投资的子公司,恒力石化 2015 年、2016 年净利润分别为 -9.25 亿元、-5.66 亿元。在恒力石化仍然巨额亏损时将其注入上市公司,违反了陈某某、范某某的前述承诺,丧失了中小股东的基本信任。

2. 标的资产估值和发行股份调价机制的有关问题

(1)标的资产估值的合理性

预案披露,以 2016 年 12 月 31 日为评估基准日,采用资产基础法对标的资产进行估值。恒力投资 100% 股权的账面净资产值为 62 亿元,预估值为 83 亿元,预估增值率为 34.46%;恒力炼化 100% 股权的账面净资产值为 29 亿元,预估值为 32 亿元,预估值增率为 10.27%。在恒力投资 2015 年、2016 年连续巨额亏损,PTA 行业产能过剩、盈利不佳,恒力炼化尚在建设还未有实质性经营的情况下,预估增值的原因尚有待探究。

(2)发行股份价格只调跌不调涨的合理性

根据预案,标的资产交易价格不进行调整,但对发行股份的价格设置了调整机制。在可调价期间内,上证综指(000001.SH)或申银万国化学化纤指数(801032.SI)在任一交易日前的连续20个交易日中,至少10个交易日相比于上市公司因本次重组首次停牌日前一交易日(2016年11月1日)收盘点数,跌幅超过10%,即触发调价条件。此发行价格调整方案只规定了发行价格向下调整的触发条件,而没有价格向上调整的相关规定,相当于只调跌不调涨。众所周知,上证综指和申银万国化学化纤指数时时变化,这种调整方式下只可降低股份发行价格,相应的发行数量增多,稀释中小股东权益的比例更严重。

3.业绩承诺与补偿的有关问题

预案披露,交易对方范某某、恒能投资承诺,恒力投资2017年至2019年的净利润预测数分别不低于6亿元、8亿元和10亿元,并以现金方式就净利润实际数和预测数的差额部分进行补偿。就此,我们关注以下两点问题。

(1)高额净利润的可实现性

2015年、2016年,恒力投资净利润分别是-9.99亿元、-5.08亿元,大额亏损,恒力投资主营产品PTA目前存在产能过剩,预测恒力投资2017年至2019年净利润大幅增长缺乏历史业绩支撑,不具有合理性。同时,恒力投资的PTA产品为恒力股份的上游产品,恒力投资和恒力股份之间存在关联交易,重组预案中应披露报告期内的此类关联交易数额,以及恒力投资2017年至2019年预测净利润中此类关联交易的占比。

(2)利润补偿金额和补偿方式的合理性

方案披露,当恒力投资实际净利润小于净利润预测数时,业绩承诺方以现金方式就利润差额进行补偿。在2016年的重大资产重组中,标的资产盈利未达预期时,绝大多数是对未实现利润的差额部分所对应的交易作价进行补偿。在本次重组交易中,恒力投资的交易作价为83亿元,3年净利润预测总额为24亿元,只对利润差额进行补偿,那最高补偿也达不到交易作价的28.92%,补偿力度太小,不利于有效保护上市公司和广大中小股东的利益。同时,本次重组采用现金方式进行利润补偿,那么在标的资产盈利未达预期时,范某某、恒能投资是否具有足够补偿的能力存在不确定性,重组方案中缺乏相应的保障措施来保障现金补偿的可实现性。

案例12　广安爱众发行股份购买宣燃股份、爱众水务

2017年2月25日四川广安爱众股份有限公司(以下简称广安爱众,600979)公告了《发行股份购买资产并募集配套资金暨关联交易预案(第一次修订版)》(以下简称重组预案),拟通过发行股份的方式,购买宣燃天然气股份有限公司(以下简称宣燃股份)100%股权和四川省广安爱众花园水务有限公司(以下简称爱众水务)100%股权。

一、案例简介

(一)上市公司基本情况

广安爱众成立于1999年,于2004年9月6日在上海证券交易所主板上市交易。发布重组预案时,广安爱众股价为7.92元/股,总股本为947,892,146股,总市值75.07亿元。

爱众集团直接持有广安爱众14.37%的股份,其一致行动人北京领瑞投资管理有限公司——领瑞投资·安瑞1号基金直接持有上市公司1.76%的股份,通过花园制水间接持有0.04%的股份,为上市公司控股股东;四川省广安市广安区人民政府为广安爱众的实际控制人。

广安爱众主营业务为水务、电力、燃气、水电气仪表检验安装和调试,其3年一期的财务状况和经营成果如表2-12-1所示。

表 2－12－1　广安爱众基本财务指标

单位:万元

项目	2016 年 10 月 31 日	2015 年 12 月 31 日	2014 年 12 月 31 日	2013 年 12 月 31 日
总资产	766,415.24	644,942.65	613,207.30	435,792.45
总负债	424,242.86	447,707.95	419,564.77	255,297.28
股东权益	342,172.38	197,234.70	193,642.53	180,495.17
项目	2016 年 1～10 月	2015 年	2014 年	2013 年
营业收入	143,300.88	170,055.21	151,316.83	125,168.69
营业利润	14,267.75	14,046.64	12,917.19	7729.85
利润总额	24,470.14	16,789.77	－19,732.45	9662.54
净利润	20,466.39	14,271.92	－20,329.58	7009.10

(二)标的公司基本情况

本次重组的标的公司为宣燃股份和爱众水务,其中,宣燃股份的交易对方为上海众能新能源投资(集团)有限公司(以下简称上海众能)、杭州融高股权投资有限公司(以下简称杭州融高)、上海燕鹤投资合伙企业(有限合伙)(以下简称上海燕鹤)、上海融高创业投资有限公司(以下简称上海融高)、新疆新玺股权投资有限合伙企业(以下简称新疆新玺)、深圳广雅信投资企业中心(有限合伙)(以下简称深圳广雅信)、赵某某、柳某某等,26 个交易对方共持有 100% 股权。爱众水务的交易对方为四川广安花园制水有限公司(以下简称花园制水)和爱众集团,两个交易对方共持有 100% 股权。

1. 宣燃股份基本情况

宣燃股份于 2002 年 3 月在宣城成立,由宣城市市政建设总公司以国有资本出资组建,经 2002 年 5 月、2011 年 8 月和 2016 年 1 月三次增资,2004 年 10 月、2005 年 11 月、2006 年 5 月、2011 年 1 月、2013 年 5 月五次股权转让后,股东变更为上述 26 位,上海众能直接持有宣燃股份 55.64% 的股权,系宣燃股份控股股东;翁某某、陶某某、张某某为一致行动人,共同持有上海众能 100% 股权,系宣燃股份实际控制人。宣燃股份股权结构如图 2－12－1 所示。

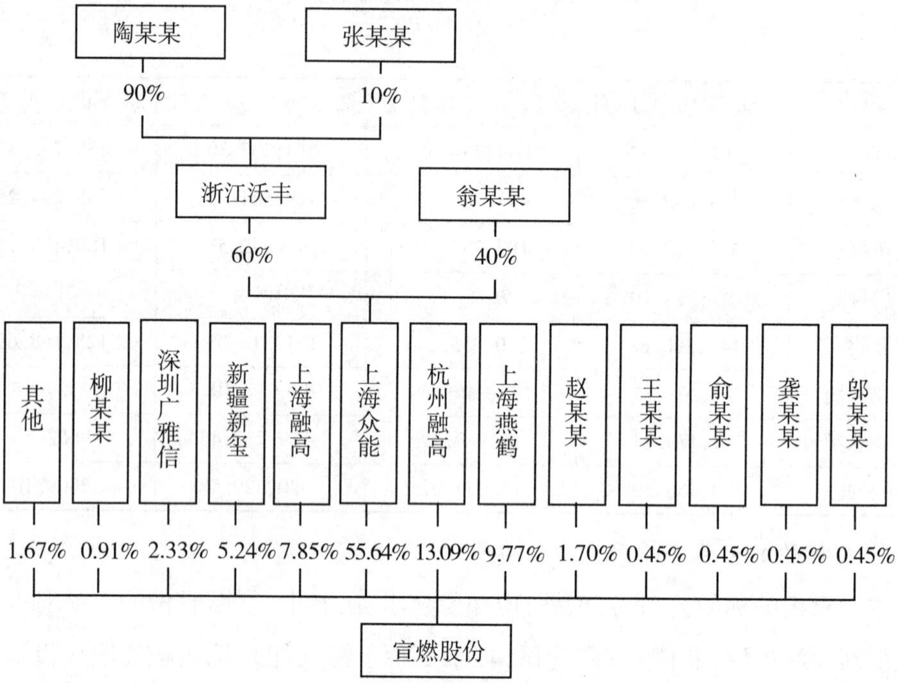

图 2-12-1　宣燃股份股权结构

注:浙江沃丰是指浙江沃丰实业有限公司;深圳广雅信是指深圳广雅信投资企业中心(有限合伙);新疆新玺是指新疆新玺股权投资有限合伙企业;上海融高是指上海融高创业投资有限公司;杭州融高是指杭州融高股权投资有限公司;上海燕鹤是指上海燕鹤投资合伙企业(有限合伙)。

宣燃股份主营为天然气销售、燃气管网的安装和天然气的贸易、运输,其直接或间接控股 12 家子公司,3 家分公司。宣燃股份的财务状况和经营成果如表 2-12-2 所示。

表 2-12-2　宣燃股份主要财务数据

单位:万元

项目	2016 年 10 月 31 日	2015 年 12 月 31 日	2014 年 12 月 31 日
总资产	68,096.22	47,407.84	45,875.22
总负债	23,319.97	22,387.43	22,796.98
股东权益	44,776.25	25,020.41	23,078.24

续表

项目	2016 年 1 ~ 10 月	2015 年	2014 年
营业收入	27,628.97	40,450.33	41,243.37
营业利润	5168.07	3496.64	3410.67
利润总额	5514.99	2977.05	3776.79
净利润	4359.53	1545.91	2299.39

2. 爱众水务基本情况

爱众水务于 2016 年 12 月在广安成立,由花园制水和爱众集团共同出资组建,花园制水直接持有爱众水务 70% 的股权,系控股股东。爱众集团直接持有爱众水务 30% 的股权,通过花园制水持有爱众水务 70% 的股权,而广安市广安区人民政府直接持有爱众集团 66% 的股权,为其控股股东并实际控制人,因而爱众水务实际控制人为广安市广安区人民政府。爱众水务股权结构如图 2 – 12 – 2 所示。

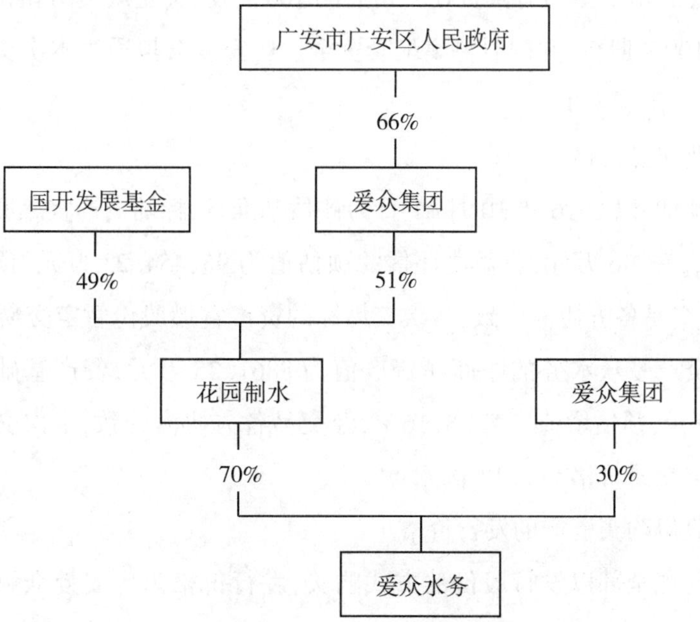

图 2 – 12 – 2 爱众水务股权结构

爱众水务主要继承花园制水的供水业务,花园制水的财务状况和经营成果如表 2 – 12 – 3 所示。

表 2-12-3 花园制水主要财务数据

单位:万元

项目	2016 年 10 月 31 日	2015 年 12 月 31 日	2014 年 12 月 31 日
总资产	9807.39	9496.37	7794.62
总负债	68.15	378.78	333.03
股东权益	9739.24	9117.59	7461.59
项目	2016 年 1~10 月	2015 年	2014 年
营业收入	2059.94	1932.87	1665.69
营业利润	-117.38	-339.77	-1.31
利润总额	273.42	-289.80	73.58
净利润	267.36	-288.34	55.73

(三)重大资产重组方案精要

广安爱众拟通过发行股份的方式,购买交易对方上海众能等 26 名法人和自然人持有的宣燃股份变更为有限责任公司后的 100% 股权、爱众集团和花园制水持有的爱众水务 100% 股权,并同时募集配套资金。广安爱众拟通过本次交易产生协同效应,提高公司盈利水平。

1. 估值及交易价格

经初步预估,以 2016 年 10 月 31 日为评估基准日,标的资产宣燃股份的账面净资产值为 39,276.36 万元,收益法评估的预估值为 95,454.23 万元,预估增值率为 142.93%,经交易各方协商一致,本次交易标的资产宣燃股份暂定交易价格为 9.50 亿元。标的资产爱众水务的账面净资产值为 8861.25 万元,资产基础法评估值为 14,015.08 万元,预估增值率为 58.16%,经交易各方协商一致,本次交易标的资产爱众水务暂定交易价格为 2.13 亿元。

2. 发行股份购买资产的发行价格

本次交易拟全部以发行股份的方式购买,发行价格为广安爱众第五届董事会第二十次会议决议公告日(定价基准日)前 20 个交易日的股票交易均价的 90%,即 7.35 元/股。按交易价格计算,合计发行 158,231,293 股,其中向宣燃股份股东发行 129,251,701 股,向爱众水务股东发行 28,979,592 股。

3. 业绩承诺与补偿

根据广安爱众与交易对方上海众能及翁天波(以下简称业绩承诺方)签署的《发行股份购买资产协议》,业绩承诺方承诺标的公司 2017 年年度、2018 年年度、2019 年年度经审计的归属于母公司净利润(以扣除非经常性损益前后孰低数为准)合计不低于 2.15 亿元。

如果标的公司实现的净利润未达到对应的承诺净利润,业绩承诺方对广安爱众承担补偿义务,具体先以取得的股份进行补偿,不足部分由现金方式进行补偿。应补偿股份数 =(承诺利润 - 实际利润)÷承诺利润 × 标的资产交易价格 ÷ 本次发行价格,补偿现金数 =(承诺利润 - 实际利润)÷承诺利润 × 标的资产交易价格 - 已补偿股份数 × 本次发行价格。承诺期间若受让方发生分红、配股、资本公积金转增股本等除权、除息事项,业绩承诺方补偿股份数量应作相应调整并将所获现金分红无偿赠与受让方。

4. 募集配套资金情况

本次重组交易拟向不超过 10 名的合格投资者发行股份募集配套资金,配套资金总额不超过 49,994.70 万元,占拟购买资产交易价格(剔除爱众集团对新设爱众水务的现金出资)的 45.49%,发行价格为 7.35 元/股。本次募集配套资金用于安徽郎川天然气有限公司郎溪支线项目、宣城市陵阳路等道路中压管道工程、广安市花园水厂四期扩建工程,以及支付本次发行费用。

5. 重组交易后股权结构

本次交易广安爱众拟发行股票购买资产的股份数量为 158,231,293 股,不考虑募集配套资金的影响,发行后广安爱众总股本将增至 1,106,123,439 股,本次拟发行股份数量占发行后总股本的 14.31%。本次发行股份购买资产后,爱众集团直接持有上市公司 13.10% 的股份,其一致行动人北京领瑞投资管理有限公司——领瑞投资 · 安瑞 1 号基金直接持有上市公司 1.50% 的股份,通过花园制水间接持有 1.87% 的股份,仍然为上市公司控股股东。本次交易未导致公司控制权变化,本次交易完成后的广安爱众的股权结构如表 2 - 12 - 4 所示。

表2-12-4　本次重组前后广安爱众股权结构

股东名称	本次交易前		本次交易后	
	数量(百万股)	比例(%)	数量(百万股)	比例(%)
爱众集团	136.21	14.37	144.90	13.10
水电集团	110.06	11.61	110.06	9.95
四川嘉裕阁酒店	70.00	7.38	70.00	6.33
大耀实业	70.00	7.38	70.00	6.33
新疆天弘旗	50.00	5.27	50.00	4.52
川投集团	27.62	2.91	27.62	2.50
杨某	20.00	2.11	20.00	1.81
广安神龙投资	20.00	2.11	20.00	1.81
领瑞投资—安瑞1号基金	16.65	1.76	16.65	1.51
领瑞投资—鑫龙1号基金	10.39	1.10	10.39	0.94
上海众能	—	—	71.91	6.50
杭州融高	—	—	16.92	1.53
上海燕鹤	—	—	12.63	1.14
上海融高	—	—	10.15	0.92
新疆新玺	—	—	6.77	0.61
深圳广雅信	—	—	3.01	0.21
赵某某等宣燃股份自然人股东	—	—	7.86	0.71
花园制水	—	—	20.29	1.83
其他社会股东	416.96	49.99	416.96	37.70
合计	947.89	100	1106.12	100

注:1. 根据重组预算和Wind资讯中资料编制。

2. 水电集团是指四川省水电投资经营集团有限公司;四川嘉裕阁酒店是指四川嘉裕阁酒店管理有限公司;大耀实业是指四川大耀实业有限责任公司;新疆天弘旗是指新疆天弘旗实业有限公司;川投集团是指四川省投资集团有限责任公司。

二、案例分析

（一）行权过程

2017 年 3 月 21 日投服中心参加广安爱众重大资产重组媒体说明会，现场向广安爱众提出四个方面的问题：一是标的资产估值的公允性；二是业绩承诺的合理性和可实现性；三是本次重组交易存在被否的可能；四是中介机构是否勤勉尽责。最终，广安爱众于 2017 年 4 月 13 日终止了本次重组。

（二）行权内容分析

1. 标的资产估值的公允性

根据广安爱众所披露的预案，广安爱众收购宣燃股份 100% 股权和爱众水务 100% 股权，以 2016 年 10 月 31 日为评估基准日进行估值。宣燃股份账面净资产 3.9 亿元，采用收益法评估的预估值为 9.5 亿元，增值率 142.93%；爱众水务采用资产法进行估值，预估值为 2.13 亿元。在宣燃股份和爱众水务的资产均存在一定瑕疵、盈利具有不确定的情况下，标的资产估值的公允性不足，具体分析如下。

在宣燃股份方面：一是宣燃股份收购上海万事红燃气技术发展有限公司（以下简称上海万事红）导致约 1.66 亿元应收款项面临无法收回的风险。根据重组预案披露，2016 年 11 月，宣燃股份拟以支付现金的方式购买上海万事红 100% 股权，并已支付交易总价的 80%，约 1.66 亿元。2017 年 2 月 1 日，宣燃股份决议终止对上海万事红的收购，但 1.66 亿元的转让款还未收回。上述交易安排是在本次重组资产评估日后，这导致广安爱众在收购宣燃股份时面临 1.66 亿元的风险敞口，占宣燃股份账面净资产值 3.93 亿元的 42.56%，但并未在目前对宣燃股份的估值中体现。假如 1.66 亿元的应收款项不能收回，将严重影响宣燃股份的未来盈利能力和估值，更是会损害广安爱众广大投资者的合法权益。在资产评估日后做此交易，完全不考虑应收账款无法收回导致的风险敞口，估值的公允性明显缺失，存在把宣燃股份掏空后卖给广安爱众的嫌疑。

二是宣燃股份出售深圳喜顺能源有限公司（以下简称深圳喜顺）仍承担的 3000 万元担保未解除。根据重组预案披露，2017 年 2 月，宣燃股份将深圳喜顺 51% 股权转让给上海剑鹤能源科技合伙企业（有限合伙）（以下简称剑鹤能源），但对深圳喜顺仍有3000万元的担保,而剑鹤能源是2017年2月14日新成立的公司。上述交易在本次重组资产评估基准日后,如果广安爱众收购宣燃股份的范围包含对深圳喜顺的长期股权投资,关于转让深圳喜顺51%股权定价方式、实际支付与否以及对本次交易估值的影响等问题应当在预案中加以补充说明。再者,宣燃股份出售深圳喜顺股权却不解除对其3000万元的担保,不免令人怀疑是否与剑鹤能源存在关联关系或利益输送安排。

三是宣燃股份的3项特许经营权可能无效,进而对营业收入产生不利影响。根据重组预案披露,宣燃股份拥有的5项特许经营权中有3项为镇政府授予,根据《市政公用事业特许经营管理办法》等相关规定,燃气特许经营权应由县级以上的政府或政府职能部门授予,镇政府不具备授予燃气特许经营权的法定权限,因此,宣燃股份3项特许经营权存在被上级政府或其他有权机关追认无效的风险,如被追认为无效,将对相关区域的营业收入产生不利影响,从而影响资产估值。

在爱众水务方面:

一是擅自调高对广安爱众的水价,未经广安市发改委监审。爱众水务主要向广安爱众及广安都江自来水提供自来水销售业务,2014年、2015年和2016年1~10月的净利润分别为55.7万元、-288.34万元和267.4万元。2016年8月,爱众水务将对广安爱众销售水价从0.78元/吨临时上调到1.32元/吨,并于2016年11月一次性获得广安爱众补缴的484.81万元水费差价。根据《水利工程供水价格管理办法》第17条的规定,地方水利工程供水价格的管理权限和申报审批程序,由各省、自治区、直辖市人民政府价格主管部门商水行政主管部门规定。在尚未经广安市发改委监审情况下,广安爱众擅调水价不仅涉嫌违法违规,调价的公允性也存在疑问。

二是爱众水务的经营数据均为花园制水口径,涉嫌亏损资产剥离。爱众水务设立于2016年12月13日,由花园制水和爱众集团共同出资,主要资产为花园制水相关经营性资产,方案中披露的全部经营数据也均为花园制水口径,本次交易却非直接收购花园制水,而是收购新设爱众水务。若2016年不进行水价调整,则爱众水务2015年、2016年1~10月连续亏损,将亏损资产注入上市公司,花园制水存在剥离亏损资产,涉及利益输送的嫌疑。

三是划拨土地使用权出资的合法合规性不足。花园制水对爱众水务的出资资产中包含11宗划拨土地,账面价值74.39万元,评估值为1124.64万元,增值率1411.74%,该土地的出让手续正在进行中。根据国务院55号令和国土资发44号文的相关规定,划拨土地使用权不得转让、出租和抵押,但原划拨土地使用权人按照有关规定签订土地使用权出让合同,并补交或以转让所获收益抵交土地使用权出让金后可以转让。花园制水以划拨土地出资,本身合法合规性不足,已办理手续、11宗划拨土地变更为出让土地须缴纳出让金以及上述这费用由谁承担的问题均未解决,对土地使用权的估值目前影响也不明。

四是对爱众水务的现金出资是否已实际到位。爱众水务的出资资产中包含花园制水894.92万元经营性债权、债务和部分货币资金以及爱众集团6500万元现金出资。花园制水债权的账龄以及可收回性、花园制水现金出资比例、对爱众水务的全部现金出资实际到位与否等问题未有说明。倘若债权质量不好,而现金出资又没有到位,在估值上应作相应处理。

2. 业绩承诺的合理性和可实现性

根据预案披露,上海众能及翁天波承诺宣燃股份2017年至2019年归属于母公司的净利润合计不低于2.15亿元,但宣燃股份2017年至2019年的预测净利润分别为4010.68万元、4210.72万元和4442.90万元,合计仅为1.27亿元,承诺的净利润数远远高于预测净利润,约为1.7倍。其一,承诺的净利润数高于预测净利润,业绩承诺的可实现存疑;其二,2.15亿元的业绩承诺可能系误导性陈述,使投资者无法清晰判断宣燃股份是能达到1.27亿元的净利润还是2.15亿元的净利润。

3. 本次资产重组存在被否的可能

《重组办法》第11条规定,上市公司实施重大资产重组,应当符合国家产业政策和土地管理等法律和行政法规的规定,所涉及的资产权属清晰,资产过户或者转移不存在法律障碍,相关债权债务处理合法。目前,宣燃股份1.6亿元的应收款项、3000万元的对外担保处理尚未明确,爱众水务擅自提价涉嫌违法违规,爱众水务的土地使用权权属不清。《重组办法》第11条同时规定,实施重大资产重组应当有利于上市公司增强持续经营能力,不存在可能导致上市公司重组后无具体经营业务的情形。爱众水务目前尚未获得取水证,不能开展业务经营,且若剔除调高水价影响,则2015年、2016年1~10月连续亏损,将其注入广安爱众可能并不利于增强广安爱众持续经营能力。结合上述情况,本次重组交易存在被否的可能。

4. 中介机构是否勤勉尽责

除标的资产在资产权属、盈利能力和法律合规方面存在一定问题外,重组预案中披露的财务数据存在两处前后不一致的地方:一是爱众水务的实物资产账面价值前后不一致。重组预案第15页标的资产的评估情况中披露,爱众水务实物资产账面价值为8861.25万元,而第235页中披露这一值为8912.47万元,前后不同。二是宣燃股份的营业收入前后严重不一致。重组预案第124页介绍宣燃股份财务数据、第264页分析宣燃股份经营成果时披露,宣燃股份2014年、2015年和2016年1~10月的营业收入分别为4.12亿元、4.05亿元和2.76亿元,而第215页在论述收益法估值过程时披露,宣燃股份2014年、2015年和2016年1~10月营业收入为1.12亿元、1.68亿元和1.64亿元。前者合计10.93亿元,后者合计4.44亿元。前者是后者的2.46倍,前后矛盾、差距甚大,严重影响投资者的信息获取和判断。

财务顾问、评估机构、审计机构履行自身职责是确保信息披露质量、保障投资者权益的重要一环,在并购重组与再融资的过程中,各中介机构应当勤勉尽责,确保信息披露的准确性和有效性,切实保护广大投资者尤其是中小投资者的合法权益。

案例13　国旅联合购买新线中视文化

2017年3月国旅联合股份有限公司(以下简称国旅联合,600358)公告了《重大资产购买报告书(草案)》(以下简称重组草案),拟通过现金支付的方式,购买北京新线中视文化传播有限公司(以下简称新线中视)51%股权。

一、案例简介

(一)上市公司基本情况

国旅联合成立于1998年,于2000年9月22日在上海证券交易所主板上市交易。截至重组草案签署日(2017年3月),国旅联合总股本为504,936,660股,股价为10.53元/股(2017年2月10日价格,系本次重组停牌前最后一个交易日),总市值为52.65亿元。厦门当代资产管理有限公司(以下简称当代资管)持有国旅联合73,556,106股股份,占国旅联合总股本的14.57%,为国旅联合的控股股东。厦门当代旅游资源开发有限公司(以下简称当代旅游)持有国旅联合57,936,660股股份,占国旅联合总股本的11.47%,为国旅联合的第二大股东。当代资管和当代旅游的实际控制人王某某先生为国旅联合的实际控制人。

国旅联合目前主营业务是以温泉为核心资源的休闲度假开发建设与经营管理业务、户外文体娱乐业务,其近3年合并口径主要财务指标如表2-13-1所示。

表 2 -13 -1　国旅联合主要财务指标

单位:万元

项目	2016 年 12 月 31 日	2015 年 12 月 31 日	2014 年 12 月 31 日
总资产	91,398.69	73,237.52	73,134.10
总负债	39,575.29	41,708.09	43,535.95
股东权益	51,823.40	31,529.43	29,598.15
归属于母公司所有者的股东权益	50,953.46	31,197.16	29,271.15
项目	2016 年	2015 年	2014 年
营业收入	11,728.44	8832.67	8855.79
利润总额	-16,302.99	3253.55	-16,542.29
净利润	-16,313.34	1288.93	-16,574.50
归属于母公司所有者的净利润	-16,310.36	1273.18	-16,589.63

(二)标的公司基本情况

本次购买的标的公司为新线中视。新线中视于 2013 年 2 月在北京市成立,由田某、张某某、万某、周某某和崔某某 4 名自然人共同出资设立,设立时注册资本为 100 万元。截至重组草案签署日,新线中视注册资本总额未曾变动,股权经历过两次转让,现股权结构如图 2 -13 -1 所示。樟树市毅炜投资管理中心(有限合伙)(以下简称毅炜投资)持有新线中视 99% 的股权,为新线中视的控股股东。卢某某

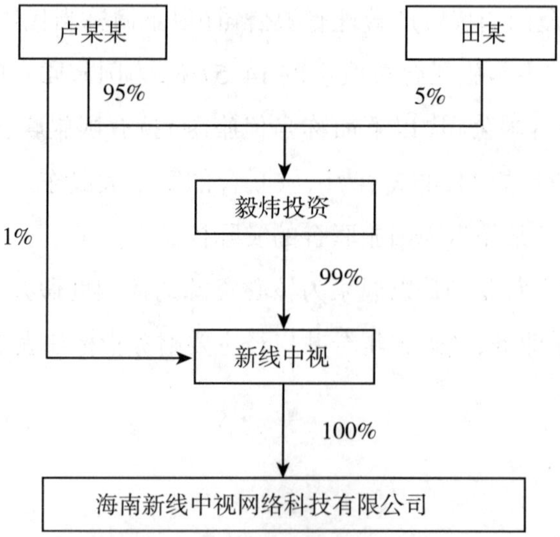

图 2 -13 -1　新线中视股权结构

持有毅炜投资95%的出资额,并担任执行事务合伙人,同时直接持有新线中视1%的出资额,为新线中视的实际控制人。

新线中视的主营业务为互联网广告业务,具体是向客户提供产品营销策略制定、广告创意及执行、社会化媒体传播、媒介策略制定与广告采买等全方位的市场营销服务。新线中视近两年主要财务数据如表2－13－2所示。

表2－13－2　新线中视业务主要财务数据

单位:万元

项目	2016年12月31日	2015年12月31日
总资产	9349.51	3569.80
总负债	6747.73	2723.51
股东权益	2601.78	846.29
项目	2016年	2015年
营业收入	20,782.59	4329.98
营业利润	3421.64	1045.83
利润总额	3422.53	1044.05
净利润	2855.49	778.07

(三)重大资产重组方案精要

国旅联合拟以现金收购新线中视本次增资前40%的股权(对应新线中视本次增资前注册资本40万元人民币),同时拟以现金认购新线中视新增注册资本22.45万元人民币。本次重组完成后,国旅联合将持有新线中视51%的股权。本次股权转让与本次增资共同构成本次重组不可分割的组成部分,其中任何一项因未获得所需的批准而无法付诸实施,则上述两项交易均不予实施。本次现金收购的交易对方为毅炜投资,本次现金认购的交易对方为毅炜投资、卢某某。

国旅联合拟通过本次重组交易逐步实现传统旅游业与文体娱乐行业相互融合促进发展局面,实现业务和资源的协同作用、资金使用效率与资金使用成本的互补作用,提升公司盈利能力和综合竞争力。

1.估值及交易价格

以2016年12月31日为评估基准日,根据资产基础法得出的新线中视100%股权的评估值为8443.00万元;根据收益法得出的新线中视100%股权的评估值为

21,172.44万元。经各方协商一致,本次交易评估采用收益法评估值作为评估结论,即新线中视股东全部权益价值为21,172.44万元。本次股权转让的交易价款合计8000.00万元;本次增资的交易价款合计4490.00万元,其中22.45万元计入新线中视的注册资本,其余4467.55万元计入新线中视的资本公积。

2. 业绩承诺与补偿

根据资产评估机构出具的《资产评估报告》,新线中视在预测期内各会计年度的预测净利润分别为2071.92万元(2017年年度)、2520.08万元(2018年年度)、3055.03万元(2019年年度)。经各方协商一致,以前述预测净利润为基础,并基于交易对方对新线中视未来发展前景的信心,毅炜投资、卢某某承诺,新线中视在业绩承诺期内各会计年度的承诺净利润分别不低于3190.00万元(2017年年度)、4150.00万元(2018年年度)、5400.00万元(2019年年度)。

若新线中视在业绩承诺期内任一会计年度实际净利润未达到承诺净利润,毅炜投资、卢某某按比例承担对国旅联合的补偿责任,当期总补偿金额=(截至当期期末累积承诺净利润-截至当期期末累积实际净利润)÷业绩承诺期内各会计年度承诺净利润总和×本次交易价款总额-累积已补偿金额。其中毅炜投资承担应补偿金额的99.40%,卢某某承担应补偿金额的0.60%。按约定应进行业绩补偿时,毅炜投资、卢某某以现金及/或以其持有的公司股权折价向投资方进行补偿,选择何种补偿方式届时以国旅联合意见为准。

3. 交易后上市公司股权结构

本次交易系国旅联合以现金方式收购新线中视部分股权并向其增资,不涉及发行股份的情况,不会影响国旅联合的股权结构。本次重组完成后,国旅联合的实际控制人不发生变化。

二、案例分析

(一)行权过程

2017年3月30日投服中心参加国旅联合重大资产重组媒体说明会,现场向相关方提出四个方面的问题:一是收购标的选择是否合理;二是标的资产的持续盈利能力是否存在重大不确定性;三是标的资产估值是否公允;四是业绩承诺是否合理且能否实现。2018 年 2 月 28 日,国旅联合公布将继续推进重大资产重组事项。

(二)行权内容分析

1. 收购标的选择是否合理

第一,新线中视的经营范围与国旅联合的主营业务不相关。重组草案披露,国旅联合原以温泉主题公园为单一业务主线,着重发展以温泉为核心资源的休闲度假开发建设与经营管理,2015 年在保留原有温泉主题公园核心资产的基础上,将发展战略调整为户外文体娱乐。而新线中视主营互联网游戏广告业务,与国旅联合的主营业务及发展战略没有直接相关性。

第二,本次重组交易的深层原因。2016 年在证监会要求反馈新线中视与完美世界(北京)数字科技有限公司(以下简称完美世界)合作关系的真实性及可持续性后,国旅联合主动撤回以股权及现金支付方式收购新线中视 100% 股权的申请。而在本次交易中,变更为现金收购新线中视 51% 股权。新线中视是市场关注度较高的热门题材,具有高估值、业绩快速增长、不稳定等特点。而国旅联合主营业务自 2012 年起连续 5 年巨额亏损,扣非后净利润分别亏损 1.17 亿元、1.19 亿元、1.65 亿元、0.67 亿元和 1.53 亿元,存在被实施暂停上市的风险。本次收购可能存在炒作热门题材的嫌疑,同时收购的实际目的涉嫌通过合并子公司报表以及本次交易的高业绩承诺以实现国旅联合保壳的目的。

第三,新线中视历史股权变更是否合理。预案披露,2015 年 9 月新线中视的主要经营者田某将其持有的新线中视 1% 股权以 1 万元的价格转让给卢某某,9% 股权以 9 万元的价格转让给毅炜投资。黄某某将其代田某持有的新线中视 90% 股权以 90 万元的价格转让给毅炜投资。股权转让后,卢某某、毅炜投资持有新线中视 100% 股权,田某通过毅炜投资间接持有新线中视仅 4.95% 的股权。新线中视本次股权转让背后的真实意图存在疑问,新线中视应说明本次股权转让背后的真实意图、主要经营者田某决定将绝大多数的股权转让给第三方的原因、注册资本平价转让是否公允、田某和卢某某是否存在关联关系或利益输送安排等。

2. 标的资产的持续盈利能力是否存在重大不确定性

标的资产新线中视目前已与原第一大客户完美世界终止合作关系,与其他主要客户关系也不稳定,客户积累存在一定难度,同时核心人员存在潜在不稳定性。在这种情况下,对新线中视的持续盈利能力存在一些疑问,其理由如下:

第一,新线中视流失第一大客户完美世界。2015 年、2016 年完美世界均是新线中视第一大供应商和第一大客户,新线中视这两年为完美世界提供服务取得的收入为 1867 万元、5410 万元,分别占当期营业收入的 43.12% 和 26.03%;向完美世界的采购金额分别为 856 万元、1939 万元,占总采购金额的 31.92% 和 12.76%。但截至 2016 年 12 月 31 日,新线中视和完美世界已经基本停止业务合作,这对新线中视未来业务的稳定性及经营业绩造成重大的不利影响,国旅联合也因此终止了 2016 年发行股份及支付现金收购新线中视 100% 股权的重组方案。新线中视之前对完美世界可能存在一定依赖性。

第二,主要客户关系不稳定、客户积累存在难度。重组草案显示,新线中视 2015 年、2016 年向前 5 大客户的销售比例分别为 74.66%、58.61%,对主要客户的依赖程度较高。但这两年的前 5 大客户除完美世界外,其余全部不相同,即 2016 年的 4 个主要客户为新增客户,目前新线中视的主要客户存在较大的不稳定性。同时,游戏行业集中程度比较高,主要游戏厂商广告投放金额占据市场大部分份额,新线中视开发新客户需要耗费较大的时间和成本,积累客户也存在一定难度。

第三,核心人员存在潜在不稳定性。根据预案,新线中视的业务开展主要依靠核心团队,本次交易后,交易对方应尽最大努力促使新线中视的 5 名核心人员 5 年内在公司持续专职任职。交易对方承诺,核心人员非因国旅联合认可的原因违反前述任职期限要求的,交易对方应按该人员离职前一年从公司取得的工资总额的 2 倍赔偿给国旅联合。新线中视公司业务开展可能存在严重依赖核心人员。如果核心人员离职,如何保障新线中视的持续盈利能力,且是否有措施保障离职赔偿的到位均存在疑问。

3. 标的资产估值是否公允

重组预案披露,以 2016 年 12 月 31 日为评估基准日,新线中视账面净资产为 2595.12 万元,采用收益法评估的预估值为 21,172.44 万元,增值率 846.70%。在新线中视存在盈利能力不确定的情况下,本次交易定价的公允性尚存在下列疑问:

第一,重组预案披露的新线中视净资产值前后不统一。重组草案第 23 页、第 212 页标的资产的评估情况中披露新线中视的净资产值为 2601.78 万元,评估增值率为 713.77%,而第 107 页中披露标的资产的净资产值为 2595.12 万元,评估增值率为 846.7%。相关数据前后存在矛盾,财务顾问在制定重组预案时是否进行严格审查、履行勤勉尽责义务有待考察。

第二，国旅联合两次收购新线中视，估值差异巨大。重组草案披露，本次重组以2016年12月31日为评估基准日，新线中视的评估值为2.12亿元。而依据国旅联合于2016年7月12日公布的关于重组收购新线中视100%股权的预案披露，以2016年3月31日为评估基准日，新线中视的评估值为4.01亿元，新线中视100%股权的交易价格为4亿元。仅仅相差9个月，标的资产的估值缩水近一半，两次估值巨大差异的真实原因尚需进一步披露。除因新线中视与完美世界终止业务合作的影响外，新线中视可能还存在其他未向广大投资者披露的原因导致本次估值大幅缩水。

第三，2015年两次股权转让与本次估值存在巨大差异的原因。新线中视2015年两次股权转让均按照新线中视注册资本平价转让。而本次交易中新视中线评估值为2.12亿元，每单位注册资本对应的转让/增资价格为200元。新线中视需进一步披露两次股权转让价格与本次交易价格存在巨大差异的原因。

第四，2017年盈利预测大幅上涨是否合理。重组草案披露，剔除新线中视与完美世界之间产生的营业收入，新线中视2016年主营业务收入为1.54亿元，预测期内新线中视2017年主营业务收入为2.16亿元，同比上涨40%；2018年至2021年主营业务收入分别较上年增长20%、20%、5%、5%。如前所述，目前新线中视已失去第一大客户、主要客户关系不稳定、客户积累存在一定难度，导致其持续盈利能力存在重大不确定性。同时，众所周知游戏公司的业绩存在非常大的波动性和周期性，营销模式创新和更替也较快。新线中视应当分析说明2017年盈利预测大幅上涨、2018年至2021年持续增长的原因及是否具有合理性。

4. 业绩承诺是否合理且能否实现

毅炜投资、卢某某承诺，新线中视在2017年、2018年、2019年实现的净利润分别不低于3190万元、4150万元、5400万元，合计1.27亿元。但新线中视预测期内的净利润分别为2017年年度2072万元、2018年年度2520万元、2019年年度3055万元，合计0.76亿元，3年合计承诺净利润比预测净利润高67%，存在借助高业绩承诺吸引投资者以提升股价。在新线中视持续盈利能力不确定等情况下，如何确保高业绩承诺的实现存在如下疑问：

第一，如何保障实现承诺的高业绩。在2016年国旅联合发行股份及支付现金收购新线中视100%股权的重组方案中,以保持与完美世界的合作关系为基础测算,新线中视2017年、2018年的预测净利润分别为4630万元、6047万元,但在本次交易中,新线中视在终止与完美世界合作的情况下,2017年、2018年的业绩承诺仅略低于上述数字。但在新线中视失去第一大客户,未来持续盈利能力存在重大不确定情况下,高业绩承诺的可实现性存疑。

第二,如何保障业绩补偿如期兑现。预案披露,若新线中视未实现承诺的净利润,则业绩承诺方以现金或以持有的新线中视股权进行补偿。方案中国旅联合分两期支付本次股权转让款,第二期2000万元的转让款视承诺业绩的实现情况进行支付,用于抵扣补偿款,但2000万元仅占承诺业绩的15.75%,缺乏其他相应措施来保障实现业绩补偿。

第三,若无法实现承诺业绩,是否面临大额商誉减值。重组草案披露,国旅联合在本次交易完成后将新增商誉9773万元,商誉总额达到归属于母公司所有者权益的19.39%。若新线中视不能实现承诺业绩,会导致国旅联合计提大额商誉减值冲减利润,对国旅联合目前经营业绩雪上加霜。

案例14　中安消现金购买 Konsalnet 集团

2017年3月18日中安消股份有限公司(以下简称中安消,600654)公告了《2017年重大资产购买预案》(以下简称重组预案),拟通过波兰下属子公司 Zimen sp. zo. o. 以支付现金的形式向 Culmstock Investment Ltd. (以下简称 Culmstock)购买 Konsalnet 集团100%股权。

一、案例简介

(一)上市公司基本情况

中安消成立于1987年,2014年12月借壳上海飞乐股份有限公司(此时上市公司简称为飞乐股份)实现上市。发布本次重组预案时,中安消的股价为17.43元/股,总股本为1,283,020,992股,总市值为223.63亿元。深圳市中恒汇志投资有限公司(以下简称中恒汇志)持有中安消527,977,838股股份,占中安消股权的41.15%,为中安消控股股东。涂某某为中安消的实际控制人。

中安消主营业务包括安保系统集成、安保智能产品制造、安保运营服务三大板块。其两年一期的主要财务指标如表2-14-1所示。

表2-14-1　中安消基本财务指标

单位:万元

项目	2016年9月30日	2015年12月31日	2014年12月31日
总资产	906,862.51	640,621.39	421,616.65
总负债	608,668.51	349,925.85	158,592.29
股东权益	298,193.99	290,695.54	263,024.36

续表

项目	2016 年 1 ~9 月	2015 年	2014 年
营业收入	230,083.12	197,616.43	115,559.86
利润总额	37,585.57	32,661.46	22,353.95
归属于母公司所有者净利润	27,532.33	28,011.58	19,098.33

(二)标的公司基本情况

本次重组的标的公司为 Konsalnet 集团,交易对方为 Culmstock 持有 Konsalnet 集团 100% 股权。Konsalnet 集团于 2009 年 1 月在波兰成立,由 Culmstock、Sgam Eastern Europe Holding I Limited 设立,经一次股权转让、五次增资、两次合并、有限责任公司变更为股份有限公司后,现变更为单一股东。

Konsalnet 集团主营业务为人力安保、现金处理及押运、联网报警等安保运营服务业务,其直接或间接控股 10 家子公司,其中 1 家子公司处于清算状态,Konsalnet 集团近两年的财务状况和经营成果如表 2 –14 –2 所示。

表 2 –14 –2　Konsalnet 集团业务主要财务数据

单位:波兰兹罗提

项目	2016 年 12 月 31 日	2015 年 12 月 31 日
总资产	450,410,112.42	378,744,607.39
总负债	243,416,665.73	205,723,146.72
股东权益	206,993,446.69	173,021,460.67
项目	2016 年	2015 年
营业收入	823,840,523.87	788,331,280.12
营业利润	46,926,856.08	38,800,021.25
净利润	34,878,701.02	27,154,998.57

注:1. 以上数据为未经审计的国际准则合并报表;

2. 波兰兹罗提为波兰的官方货币。2016 年 12 月 31 日,人民币对兹罗提的中间牌价为 0.60355。

(三)重大资产重组方案精要

中安消拟通过现金支付的方式,购买交易对方 Culmstock 持有的 Konsalnet 集团 100% 股权。中安消拟通过本次交易进一步完善与增强安保运营综合服务能力,将业务延伸至波兰安保服务市场。

1. 交易具体方案

中安消拟通过波兰下属子公司 Zimen sp. zo. o. 以支付现金的形式向 Culmstock 购买 Konsalnet 集团 100% 股权。根据交易各方签署的《初步股权购买协议》有关购买价格条款的约定,初始购买价格为以预计企业价值为基础(等于或低于 1.1 亿欧元或预估 EBITDA 的 7 倍金额),根据预计净负债、预计营运资本、目标营运资本、融资偿还金额、Culmstock 欠款金额、交割日期借款协议涉及的相关的民法交易税进行调整。最终的购买价格将在初始购买价格基础上,根据完成日净负债、营运资本变动因素调整确定。

2. 估值及交易价格

预案披露时,有关 Konsalnet 集团的审计、评估工作尚未完成。经初步预估,以 2016 年 12 月 31 日为评估基准日,采用收益法评估的 Konsalnet 集团 100% 股权的预估值为 48,796.17 万兹罗提,按照评估基准日人民币对兹罗提中间牌价 0.60355 作为折算汇率,预估结果为人民币 80,848.60 万元,较评估基准日未经审计的净资产价值 20,699.34 万兹罗提,评估增值率为 135.74%。交易定价以交易双方商业谈判协商确定,不以评估结果为依据。

3. 交易对价的支付安排

预案披露,Culmstock 将其持有的 Konsalnet 集团的股权质押给了 mBank 股份银行。经各方协商,根据《初步股权购买协议》约定,中安消将在股权交割前代为偿还质押银行相关融资金额,偿还金额将在最终支付的对价中予以扣除。根据 Konsalnet 集团与 Culmstock 于 2016 年 12 月 23 日签署的借款协议,Konsalnet 集团同意向 Culmstock 提供 18,123,228 欧元的借款额度。根据《初步股权购买协议》约定,在交割时,中安消将代 Culmstock 履行支付义务,Konsalnet 集团接受中安消代替 Culmstock 支付 Culmstock 欠款金额,并解除 Culmstock 与 Konsalnet 集团相关的任何义务。

二、案例分析

(一)行权过程

2017 年 4 月 21 日投服中心参加中安消重大资产重组媒体说明会,现场向中安消提出三个方面的问题:一是重组收购的必要性;二是标的资产持续盈利能力的不确定性;三是交易对价支付安排的合理性。中安消在修改完善重组预案后,于 2017 年 7 月 1 日公告终止了本次重组。

(二)行权内容分析

1. 本次重组收购的必要性

一是本次交易将进一步加剧公司的财务风险。中安消自 2014 年 12 月借壳上市后,近两年通过全额现金收购的方式陆续收购了 10 多家标的公司,致使公司负债和财务费用大幅增加,流动负债从 2014 年年底的 14.09 亿元增加至 2016 年第三季度末的 44.8 亿元,增幅 220%。长期借款从 2014 年第三季度末的 389.43 万元攀升至 2016 年第三季度末的 8.48 亿元,增幅 217 倍。公司经营活动产生的现金流净额持续为负,并大幅下降,截至 2016 年 9 月 30 日,经营活动产生的现金流净额为 -8,754.95万元,投资活动产生的现金流净额为 -15.4 亿元。公司的资产负债率也不断上升,2016 年第三季度末的资产负债率已达 67.12%。重组预案披露,本次交易所需支付的 8.08 亿元现金对价将通过债务融资的方式筹集,这将进一步提升中安消的资产负债率,财务风险非常高,会对中安消当期损益及资产质量产生重大不利影响。在中安消偿债能力持续下降的情况下,再次通过债务融资收购 Konsalnet 集团的必要性不能体现。同时,因本次交易导致的潜在的财务风险将存在影响公司日后正常经营的可能。

二是本次交易存在商誉减值的风险。近两年,多次并购交易导致中安消商誉从 2014 年年末的零元增加至 2016 年第三季度末的 21 亿元,占公司净资产的 72.22%。重组预案披露,截至 2016 年 12 月 31 日,Konsalnet 集团因以前年度并购产生的商誉折合人民币 1.56 亿元,本次交易完成后将进一步增加中安消的商誉。若 Konsalnet 集团或其子公司未来经营状况恶化,则中安消存在商誉减值的风险,对公司当期损益造成不利影响。

三是标的资产权属不清晰。重组预案披露,Konsalnet 集团的股权尚处于质押状态并未解除,中安消将在股权交割前代为偿还 Konsalnet 集团质押银行的融资金额,成为 Konsalnet 集团的债权人。《重组办法》第 11 条规定,重大资产重组所涉及的资产权属应清晰,资产过户或转移不存在法律障碍。同时,《关于规范上市公司重大资产重组若干问题的规定》第 4 条第 2 项规定,上市公司拟购买资产的,在本次交易的首次董事会决议公告前,资产出售方必须已经合法拥有标的资产的完整权利,不存在限制或禁止转让的情形。截至2017年3月17日本次交易首次董事会决议时,Konsalnet集团股权依旧存在质押状态。本次交易未能符合前述相关法律规定,标的资产权属存在不清晰的情况。同时,重组预案中也未说明Konsalnet集团质押银行的融资金额、相关质押的期限及解除方式、收回代偿款的安排等重要事项。

四是本次交易的深层原因存疑。2016年12月22日,中安消因涉嫌违反证券法律法规,被证监会立案调查。《重组办法》第43条第1款第3项规定,上市公司发行股份购买资产的,上市公司及其现任董事、高级管理人员应当不存在因涉嫌违法违规正被中国证监会立案调查的情形。同时,《关于上市公司立案稽查及信息披露有关事项的通知》第3条规定,被立案稽查的上市公司,由于经营陷入困境,自身发展无望,股东和相关各方的利益难以保障,实施重组是唯一出路时,若重组方提出切实可行的重组方案,在经营管理等方面将发生实质性改变,即"脱胎换骨,更名改姓",重组完成有助于减轻或消除违法违规行为造成的不良后果,在立案调查期间,并购重组可以同时进行,并经当地证监局提出意见后,由上市公司监管部会商稽查部门,共同研究决定。在证监会立案调查期间仍急于实施本次重组交易,本次交易存在为规避证监会的审查而将重组方案定为非行政许可类的全额现金收购的可能。

另外,中安消在2014年借壳上市时承诺,借壳主体中安消技术有限公司2014年至2016年实现的净利润分别为2.10亿元、2.82亿元和3.76亿元。但其2014年、2015年连续两年均未实现承诺业绩,2014年净利润为1.86亿元,业绩未实现率为12%;2015年净利润为1.99亿元,业绩未实现差异率29%。公开信息显示,借壳完成后的2年内,中安消进行了多次资产收购,除香港卫安之外,其他收购资产的业绩都纳入借壳上市业绩承诺核算,包括深圳威大、飞利泰、澳门卫安、深圳迪特、上海擎天、澳洲安保集团、泰国卫安、华和万润、中科智能等公司。在本次重组交易中,中安消仍存在收购资产纳入业绩承诺核算范围,以规避重组上市时业绩承诺的嫌疑。

2. 标的资产持续盈利能力的不确定性

一是标的资产存在瑕疵,其持续盈利能力存在不确定性。

首先,Konsalnet集团存在大量未决诉讼。预案披露,Konsalnet集团及其子公司涉及的未决诉讼共94起,涉案金额总和为868.78万元,其中包括商事、民事、劳动诉讼等。其次,Konsalnet集团存在受当地政策影响的风险。预案披露,Konsalnet集团超过 70% 的员工为民法授权合同,管理方式较复杂。波兰政府近年陆续出台一系列政策,对安保行业用工、员工社保、最低工资标准进行立法规范。若 Konsalnet 集团不及时调整,将面临潜在诉讼、赔偿、处罚风险。此外,2014 年至 2016 年,Konsalnet 集团收到波兰政府的补助金额约为 3363. 5 万元至 6517. 4 万元人民币。2016 年 4 月 29 日 Konsalnet 集团下属子公司被查处不符合补助金申请条件,要求退还已发放补助金。由于 Konsalnet 集团严重依赖当地政府补贴,若后期波兰政府取消政府补贴,将会对其盈利能力产生重大不利影响。

二是标的公司的业务存在不稳定风险。首先,Konsalnet 集团的业务存在缩减状态嫌疑。重组预案第 60 页至第 63 页披露,Konsalnet 集团办公楼租赁协议较多已经过期或即将过期,也未披露 Konsalnet 集团后续租约安排,也未说明 Konsalnet 集团下属子公司 Festuca 投资有限公司进行清算的具体理由,令人担忧存在业务停滞或缩减的可能。其次,核心人员存在潜在不稳定性。重组预案披露,本次交易后 Konsalnet 集团全体监事将提起书面辞呈,由中安消委任新监事会成员并对公司章程作相应修订。Konsalnet 集团原核心高管人员暂无调整计划。Konsalnet 集团波兰业务的开展主要集中在境外,中安消存在严重依赖现任标的公司核心人员的可能,如果现任核心人员离职,无法保障标的公司的持续盈利能力。最后,Konsalnet 集团是否足额购买保险不明。鉴于 Konsalnet 集团主要提供安保综合运营服务,服务质量关系到人身、财产安全,易发生人身、财产重大事故。重组预案披露,本次交易的先决条件之一为中安消取得 W&I 保险。若 Konsalnet 集团购买的保险金额不足以覆盖未来潜在风险,将可能对 Konsalnet 集团未来经营产生重大不利影响。

3. 交易对价支付安排的合理性

重组预案披露,本次交易定价等于或低于 8. 08 亿元,以交易双方商业谈判确定,不以评估结果为依据。2016 年 12 月 23 日,Konsalnet 集团与本次重组交易对方 Culmstock 签署借款协议,Konsalnet 集团向 Culmstock 提供 1812. 3 万欧元借款,现约定由中安消代其向 Konsalnet 集团偿还。同时,中安消代 Konsalnet 集团偿还质押银行借款,偿还款项在最终支付对价中予以扣除。重组预案并未说明 Konsalnet 集团向 Culmstock 提供借款的交易背景、实际提供借款的情况,以及在支付对价中予以扣除中安消支付质押银行的代偿款的缘由。在距离本次交易较近期间发生关联借款不具备一定的合理性,如此复杂的四方交易安排存在交易方利益输送嫌疑。

案例 15　康尼机电发行股份及支付现金购买龙昕科技

2017 年 3 月 24 日南京康尼机电股份有限公司（以下简称康尼机电，603111）公告了《发行股份及支付现金购买资产并募集配套资金暨关联交易报告书（草案）》（以下简称重组草案），拟通过发行股份的方式购买广东龙昕科技有限公司（以下简称龙昕科技）100% 股权。

一、案 例 简 介

（一）上市公司基本情况

康尼机电成立于 2000 年 10 月，于 2014 年 8 月 1 日在上海证券交易所上市交易。发布重组草案时，康尼机电股价为 14.70 元/股，总股本为 738,383,250 股，总市值约 108.54 亿元。南京工程学院资产经营有限责任公司（以下简称资产公司）持有康尼机电 11.52% 股权，为康尼机电的第一大股东。康尼机电股权结构较为分散，不存在实际控制人。

康尼机电主营业务为轨道交通门系统的研发、制造和销售及提供轨道交通装备配套产品与技术服务，其近 3 年的财务状况和经营成果如表 2－15－1 所示。

表 2-15-1 康尼机电主要财务数据

单位:万元

项目	2016 年 12 月 31 日	2015 年 12 月 31 日	2014 年 12 月 31 日
总资产	268,532.43	253,837.64	182,902.20
总负债	129,929.40	137,812.31	85,721.53
归属于母公司所有者权益	132,222.68	110,751.34	95,352.57
项目	2016 年	2015 年	2014 年
营业收入	201,014.95	165,642.71	130,892.38
营业利润	26,001.26	20,269.40	14,817.90
利润总额	29,932.27	22,959.34	16,751.55
净利润	25,556.31	19,490.57	14,329.70
扣非后归母所有者净利润	22,453.40	16,689.69	13,746.38

(二)标的公司基本情况

本次重组的标的公司为广东龙昕科技有限公司(以下简称龙昕科技),交易对手为廖某某、田某某、曾某某、胡某某、梁某某、王某某、邓某某、孔某某、苏某某、刘某某、苏某某、吴某某、符某某、林某某、罗某某、蔡某某 16 位自然人及东莞市众旺昕股权投资合伙企业(有限合伙)(以下简称众旺昕)、赣州森昕股权投资合伙企业(有限合伙)(以下简称森昕投资)、深圳市泓锦文并购基金合伙企业(有限合伙)(以下简称泓锦文并购)及南京盛创置业有限公司(以下简称盛创置业)4 家机构。

龙昕科技于 2010 年 12 月在广东省东莞市成立,经六次增资及四次股权转让之后,龙昕科技股东变更为上述 20 位,龙昕科技股权结构如表 2-15-2 所示。廖某某直接持有龙昕科技 22.1112% 股权,持有众旺昕 90% 股权,持有森昕投资 93.4107% 股权,持有悦昕投资 93.5043% 股权;廖某某通过上述公司直接或间接控制龙昕科技 55.0055% 的权益,为龙昕科技实际控制人。

表 2-15-2　龙昕科技股权结构

序号	股东名称	注册资本(万元)	持股比例(%)
1	廖某某	1468.2556	22.1112
2	田某某	101.9995	1.5361
3	曾某某	120.0000	1.8071
4	胡某某	120.0000	1.8071
5	孔某某	120.0000	1.8071
6	吴某某	80.0000	1.2048
7	苏某某	80.0000	1.2048
8	罗某某	40.0000	0.6024
9	梁某某	437.9665	6.5955
10	刘某某	197.1564	2.9691
11	王某某	159.9067	2.4081
12	邓某某	79.9533	1.2040
13	苏某某	70.3589	1.0596
14	符某某	36.2455	0.5458
15	林某某	26.6511	0.4014
16	蔡某某	15.9907	0.2408
17	众旺昕	773.6164	11.6503
18	森昕投资	1508.6765	22.7199
19	泓锦文并购	1004.9737	15.1344
20	盛创置业	198.5876	2.9906
合计		6640.3384	100.0000

龙昕科技为消费电子精密结构件表面处理整体解决方案提供商，主营业务为面向塑胶、金属精密结构件的真空镀膜、特殊涂装、3D 镭雕等精细表面处理服务，同时覆盖纳米注塑、模具开发、塑胶注塑等结构件成型业务。龙昕科技的产品和服务广泛应用于消费电子领域，包括智能手机及配件、平板电脑、VR 头显、智能玩具、智能穿戴设备、汽车内饰件等，其中智能手机及配件精密结构件的生产及其表面处理业务收入占龙昕科技营业收入的绝大部分，是目前龙昕科技的主要盈利来源。龙昕科技最近两年经审计的主要财务数据如表 2-15-3 所示。

表 2－15－3 龙昕科技主要财务数据

单位:元

项目	2016 年 12 月 31 日	2015 年 12 月 31 日
总资产	1,240,511,774.85	853,142,397.55
总负债	425,979,941.28	369,083,955.55
股东权益	814,531,833.57	484,058,442.00
项目	2016 年	2015 年
营业收入	1,018,327,741.84	654,655,111.35
营业利润	212,615,246.08	165,161,227.06
利润总额	210,016,030.27	162,002,258.47
净利润	180,473,391.57	139,272,686.44

(三)本次重组方案精要

康尼机电拟通过发行股份及支付现金的方式,购买廖某某等 20 位交易对手持有的龙昕科技 100% 股权,并募集配套资金。康尼机电拟通过本次交易,实现在原有主营业务轨道交通门系统的研发、制造和销售及提供轨道交通装备配套产品与技术服务的基础上,新增消费电子精密结构件表面处理业务。

1. 估值及交易价格

根据上海东洲资产评估有限公司(以下简称东洲评估)出具的东洲资评报字〔2017〕0066 号《资产评估报告》,以 2016 年 12 月 31 日为评估基准日,采用资产基础法和收益法对龙昕科技进行评估,并采用收益法评估结果作为龙昕科技的最终评估结论。龙昕科技归属于母公司股东全部权益账面值约 8.15 亿元,收益法评估值约为 34.02 亿元,评估增值约 25.87 亿元,增值率约 317.66%。经交易各方协商一致,本次交易标的资产暂定交易价格为 34 亿元。

2. 发行股份购买资产的发行价格

在本次重组中,购买资产交易对价拟以发行股份及现金相结合方式进行支付,其中,发行股份支付约 23.37 亿元,现金方式支付约 10.63 亿元。发行价格为康尼机电第三届董事会第十二次会议决公告日(定价基准日,即 2017 年 3 月 24 日)前 60 个交易日股票交易均价,即 14.96 元/股。考虑到本次发行股份购买资产的股份发行价格及现金支付比例,本次交易中发行股份数量为 156,240,816 股。

3. 业绩承诺与补偿

根据康尼机电与业绩承诺方签署的《盈利预测补偿协议》,廖某某、田某某、众旺昕、森昕投资、曾某某、胡某某、罗某某、苏某某、吴某某、孔某某共11个交易对方作为业绩承诺方,承诺龙昕科技2017年、2018年、2019年合并报表口径扣除非经常性损益前后孰低的净利润分别不低于23,800万元、30,800万元和38,766万元(不包含本次交易募集配套资金的利息收入和募投项目的损益)。盈利补偿期间为本次重组实施完毕后连续3个会计年度(含本次重组实施完毕当年度),如本次重组实施完毕的时间延后,则利润补偿期间顺延。

本次交易实施完毕后,龙昕科技于盈利补偿期间内某个会计年度实际实现的净利润数低于同期承诺净利润数的95%,或龙昕科技在盈利补偿期间结束累计实现的净利润总数低于承诺净利润总数,则业绩承诺方应按照《盈利预测补偿协议》的约定对康尼机电予以补偿。承诺方应优先以通过本次交易获得的股份向康尼机电逐年补偿,不足的部分由其以现金补偿。

在盈利补偿期间内,具体补偿数额按照下列计算公式计算:(1)若龙昕科技于盈利补偿期间内某个会计年度实现的净利润数低于同期承诺净利润数的95%,则当期应补偿金额=(当期承诺净利润数-当期实现净利润数)÷盈利补偿期间累计承诺净利润数总数×标的资产的总对价。(2)若龙昕科技在盈利补偿期间结束累计实现的净利润总数低于承诺净利润总数,则盈利补偿期间结束应补偿金额=(截至盈利补偿期间结束累积承诺净利润数-截至盈利补偿期间结束累积实现净利润数)÷盈利补偿期间累计承诺净利润数总数×标的资产的总对价-截至盈利补偿期间结束累积已补偿金额。应当补偿股份数量=应补偿金额÷本次交易的每股发行价格。

4. 募集配套资金

本次重组拟向不超过10名特定对象发行股份募集配套资金不超过170,000万元,发行股份数量不超过发行前康尼机电总股本的20%。发行价格定价基准日为发行期首日,股份发行价格不低于定价基准日前20个交易日公司股票交易均价的90%。募集配套资金用于支付标的资产的现金对价(106,264万元),交易相关费用(5000万元),新材料精密结构件表面处理建设项目、精密结构件表面处理搬迁与技改项目、研发中心建设项目(58,736万元)。

5. 重组交易后股权结构

本次重组前,上市公司股权结构较为分散,不存在实际控制人。本次重组后,不考虑配套募集资金影响,上市公司第一大股东为资产公司,未发生变化,所持股票占发行后总股本的比例为9.51%;交易对方廖某某、田某某及众旺昕合计获得的股票占发行后总股本的比例为8.23%。本次交易完成前后公司的股权结构如表2-15-4所示。

表2-15-4　本次重组前后上市公司股权结构

股东名称	本次交易前		本次交易后(不考虑募集配套资金)	
	数量(股)	比例(%)	数量(股)	比例(%)
资产公司	85,094,595	11.52	85,094,595	9.51
金某某	54,625,000	7.40	54,625,000	6.11
山西光大金控投资有限公司	32,490,000	4.40	32,490,000	3.63
陈某某	26,455,250	3.58	26,455,250	2.96
高某某	24,013,750	3.25	24,013,750	2.68
上市公司其他股东	515,704,655	69.84	515,704,655	57.64
廖某某	—	—	50,252,627	5.62
田某某	—	—	3,491,042	0.39
曾某某	—	—	3,285,703	0.37
胡某某	—	—	3,285,703	0.37
孔某某	—	—	3,285,703	0.37
吴某某	—	—	2,190,468	0.24
苏某某	—	—	2,190,468	0.24
罗某某	—	—	1,095,234	0.12
梁某某	—	—	14,989,874	1.68
刘某某	—	—	6,747,889	0.75
王某某	—	—	5,472,978	0.61
邓某某	—	—	2,736,487	0.31
苏某某	—	—	2,408,109	0.27

续表

股东名称	本次交易前		本次交易后（不考虑募集配套资金）	
	数量(股)	比例(%)	数量(股)	比例(%)
符某某	—	—	1,240,541	0.14
林某某	—	—	912,162	0.10
蔡某某	—	—	547,298	0.06
众旺昕	—	—	19,858,390	2.22
森昕投资	—	—	—	0.00
泓锦文并购	—	—	25,453,266	2.85
盛创置业	—	—	6,796,874	0.76
合计	738,383,250	100.00	894,624,066	100.00

二、案 例 分 析

（一）行权过程

2017 年 4 月 24 日投服中心参加康尼机电重大资产重组媒体说明会，现场向康尼机电提出三方面问题：一是公司控制是否变更，是否构成重组上市；二是标的资产估值的合理性；三是业绩承诺能否实现。康尼机电三次修改完善重组方案后，本次重组于 2017 年 10 月 13 日获得了证监会核准。

（二）行权内容分析

1. 本次重组可能导致上市公司控制权发生变更，构成重组上市

是否构成重组上市，关键因素之一就是实际控制人问题，这就涉及一致行动人的认定问题。认定一致行动人的因素有两个，即主观意思联动和客观行动一致。如果被认定为重组上市，需要遵守证监会关于首发上市的相关规定，监管层对于刻意规避重组上市也是重点关注，以下问题可能导致公司控制权变更。

（1）根据重组草案的披露，康尼机电本次重组前的股权比较分散，不存在控股股东的问题。但其重组前第一大股东资产公司和第二大股东金某某的首发限售股将于 2017 年 8 月 1 日开始解禁，上述大股东在解禁以后是否有减持计划比较关键，若发生减持可能会导致康尼机电控制权的变更。

(2)康尼机电2016年年报披露金某某、陈某某等高管的股权均存在质押,若质押权人行使质押权可能会导致康尼机电控股股东变更。

(3)重组草案披露,廖某某、田某某、众旺昕及森昕投资之间存在一致行动关系。自然人曾某某与廖某某同为众旺昕的合伙人,众旺昕将其持有的对广东龙昕的表决权委托给上市公司第二大股东金某某,导致廖某某及其一致行为人成为重组后的上市公司的第二大股东,且与第一大股东的持股比例差仅为1.28%。根据《上市公司收购管理办法》第83条第2款第6项的规定,投资者之间存在合伙、合作、联营等其他经济利益关系的应认定为一致行为人。

2.标的公司估值合理性问题

预案披露,本次交易的标的资产为龙昕科技100%股权。采用整体收益法作为最终评估结论,以标的资产2016年12月31日为基准日的100%股权预估值为34.02亿元,增值率为317.66%,对于本次标的资产估值是否合理,我们注意到以下几点问题:

(1)龙昕科技是否具备持续盈利能力。在行业环境上,在全球智能手机保有量居高、消费电子产品更新迭代速度迅速、高端机型及利润率高的产品中国外厂商的占有率较高、龙昕科技自身主要客户集中度较高的情况下,龙昕科技2017年、2018年、2019年合并报表口径扣除非经常性损益前后孰低的净利润,分别不低于23,800万元、30,800万元和38,766万元,年均增长率为25%以上高增长预测存在难以实现的可能。

(2)龙昕科技分别于2015年5月和2016年6月进行了两次股权转让。其中前者为廖某某将其持有的龙昕科技6%的股权以7200万元的价格转让给泓锦并购,对应的股权总价值为12亿元;2016年的股权转让价格未披露。估值悬殊的具体原因不明,存在突击入股、提升估值的嫌疑。

(3)龙昕科技享受企业所得税按15%征收的高新技术企业资质有效期自2015年开始到2017年结束,到期后是否可以继续享有该优惠政策需要重新申请,并经专家评定。该事项存在较大确定性,对龙昕科技的企业利润及上市股东利益有重大影响。

3.业绩承诺能否实现及其他问题

(1)根据草案的披露,全球智能手机现在保有量居于高位,增速放缓,平板电脑出货量也出现了下降的趋势。在这种情况下，龙昕科技的业绩承诺在 2017 年、2018 年分别达到 2.38 亿元和 3.08 亿元，是否能够顺利实现存在不确定性。

（2）草案披露，龙昕科技存在多起未决诉讼，具体成诉原因披露不明，未来可能会对本次重组造成影响。

（3）龙昕科技部分股东的股权存在质押，若因为质押权未能如期解除，可能导致本次重组终止，造成股价的波动，损害投资者，尤其是中小投资者的利益。

（4）重组后的整合是影响龙昕科技能否与上市公司形成协同价值的关键，龙昕科技的劳动人事制度是否规范，如何保证的关键人才如管理人员、高级模具工人在重组后继续在上市公司服务将直接关系本次重组能否顺利实施。

案例16　天津松江现金购买卓朗科技

2017年4月7日天津松江股份有限公司(以下简称天津松江,600225)公告了《重大资产购买暨关联交易预案》(以下简称预案),拟以支付现金的方式购买天津卓朗科技发展有限公司(以下简称卓朗科技)80%股权。

一、案例简介

(一)上市公司基本情况

天津松江成立于2001年12月,于2009年借壳福建天香集团股份有限公司实现上市。发布重组预案时,天津松江股价为6.64元/股,总股本为935,492,615股,总市值为62.12亿元。天津滨海发展投资控股有限公司持有天津松江47.92%股份,是天津松江的控股股东;天津市国资委是天津松江的实际控制人。

天津松江主营业务为房地产自主开发及销售,其近3年的主要财务情况如表2-16-1所示。

表2-16-1　天津松江主要财务指标

单位:万元

项目	2016年12月31日	2015年12月31日	2014年12月31日
总资产	1,521,357.13	1,479,894.56	1,349,922.37
总负债	1,367,509.93	1,271,151.87	1,236,699.05
股东权益	153,847.20	208,742.69	113,223.32

续表

项目	2016 年	2015 年	2014 年
营业收入	198,734.90	63,276.01	254,767.42
营业利润	-65,555.69	-79,481.66	21,962.13
利润总额	-65,756.93	-79,676.57	23,810.36
净利润	-48,103.09	-75,634.00	4426.32

（二）标的公司基本情况

本次重组的标的公司为卓朗科技，交易对方为张某某、李家某、天津卓成企业管理合伙企业（有限合伙）（以下简称天津卓成）、天津卓创众城企业管理合伙企业（有限合伙）（以下简称天津卓创）、天津松江财富投资合伙企业（有限合伙）（以下简称松江财富）、郭某某，6 个交易对方共持有卓朗科技 80% 股权。

卓朗科技于 2009 年 8 月在天津成立，由张某某、李某二人创办，经六次增资及四次股权转让后，股东变更为上述 6 位及天津市红桥区国有资产投资有限公司（以下简称红桥国投），红桥国投不参与本次重组。张某某直接持有卓朗科技 34% 的股权，并作为天津卓创、天津卓成的执行事务合伙人，间接控制卓朗科技 15.69% 的股权，因此张某某为卓朗科技的控股股东和实际控制人。卓朗科技的股东情况及持股比例如图 2-16-1 所示。

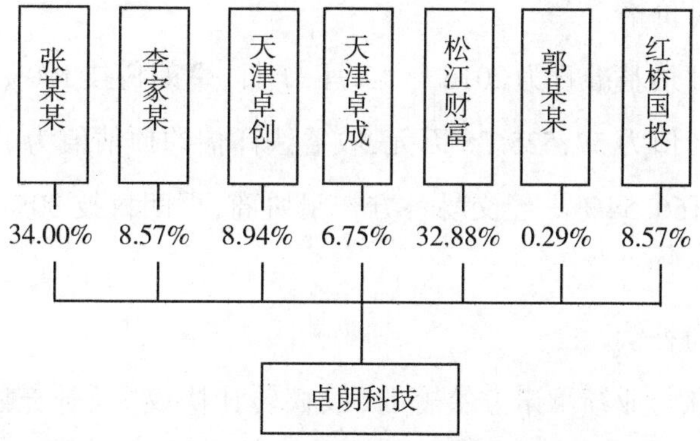

图 2-16-1　卓朗科技股权结构

卓朗科技主营为利用虚拟化等云计算技术，提供软件开发、系统集成解决方案、IDC 建设与托管服务、云计算服务、IT 产品分销与增值服务等“一站式”IT 服务。卓朗科技的财务状况和经营成果如表 2-16-2 所示。

表 2-16-2　卓朗科技主要财务数据

单位:万元

项目	2015 年 12 月 31 日	2014 年 12 月 31 日
总资产	127,225.13	68,990.36
总负债	70,173.80	34,901.64
股东权益	57,051.33	34,088.73
项目	2015 年	2014 年
营业收入	75,151.72	18,587.14
营业利润	7968.38	2045.73
利润总额	8313.31	2192.86
净利润	7225.24	1511.51

(三)重大资产重组方案精要

天津松江拟以支付现金的方式购买张某某、李家某、天津卓创、天津卓成、松江财富、郭某某 6 名交易对手持有的卓朗科技 80% 股权。天津松江拟通过本次交易将云计算、大数据、物联网等技术与公司现有地产项目融为一体,进而实现“智慧城市”项目在全国其他区域的有效复制,加快推进“房地产 + 智慧城市”的多元化战略转型,完善公司的产业链布局,提高公司的行业地位。

1. 估值及交易价格

本次交易的评估基准日为 2016 年 12 月 31 日,卓朗科技 100% 股权截至评估基准日的账面净资产值为 57,525.38 万元,收益法评估的预估值为 153,330.29 万元,评估值增值率为 166.54% 。经交易各方初步协商,卓朗科技 80% 股权的交易价格为 118,400 万元。

2. 业绩承诺与补偿

根据天津松江与业绩承诺方签署的《股权转让协议》及补充协议,交易对方张某某、李家某、天津卓创、天津卓成(以下简称业绩承诺方)承担对天津松江的利润补偿义务。业绩承诺方承诺卓朗科技 2017 年年度、2018 年年度、2019 年年度净利润分别不低于 9000 万元、11,000 万元及 13,000 万元。

业绩承诺方对上市公司的补偿为逐年补偿,如卓朗科技在业绩承诺期内,截至当期期末累计实际净利润低于截至当期期末累计承诺净利润的,业绩承诺方应向上市公司进行现金补偿，当期的补偿金额按照如下方式计算：业绩承诺方应补偿金额＝[（截至当期期末累积承诺利润－截至当期期末累积实际利润）÷承诺年度内各年的承诺利润总和]×本次交易业绩承诺方取得的交易对价－已补偿金额。业绩承诺方的业绩补偿总额不超过各自在本次交易中取得的交易对价，业绩补偿责任按照业绩承诺方各股东各自转让卓朗科技股权占本次合计转让卓朗科技股权比例计算，并相互承担连带责任。发生补偿时，则应先自上市公司须向业绩承诺方支付的当期交易价款中扣减，扣减后仍剩余的交易价款再支付给业绩承诺方；扣减不足的，由业绩承诺方以自有现金向上市公司补足。

3. 剩余股权安排

本次交易完成后，如红桥国投启动所持卓朗科技5%股权挂牌交易程序，天津松江应按照相关规定报名参加摘牌工作；该收购按照相关法律、法规特别是关于国有资产管理的相关规定进行，如未超出本次评估报告有效期，申报价格原则上按照本次交易卓郎科技估值确定，如超出本次评估报告有效期，申报价格按照目标公司重新审计评估结果确定。

二、案 例 分 析

（一）行权过程

2017年5月2日投服中心参加天津松江重大资产重组媒体说明会，现场向天津松江提出四个方面的问题：一是本次跨界收购的目的；二是标的资产的持续盈利能力；三是标的资产估值的公允性；四是业绩承诺与补偿的可实现性。最终，天津松江在修改完善重组预案后，于2017年9月16日完成了本次重组。

（二）行权内容分析

1. 本次跨界收购的真实目的

一是对本次重组收购的深层原因存疑。重组预案披露，天津松江的主营业务为房地产开发，为拓宽新业务、提升竞争力，公司决定将云技术、IDC建设与托管服务等技术与现有房地产项目融为一体，实现“智慧城市”协同效应。而卓朗科技主营云技术、软件开发、系统集成等IT服务行业，是市场关注度较高、与互联网相关的热门题材，具有高估值、业绩快速增长、不稳定等特点，与天津松江的房地产业务没有直接相关性。特别是,云技术、IDC 服务技术并非卓朗科技的核心业务领域,2015 年、2016 年云技术收入仅占卓朗科技当年收入的 0.34%、0.28%,IDC 技术服务收入为 0、尚未实际开展业务,这对本次交易所谓的协同效应没有说服力。在监管部门对“跨界并购”趋严监管的背景下,天津松江仍选择收购一家与主营业务无关的互联网信息技术公司,存在炒作热门题材的嫌疑。同时,天津松江的主营业务自 2013 年起连续 4 年巨额亏损,扣非后净利润分别亏损 3.5 亿元、4706 万元、7.4 亿元和 5 亿元。本次收购可能存在为通过合并子公司报表以及本次交易的业绩承诺以实现上市公司保壳的目的。

二是重组完成后天津松江主营业务存在变更的可能。重组预案披露,最近 12 个月内天津松江发生了 5 次资产转让交易,其中包括转让团泊 C 水岸恬园项目、天汐园项目、团泊西区四号地依山郡项目部分在建工程、转让内蒙松江 100% 股权以及运河城 100% 股权,合计交易金额高达 27.4 亿元。天津松江在重组交易前频繁转让房地产在建项目、剥离下属房地产公司的实际目的令人质疑,存在重组完成后变更主营业务的可能。

三是重组交易将进一步加剧天津松江的财务风险。天津松江 2016 年年报披露,截至 2016 年 12 月 31 日,天津松江的资产负债率已超过 90%,主要资产处于受限状态,流动负债达 64.4 亿元,长期借款为 71.1 亿元。而本次重组所需支付的 11.84 亿元现金对价将通过公司自筹资金完成,包括银行借款等债务融资方式,这将进一步提升天津松江的资产负债率,财务风险非常高,对公司当期损益及资产质量会产生重大不利影响。在天津松江偿债能力持续下降的情况下,仍通过大额债务融资跨界收购标的公司的目的令人生疑。

2. 标的资产的持续盈利能力

一是标的资产主营业务的持续盈利能力存在重大不确定性。重组预案披露,卓朗科技 2016 年营业收入、净利润分别为 7.5 亿元、7349.44 万元,较 2015 年增长 307.44%、384.05%,其中 IT 产品分销与增值业务收入大幅增长 1213%,嵌入式软件集成电路收入增长 100%。但 2015 年、2016 年卓朗科技经营活动产生的现金流量净额持续为负,为 -2.48 亿元、-1.58 亿元。卓郎科技 2016 年业绩爆发式增长的原因、合理性以及可持续性不明。在业绩呈现爆发式增长的同时,卓朗科技的现金流持续为负令人生疑,将对其持续经营带来财务风险。

二是卓朗科技的主要客户关系不稳定,存在对大客户严重依赖情况。重组预案披露,卓朗科技 2015 年、2016 年前 5 大客户销售收入占比分别为 94.57%、93.41%,其中第一、第二大客户中节能(天津)投资集团有限公司(以下简称中节能投资)、深圳市森松尼电子科技有限公司(以下简称森松尼电子)2016 年合计占比达 88%,依赖程度相当高。2016 年卓朗科技对中节能投资、森松尼电子的销售收入分别增长 1213%、100%。2016 年卓朗科技对中节能投资、森松尼电子销售收入大幅增加的原因不明。另外,第一大客户中节能投资系主要从事再生资源循环利用领域投融资及商业咨询业务,与卓郎科技主营业务的相关性不高,向卓朗科技进行长期大额采购的合理性不强。同时,这两年的前 5 大客户中除前述两位客户未变外,其余全部不相同,主要客户存在较大不稳定性。由于卓朗科技对第一、第二大客户严重依赖,一旦大客户终止采购,将严重影响卓郎科技的经营业绩,导致持续盈利能力存在重大不确定性。

三是标的资产存在瑕疵。重组预案披露,卓朗科技尚未取得《跨地区增值电信业务经营许可证》,而目前持有的天津市通信管理局下发的《增值电信业务经营许可证》于 2017 年 6 月 25 日即将到期。另外,卓朗科技持有的《天津市安全技术防范系统设计、安装、维修企业登记备案证》已于 2017 年 2 月 4 日过期。依据《电信条例》(2016 年修订)第 7 条、第 9 条、第 69 条规定我国电信业务经营实行许可制度,增值电信业务覆盖范围在两个以上省、自治区、直辖市的,须取得《跨地区增值电信业务经营许可证》;擅自经营的,由主管部门责令改正、没收违法所得、处以行政罚款,甚至责令停业整顿。卓朗科技尚未取得《跨地区增值电信业务经营许可证》的原因不明。若不能取得,并不能及时将已到期或即将过期的资质证书完成换证手续将严重影响卓朗科技的正常经营,未来持续盈利能力存在重大不确定性。

四是核心人员存在潜在不稳定性。根据重组预案,卓朗科技的业务开展主要依靠核心技术及管理团队,本次交易后交易对方应尽最大努力促使卓朗科技的核心人员 3 年内在公司持续专职任职。同时,本次交易完成后并于业绩承诺期内,卓朗科技董事会将重新改选,由天津松江提名 2 名、张某某提名 1 名,董事长由天津松江提名的董事担任,财务总监由天津松江委派。卓朗科技作为一家计算机技术服务公司,公司业务开展主要依赖核心技术人员,若现有核心人员离职,将无法保障卓朗科技的持续盈利能力。特别是,天津松江在不具有云技术等 IT 服务行业的管理经验的情况下,不具备实现对卓郎科技的实际控制及上市公司业务整合的客观能力。

3. 标的资产估值的公允性

一是本次交易构成关联交易,交易公允性尚存质疑。重组预案披露,交易对方松江财富系卓朗科技的第二大股东,持有其32.88%股权。天津松江作为有限合伙人持有松江财富99.8%出资比例,且天津松江的董事、副总经理兼董事会秘书詹某某为松江财富投资决策委员会委员。2015年11月松江财富以5.42元每单位出资额入股卓朗科技,而本次交易又以8.46元的单价将其持有的卓朗科技全部股权转让上市公司,交易对价为4.87亿元,是本次交易中最大一笔交易对价。同时,除郭某某0.29%股权转让外,本次交易对价均分四期支付,但松江财富4.87亿元的交易对价为一次性付清。重组预案中未说明松江财富各出资人、实际控制人、决策机制等具体情况,也未说明与松江财富是否存在委托持股、达成一致行动人、决策控制等其他安排,让广大中小投资者担忧本次交易存在利益输送、损害上市公司股东利益的可能。

二是卓朗科技2015年11月估值与本次交易估值差异巨大。重组预案披露,本次重组以2016年12月31日为评估基准日,卓朗科技100%股权的评估值为15.33亿元。而卓朗科技于2015年11月引入新投资者松江财富时,投后估值为8亿元。本次重组交易,每单位出资额对应的转让价格为8.46元,而2015年11月、2016年12月卓朗科技分别以每单位出资额5.42元、5.76元引入松江财富等3家投资者。仅仅相差1年,卓朗科技的估值增幅近1倍,对于2015年、2016年两次增资价格与本次转让价格存在较大差异令人质疑本次估值的公允性。

4. 业绩承诺与业绩补偿的合理性

一是非全体交易对方做出业绩承诺。重组预案披露,卓朗科技的4位股东张某某、李家某、天津卓创、天津卓成承诺,卓朗科技2017年、2018年、2019年实现的净利润分别不低于9000万元、1.1亿元和1.3亿元,合计3.3亿元。本次交易对方是卓朗科技的6位股东,做出业绩承诺的只有4位,其他2位股东松江财富、郭某某的交易对价支付安排为一次性付清、占本次交易标的资产33.17%的股权,但未做出业绩承诺。

二是无法保障业绩补偿如期兑现。重组预案披露,若卓朗科技未实现承诺的净利润,业绩承诺方以现金方式对天津松江进行补偿。天津松江分四期支付本次股权转让款,第一期合计支付9.07亿元,第二期支付1.39亿元,第三期、第四期分别支付0.69亿元,其中第二期、第三期、第四期的转让款视卓朗科技2017年、2018年、2019年的业绩实现情况进行支付,用于抵扣业绩补偿款。若业绩不达标,尚未支付的股权对价合计2.76亿元不足以抵扣合计3.3亿元的承诺净利润,更无法覆盖承诺方按业绩承诺补偿公式计算的应补偿金额。如果业绩承诺方无法如期进行业绩补偿,将损害天津松江及广大中小投资者的利益。

案例 17　万盛股份发行股份购买匠芯知本

2017 年 5 月 26 日浙江万盛股份有限公司(以下简称万盛股份,603010)公告了《发行股份购买资产并募集配套资金暨关联交易预案》(以下简称重组预案),拟以发行股份方式购买匠芯知本(上海)科技有限公司(以下简称匠芯知本)100% 股权,同时向不超过 10 名的特定投资者非公开发行股份募集配套资金。

一、案 例 简 介

(一)上市公司基本情况

万盛股份成立于 2000 年,于 2014 年 10 月 10 日在上海证券交易所主板上市。发布重组预案时,万盛股份股价为 40.36 元/股,总股本为 254,391,982 股,总市值为 102.67 亿元。高献某家族成员(包括高献某、高甲、高远某、高乙、郑某某)直接持有万盛股份 18.73% 的股份,同时通过临海市万盛投资有限公司(以下简称万盛投资)间接控制万盛股份 29.35% 的股份,高献某家族成员合计控制万盛股份 48.08% 的股份,为万盛股份的实际控制人。

万盛股份主要从事有机磷系阻燃剂以及其他橡塑助剂的研发、生产和销售,其 3 年一期的财务状况和经营成果如表 2－17－1 所示。

表 2－17－1　万盛股份基本财务指标

单位:万元

项目	2017 年 3 月 31 日	2016 年 12 月 31 日	2015 年 12 月 31 日	2014 年 12 月 31 日
总资产	148,392.46	140,571.99	110,992.17	68,226.88
总负债	39,302.73	35,197.57	17,986.49	17,063.92
所有者权益	109,089.74	105,374.43	93,005.68	51,162.96

续表

项目	2017年1~3月	2016年	2015年	2014年
营业收入	33,324.90	122,655.47	87,997.09	74,694.23
营业利润	4259.00	17,680.07	10,766.72	4923.82
利润总额	4582.79	18,098.18	10,656.12	5078.99
净利润	3716.43	14,936.72	8502.17	4205.60

（二）标的公司基本情况

匠芯知本系嘉兴海大数模投资合伙企业（有限合伙）（以下简称嘉兴海大）与上海数珑企业管理咨询合伙企业（有限合伙）（以下简称上海数珑）共同投资，于2016年9月在上海自由贸易试验区设立的有限责任公司。匠芯知本设立时注册资本200万元，其中嘉兴海大出资140万元，占注册资本的70%，上海数珑出资60万元，占注册资本的30%。经历一次增资和一次股权转让后，截至重组预案签署日，匠芯知本的股权及控制关系如表2－17－2所示。

表2－17－2　匠芯知本的股权及控制关系

股东名称	出资额（万元）	出资比例（%）
嘉兴海大	320.0776	55.00
集成电路基金	116.3919	20.00
上海数珑	60.0000	10.31
深圳鑫天瑜	35.2667	6.06
宁波经瑱	34.9176	6.00
嘉兴乾亨	8.2638	1.42
合肥润信	7.0417	1.21
合计	581.9593	100

注：集成电路基金是指国家集成电路产业投资基金股份有限公司；深圳鑫天瑜是指深圳鑫天瑜二期股权投资合伙企业（有限合伙）；宁波经瑱是指宁波梅山保税港区经瑱投资合伙企业（有限合伙）；嘉兴乾亨是指嘉兴乾亨投资合伙企业（有限合伙）；合肥润信是指合肥中安润信基金投资合伙企业（有限合伙）。

匠芯知本系为收购硅谷数模（“硅谷数模”是指Analogix Semiconductor，Inc.，一家在美国特拉华州注册成立的公司）而专门设立的收购主体，匠芯知本没有实质开展其他经营性业务,硅谷数模是一家专门从事高性能数模混合芯片设计、销售的集成电路设计企业。假设匠芯知本收购硅谷数模100%股权在2015年1月1日已完成,报告期内匠芯知本模拟财务报表的主要财务数据如表2-17-3所示。

表2-17-3 匠芯知本主要财务数据

单位:万元

项目	2017年4月30日	2016年12月31日	2015年12月31日
总资产	347,411.95	26,258.72	21,417.18
总负债	83,146.10	185,928.44	103,424.26
所有者权益	264,265.85	-159,669.72	-82,007.08
项目	2017年1~4月	2016年	2015年
营业收入	15,784.56	53,580.21	46,071.59
营业利润	-39,677.74	-69,974.19	-16,874.09
净利润	-40,095.80	-70,677.21	-17,573.35

(三)重大资产重组方案精要

本次重大资产重组交易对方为匠芯知本全体股东,交易标的为匠芯知本100%股权,交易暂定价为375,000万元,全部以发行股份的形式支付。

1.估值及交易价格

本次交易的标的资产为匠芯知本100%股权,本次发行股份购买资产的评估基准日为2017年4月30日。截至重组预案签署日,交易标的审计、评估工作尚未完成。重组预案披露了对本次拟购买的标的资产的预估价值,具体情况如表2-17-4所示。

表2-17-4 匠芯知本预估值

交易标的	合并报表口径归母所有者权益(万元)	预估值(万元)	预估增值(万元)	预估增值率(%)
匠芯知本100%股权	264,265.85	375,139.46	110,873.61	41.96

截至重组预案签署日,交易标的审计、评估工作尚未完成。表2-17-4预估值未考虑收购合并对价分摊、税务调整、股权激励等因素的影响,且由于优先股评估未最终完成,优先股评估结果的变化会影响预估值。

2. 发行股份购买资产的发行价格

发行股份购买资产的股票发行价格为定价基准日前 120 个交易日万盛股份股票交易均价的 90%，即 25.03 元/股，共计应发行股份 149,820,213 股。

3. 业绩承诺补偿

嘉兴海大、上海数珑共 2 名交易方承诺匠芯知本 2017 年、2018 年、2019 年和 2020 年实现的净利润（经具有证券期货业务资格的会计师事务所审计的匠芯知本合并报表中归属于母公司股东的净利润和扣除非经常性损益后的归属于母公司股东的净利润孰低者），应分别不低于 1.10 亿元、2.21 亿元、3.34 亿元和 4.64 亿元，若本次交易未能在 2017 年度实施完毕，则利润补偿期为 2018 年、2019 年、2020 年。

4. 募集配套资金

本次向配套融资认购方非公开发行募集配套资金不超过 100,000 万元，占本次拟购买资产交易价格的比例不超过本次发行前万盛股份总股本的 20%。本次所募集的配套资金将用于支付本次交易中介机构费用，剩余部分用于消费类电子产品接口技术研发及产业化项目、触摸显示技术研发及产业化项目、视频及显示处理技术研发及产业化项目、设计工具、系统测试设备、芯片测试设备和信息系统升级项目。

5. 重组交易后股权结构

根据标的资产的交易价格进行测算，本次交易完成前后上市公司股权结构如表 2－17－5 所示。

表 2－17－5　本次重组前后上市公司股权结构

股东名称	本次交易前		本次交易后（不考虑配套融资）	
	持股数量（股）	持股比例（%）	持股数量（股）	持股比例（%）
万盛投资、高献某及其一致行动人	122,304,422	48.08	122,304,422	30.26
嘉兴海大	—	—	82,401,118	20.39
集成电路基金	—	—	29,964,043	7.41
上海数珑	—	—	15,446,464	3.82
深圳鑫天瑜	—	—	9,079,105	2.25

续表

股东名称	本次交易前		本次交易后(不考虑配套融资)	
	持股数量(股)	持股比例(%)	持股数量(股)	持股比例(%)
宁波经瑱	—	—	8,989,212	2.22
嘉兴乾亨	—	—	2,127,447	0.53
合肥润信	—	—	1,812,824	0.45
其他股东	132,087,560	51.92	132,087,560	32.68
合计	254,391,982	100.00	404,212,195	100.00

二、案例分析

(一)行权过程

2017 年 6 月 21 日投服中心参加了万盛股份重大资产重组媒体说明会,现场提出四方面问题:一是重组是否存在规避借壳上市的情况;二是标的公司估值是否合理;三是业绩承诺与业绩补偿是否合理,能否保证如期兑现;四是标的公司的经营可否持续。万盛股份于 2017 年 7 月 20 日、2017 年 12 月 14 日、2018 年 4 月 3 日三次公告修订预案,截至 2018 年 6 月底,本次重大资产重组仍在推进中。

(二)行权内容分析

1. 本次重组涉嫌重组上市

根据重组预案,本次交易的标的资产匠芯知本 100% 股权作价 37.5 亿元,占万盛股份 2016 年总资产及净资产的指标分别为 266.77%、355.98%。本次交易是否构成重组上市的关键是万盛股份的控制权是否发生转移,如果控制权发生转移,本次重组将被认定为重组上市,重组将产生不确定性。重组预案披露,本次交易前,高献某家族成员合计控制万盛股份 48.08% 的股份,为万盛股份实际控制人。本次交易后,高献某家族成员的股份比例将下降至 30.26%,仍为万盛股份实际控制人。其中,对实际控制人的认定有以下疑点:

(1)交易完成后,匠芯知本股东嘉兴海大、集成电路基金、上海数珑将合计持有公司 31.62% 股份,超过高献某家族成员。其中上海数珑系匠芯知本管理层持股平台,集成电路基金所持匠芯知本股权全部系 2017 年 4 月从嘉兴海大处突击受让。

如果嘉兴海大与匠芯知本的管理层存在关联关系或其他安排,交易完成后嘉兴海大与上海数珑合计持有万盛股份 24.21% 的股份。如若存在以上关联关系并还原突击转让集成电路基金的股权,即加上交易后集成电路基金持有的 7.41% 的股权,3 个股东合计持有万盛股份 31.62% ,刚好超过原万盛股份第一大股东,结合突击转让时间节点和数量的巧合,有规避控制权转移的嫌疑。即使嘉兴海大的股东及管理层与匠芯知本的管理层不存在关联关系,只还原上述突击转让的股权,嘉兴海大的持股比例将为 27.8% ,与实际控制人持股比例较为接近,仍将对万盛股份的控制权的稳定性构成威胁。

(2)从重组预案披露的信息看,交易对方嘉兴海大、集成电路基金、上海数珑交易完成后有权各向万盛股份委派一名董事。交易完成后,如若上述3 个交易对方各股东、间接股东或出资人及各方“董监高”之间,存在关联关系或委托持股、委托表决权等协议或安排,本次交易完成后,亦会导致控制权发生实质变化。

2. 标的公司估值是否合理

根据公开信息,匠芯知本于 2017 年 1 月 1 日进行了一次增资,于 2017 年 4 月 25 日进行了一次股权转让,增资价格与股权转让价格一致,均为每股 567.05 元,对应估值为 33.00 亿元;而在本次重组中,匠芯知本估值为 37.50 亿元。增资和股权转让与本次并购重组的时间间隔如此之近,估值却相差 4 亿多元,两次估值依据是否相同、差异从何而来值得关注。

从匠芯知本模拟财务报表来看,匠芯知本 2015 年年底、2016 年年底、2017 年 4 月底净资产分别为 -82,007.08 万元、-159,669.72 万元、264,265.85 万元,2017 年 4 月底净资产相较于 2016 年年底增加了 423,935.57 万元,净资产增加的来源有待解释。匠芯知本 2015 年、2016 年营业收入分别为 46,071.59 万元、53,580.21 万元,净利润分别为 -17,573.35 万元、-70,677.21 万元,营业收入规模不断增长,净利润逐年下滑,有故意压低业绩,隐藏利润之嫌。

3. 业绩承诺与补偿能否实现

重组预案显示,根据万盛股份与嘉兴海大、上海数珑共 2 名交易方签署的《业绩承诺及补偿协议》,该 2 名交易方承诺匠芯知本 2017 年、2018 年、2019 年和 2020 年实现的净利润应分别不低于 1.10 亿元、2.21 亿元、3.34 亿元和 4.64 亿元,若本次交易未能在 2017 年年度实施完毕,则利润补偿期为 2018 年、2019 年、2020 年。

对于业绩承诺和补偿存在以下几点疑问：一是业绩承诺能否实现。匠芯知本2015 年、2016 年以及 2017 年 1 ~ 4 月净利润均为负，与承诺利润差额较大，匠芯知本实现上述承诺业绩恐有难度。二是可能摊薄中小股东利益。业绩承诺即使能够实现，四年的净利润总额尚不足以弥补匠芯知本以往年度的亏损额，交易完成后，势必会吞噬上市公司合并报表利润，摊薄中小股东利益。《重组办法》第 43 条第 1 款第 1 项规定，上市公司发行股份购买资产应当有利于提高上市公司资产质量、改善财务状况和增强持续盈利能力。本次重组交易似乎并不能提高上市公司资产质量、改善财务状况和增强持续盈利能力，不符合《重组办法》的规定。三是业绩承诺方问题。本次交易对手方匠芯知本的 7 个股东，只有 2 个股东进行了业绩承诺及补偿，其他 5 个股东未承诺。四是业绩补偿金额及方式并未确定。重组预案中没有说明匠芯知本未实现承诺的净利润时，补偿金额的计算公式及补偿方式，补偿金额能否覆盖匠芯知本全部交易对价及补偿方式是否可行均不得而知。

4. 标的公司的经营可否持续

根据重组预案，万盛股份原主营业务为有机磷系阻燃剂的研发、生产和销售。收购匠芯知本的目的是进军显示接口芯片领域，丰富业务结构，进而增强上市公司盈利能力，提升股东回报水平。由此产生几点疑问：一是万盛股份和匠芯知本在企业文化、管理制度、业务开拓及销售网络布局等方面存在诸多不同，管理层在人员构成、知识构成、专业能力、语言环境等方面存在一定差异，万盛股份如何在本次重组后确保业务整合的顺利实施尚存疑问。二是本次交易完成后，万盛股份主营业务将从有机磷系阻燃剂业务转型为有机磷系阻燃剂业务及高性能数模混合芯片业务并存，面临的市场环境将更加复杂。如果整合无法达到预期效果或业务转型升级过程中市场环境发生较大的变化，将会影响万盛股份和匠芯知本的经营与发展，这势必会损害股东的利益。

从公开信息来看，本次交易作价较匠芯知本账面净资产增值较多，根据《企业会计准则》，对非同一控制下的企业合并，合并成本大于合并中取得的标的资产可辨认净资产公允价值的差额，应当确认为商誉，该商誉不作摊销处理，但需要在未来各会计年度期末进行减值测试，商誉一旦计提减值准备在以后会计年度不可转回。在本次重组交易中，存在业务整合风险、标的公司经营风险、业绩承诺无法实现风险等情况，其商誉未来存在减值风险，这将对万盛股份的净利润产生不利影响。

案例18　ST云维发行股份购买深装总

2017年6月6日云南云维股份有限公司(以下简称ST云维,600725)公告了《发行股份购买资产暨关联交易预案》(以下简称重组预案),拟通过发行股份的方式,购买深圳市深装总装饰股份有限公司(以下简称深装总)98.27%股权。

一、案例简介

(一)上市公司基本情况

ST云维成立于1996年,于1996年7月2日在上海证券交易所主板上市交易。发布重组预案时,ST云维股价为2.85元/股,总股本为1,232,470,000股,总市值35.13亿元。控股股东为煤化集团,其直接持有公司股份比例为41.91%,通过云维集团间接持有上市公司0.14%股权,公司实际控制人为云南省国资委。

ST云维主营业务为化工产品产销、煤焦化产品贸易,其最近3年的财务状况和经营成果如表2-18-1所示。

表2-18-1　ST云维基本财务指标

单位:万元

项目	2016年12月31日	2015年12月31日	2014年12月31日
总资产	21,755.08	790,342.78	1,263,487.22
总负债	12,165.15	1,062,809.98	1,203,215.48
股东权益	9589.92	-272,467.21	60,271.74

续表

项目	2016 年	2015 年	2014 年
营业总收入	187,115.86	279,090.81	662,346.36
利润总额	162,249.52	-367,401.23	-134,462.51
净利润	161,968.21	-371,242.40	-129,305.76
扣除非经常性损益后归属于母公司股东的净利润	-153,324.21	-261,126.51	-106,153.42

(二)标的公司基本情况

本次重组的标的公司为深装总,交易对方为李某某等 59 名自然人及中亘投资等 36 家机构。95 个交易对方共持有深装总 98.27% 的股权。

深装总前身“家乐设计装饰公司”于 1983 年 7 月 14 日在深圳成立,1985 年 5 月公司名称变更为“深圳市装饰工程工业总公司”,2001 年经国有企业改制后深圳市深装总装饰工程工业有限公司设立,经 2002 年 11 月到 2015 年 8 月共 13 次股权转让和 2004 年 8 月、2011 年 6 月两次增资后,股东变更为李某某等 24 位。2015 年 9 月,深装总有限整体变更为股份有限公司,经 2015 年 9 月和 10 月两次增资后,股东变更为 33 位。2016 年 4 月 7 日,深装总股票正式在全国中小企业股份转让系统挂牌公开转让,证券简称为深装总,证券代码为“835502”。深装总控股股东及实际控制人为李某某,其持股比例为 28.57%,其余持股比例达 5% 以上的股东包括中亘投资(12.38%)和国信弘盛(5.07%)。

深装总主营为建筑装饰工程的设计与施工,其直接或间接控股 11 家一级子公司(包括 5 家境外子公司),4 家二级子公司,46 家分公司。深装总的财务状况和经营成果如表 2-18-2 所示。

表 2-18-2　深装总主要财务数据

单位:万元

项目	2016 年 12 月 31 日	2015 年 12 月 31 日	2014 年 12 月 31 日
总资产	510,363.97	378,909.21	319,754.78
总负债	353,907.24	245,966.63	271,676.24
股东权益	156,456.73	132,942.58	48,078.54

续表

项目	2016 年	2015 年	2014 年
营业收入	429,287.11	400,021.49	381,013.38
营业成本	360,944.05	331,679.20	311,633.40
利润总额	29,422.00	16,806.26	29,533.55
净利润	23,648.37	11,852.81	22,403.33

（三）重大资产重组方案精要

ST 云维拟通过发行股份的方式，购买交易对方李某某等持有的深装总 98.27% 的股权。ST 云维拟通过本次交易实现向建筑装饰业务的转型，改善上市公司资产质量、增强盈利能力。

1. 交易价格

深装总于 2016 年 4 月在全国中小企业股份转让系统挂牌，上市公司拟向李某某等 95 名股东购买其 98.27% 的股权，交易作价为 481,520.17 万元。

2. 发行股份购买资产的发行价格

本次交易拟全部以发行股份的方式购买，发行价格为 ST 云维第七届董事会第二十一次会议决议公告日（定价基准日）前 20 个交易日股票交易均价的 90%，即 5.22 元/股。由于 2016 年 12 月 28 日发生每 10 股转增 10 股的转股，发行价格调整为 2.61 元/股。按交易价格 48 亿元计算，发行数量为 1,844,904,806 股。

3. 业绩承诺与补偿

根据上市公司与业绩承诺方签署的《业绩补偿及奖励协议》，交易对方李某某、中亘投资、胡某某、嘉龙宝投资及高弘怡投资（以下简称业绩承诺方）承担对上市公司的利润补偿义务。业绩承诺方承诺标的公司 2017 年年度、2018 年年度、2019 年年度实现的归属于母公司所有者的净利润，以具有证券业务资质的评估机构出具并经国有资产管理部门核准/备案的《资产评估报告》对深装总的预测净利润确定。

如果标的公司实现的净利润未达到对应的承诺净利润，业绩承诺方优先以持有的上市公司股份承担补偿义务；如届时其持有股份不足以补偿的，应通过二级市场或其他合法方式增持上市公司股份并以该股份进行补偿；当股份补偿总数达到本次发行股份购买资产发行的股份总数的 90% 后，仍有不足部分的，以现金进行补偿。

当年补偿金额=(截至当年期末累积承诺净利润-截至当年期末累积实现净利润)÷承诺期内各年度承诺净利润之和×标的资产的交易价格-累积已补偿金额。当年股份补偿数量=当年补偿金额÷本次股份发行价格。当年现金补偿金额=(当年股份应补偿数量-当年股份已补偿数量)×本次股份发行价格。如上市公司在业绩承诺期间发生资本公积金转增股本或分配股票股利等除权事项,则当期股份补偿数量调整为:当期股份补偿数量(调整前)×(1+转增或送股比例)。若上市公司在业绩承诺期间发生现金分红等除息事项,该部分应随补偿股份予以退还上市公司。

4. 重组交易后股权结构

本次交易完成后的股权结构如表2-18-3所示。

表2-18-3 本次重组前后上市公司股权结构

股东名称	本次交易前		本次交易后	
	数量(百万股)	比例(%)	数量(百万股)	比例(%)
煤化集团	516.49	41.91	516.49	16.78
云南资本	72.71	5.90	72.71	2.36
云维集团	1.74	0.14	1.74	0.06
上市公司其他股东	641.53	52.05	641.53	20.85
李某某	—	—	536.38	17.43
中亘投资	—	—	232.35	7.55
国信弘盛	—	—	95.10	3.09
嘉虞汇粤	—	—	93.00	3.02
胡某某	—	—	79.13	2.57
嘉龙宝投资	—	—	77.58	2.52
国君创投	—	—	57.02	1.85
鹰潭锦彩	—	—	56.10	1.82
博悦华天	—	—	46.55	1.51
盈润33号基金	—	—	44.37	1.44
张某某	—	—	38.80	1.26

续表

股东名称	本次交易前		本次交易后	
	数量(百万股)	比例(%)	数量(百万股)	比例(%)
郑某某	—	—	38.80	1.26
曾某某	—	—	31.42	1.02
标的公司其他股东	—	—	418.30	13.61
合计	1232.47	100.00	3077.37	100.00

二、案例分析

(一)行权过程

2017 年 6 月 23 日投服中心参加 ST 云维重大资产重组媒体说明会,现场向 ST 云维提出五个方面的问题:一是本次重组存在不确定性,可能给投资者带来较大风险;二是重组预案中披露的信息真实、准确与否;三是标的资产估值的合理性;四是业绩补偿承诺的合规性;五是中介机构勤勉尽责与否。最终,ST 云维于 2017 年 11 月 28 日终止了本次重组。

(二)行权内容分析

1. 本次重组存在不确定性

根据 ST 云维公布的预案披露,上市公司拟以发行股份的方式向李某某等 59 名自然人及中亘投资等 36 家机构购买深装总 98.27% 股权。其中,范某某持有深装总 4.6 万股,持股比例 0.0076%,但因个人原因尚未取得联系且未签署相关协议。《重组办法》第 11 条第 4 项规定,应当就重大资产重组所涉及的资产过户或者转移不存在法律障碍作出说明并予以披露,上市公司未与部分股东签署协议,后续资产转移可能受阻,不符合重大资产重组的相关规定和程序。

根据深装总公司公告,深装总目前尚未披露 2016 年年报,若未能在 2017 年 6 月 30 日前予以披露,深装总股票将会被强制摘牌。《首发办法》第 23 条规定,发行人会计基础工作规范,并由注册会计师出具了无保留意见的审计报告;第 26 条对发行人最近 3 个会计年度的净利润、现金流量净额等指标作出了规定。深装总却并未披露 2016 年财务信息,违反了上述规定。

综上所述,本次重组存在多点不确定性,可能导致重组的失败,给投资者带来较大风险。

2. 重组预案中披露的信息真实、准确与否

中小投资者获取信息的主要来源是上市公司披露的公开信息,信息披露的准确性、真实性、完整性便尤为重要。我们发现,本次交易重组预案与深装总公告中披露的信息存在不符的现象,主要为以下两点:

一是深装总财务数据存在较大差异。深装总在全国中小企业股份转让系统公布的 2015 年年度报告中披露,深装总 2015 年营业收入为 46.97 亿元,净利润为 2.85 亿元。而本次重组预案中披露,深装总 2015 年营业收入为 40.00 亿元,较全国股转系统中披露的减少 14.84%;净利润为 1.19 亿元,较全国股转系统中披露的减少 58.25%。2014 年的财务数据也存在这种情况。

二是对深装总股权质押的情况披露不一。深装总在 2017-004 号公告中披露,股东中亘投资质押了 3000 万股深装总股票,占总股本的 4.96%,质押期限为 2016 年 1 月 1 日至 2025 年 12 月 31 日。但本次重组预案披露的关于资产权属的承诺中明确表明,除李某某以外的其他交易对方(包括中亘投资)持有的深装总股权均为实际合法拥有,不存在质押、冻结、查封、财产保全或其他权利限制。预案披露与深装总公告不一致,真实情况令人怀疑。中亘投资作为李某某的一致行动人,该项质押可能对本次交易构成影响。

《重组办法》第 4 条规定:"上市公司实施重大资产重组,有关各方必须及时、公平地披露或者提供信息,保证所披露或者提供信息的真实、准确、完整,不得有虚假记载、误导性陈述或者重大遗漏。"针对上述两点内容,如果重组预案中披露的信息不真实准确,将导致本次重组不符合重组规定。如果是深装总 2015 年年度报告及相关公告不实,则深装总可能因信息披露违法违规被证监会立案调查并处罚,届时可能会导致重组失败。

3. 标的资产估值的合理性

预案披露,以 2016 年 12 月 31 日为评估基准日,采用收益法评估,标的资产深装总 100% 股权的账面值为 15.65 亿元,预估值为 49 亿元,增值率为 213.10%,增值率较高。对于标的资产的估值是否合理,存在以下两点疑问:

第一,深装总处于建筑装饰行业,在国家对房地产行业实施调控的背景下,房

地产行业存在向下波动的可能性,建筑装饰行业也由高速增长期步入中速调整期。根据统计,2014~2016年,建筑装饰企业逐年减少,平均每年减少2%左右;建筑装饰行业产值虽每年增加,年平均增速仅6%,其中公共建筑装饰产值,受反腐冲击等因素影响,年均增速较2012年、2013年有大幅下滑,年均增速仅3.84%。在这种背景下,深装总预估值增值2倍的理由似乎不足。

第二,重组预案披露,采用收益法和市场法两种方法对深装总进行估值,但仅披露了收益法的评估结果,未披露市场法评估结果和收益法所依据的业绩预测情况。本次重组交易对深装总的估值增值较高,事关广大中小投资者的切身利益,上市公司应当完善预案,披露收益法评估中营业收入预测等关键参数,披露市场法评估的结果,以及最终选择收益法评估结果的原因。

4. 业绩补偿承诺的合规性

重组预案中披露的《业绩补偿及奖励协议》中规定:"在本次交易实施完成后,如因发生签署协议时所不能预见、不能避免、不能克服的任何客观事实导致深装总未实现承诺净利润总额时,本协议各方可协商一致,以书面形式对约定的补偿数额及或约定的补偿方式予以调整,各方可根据公平原则,结合实际情况协商免除或减轻业绩承诺主体的补偿责任。"但证监会2016年6月发布的《关于上市公司业绩补偿承诺的相关问题与解答》中规定:"重组方应当严格按照业绩补偿协议履行承诺,重组方不得变更其作出的业绩补偿承诺。"重组预案中对补偿金额的调整不符合上述规定,如果各方协商免除或减轻业绩承诺主体的补偿责任,中小投资者合法权利将得不到保障。同时,重组预案中并没有披露业绩承诺的具体数额,上市公司应尽快完成对标的资产的评估工作,及时披露业绩承诺金额,满足广大中小投资者的知情权。

5. 中介结构勤勉尽责与否

从上述四方面的问题来看,本次重组存在未与部分交易对方取得联系、对标的资产财务数据的披露不准确、资产评估尚未完成、业绩承诺补偿未细化等情况。在这种情况下制定的重组预案不仅使中小投资者难以获取充分、有效的信息,还容易对中小投资者造成误导。财务顾问、审计机构、评估机构和法律顾问对此负有一定的责任,作为中介机构,应尽到勤勉义务,对相关问题作出详细的核查,并在预案中予以详细披露。

案例19　商赢环球发行股份购买上海创开

2017年6月6日商赢环球股份有限公司(以下简称商赢环球,600146.SH)公告了《发行股份购买资产并募集配套资金暨关联交易预案》(以下简称重组预案),拟通过发行股份购买资产的方式收购上海创开企业发展有限公司(以下简称上海创开)100%的股权。

一、案例简介

(一)上市公司基本情况

宁夏大元化工股份有限公司(商赢环球曾用名)成立于1999年,于1999年7月7日在上海证券交易所主板上市交易。发布重组预案时,商赢环球股价为35.73元/股,总股本为469,970,000股,总市值1967.2亿元,杨某直接或间接持有商赢环球23.9%的股份,为实际控制人。

商赢环球原主要从事塑料板材、碳纤维制品和苹果酸及防老剂的生产和销售。2016年10月上市公司通过收购环球星光项目,将主营业务转型为国际化的纺织服装、服饰业,其两年一期的主要财务指标如表2-19-1所示。

表2-19-1　商赢环球基本财务指标

单位:万元

项目	2017年3月31日	2016年12月31日	2015年12月31日
资产总额	427,886.66	395,442.47	19,678.24
负债总额	137,070.50	105,044.61	11,223.43
股东权益	290,816.16	290,397.86	8454.81

续表

项目	2017 年 1 ~3 月	2016 年	2015 年
营业收入	38,904.09	42,967.22	1486.02
营业利润	775.10	3041.44	-6563.49
利润总额	772.96	2976.71	-6848.83
净利润	769.98	3195.63	-6848.83

（二）标的公司基本情况

本次重组的标的公司为上海创开，交易对方为上海亿桌实业有限公司（以下简称上海亿桌）、宁波景丰和投资合伙企业（以下简称宁波景丰和）和吴丽某，3 个交易对方共持有上海创开 100% 股权。

上海创开于 2014 年 4 月在上海成立，注册资本为 20 万元。2017 年 4 月 14 日上海创开的注册资本增至 18 亿元。2017 年 5 月 25 日，上海创开股东变更为上海亿桌、宁波景丰和和吴丽某。吴宇某间接持有上海创开 89.21% 的股权，为上海创开的实际控制人。上海创开股权结构如图 2 - 19 - 1 所示。

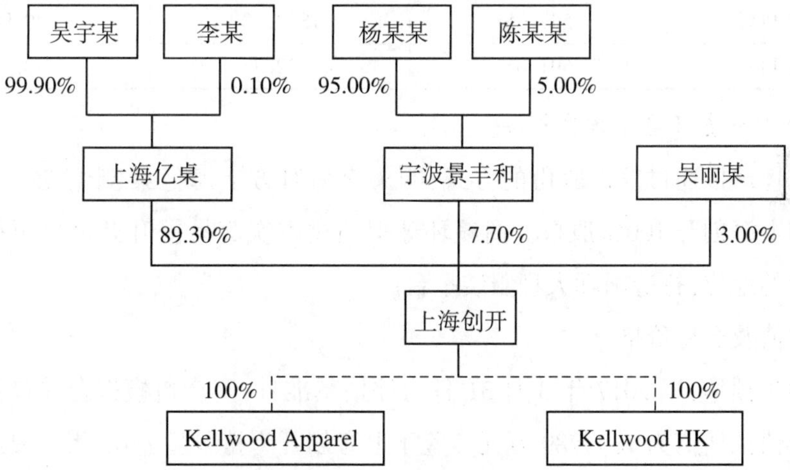

图 2 - 19 - 1　上海创开股权结构

上海创开为持股型公司，无主要经营业务和资产。2017 年 5 月 3 日上海创开与 Sino Jasper、Kellwood Company、Kellwood Apparel 及 Kellwood HK 签订协议确定了上海创开及其全资子公司以支付现金的方式收购 Kellwood Apparel 100% 的股权和 Kellwood HK 100% 的股权（以下简称资产包），交易作价 12.98 亿元。截至 2018 年 6 月 30 日，前次交易尚未完成。

Kellwood Company 于 1961 年 8 月在美国特拉华州成立，主要从事服装生产和销售,核心业务为快速时尚(fast fashion)。Kellwood Apparel 于 2016 年 12 月在美国特拉华州成立,其继承了 Kellwood Company 的快速时尚业务,主要从事快速时尚女性服装设计和销售。Kellwood HK 于 2016 年 10 月在香港特别行政区设立,将为 Kellwood Apparel 提供供应链管理和集中采购服务。本次交易完成后,商赢环球将直接持有上海创开 100% 的股权,从而间接持有资产包。资产包的财务状况和经营成果如表 2－19－2 所示。

表 2－19－2　资产包业务主要财务数据

单位:万美元

项目	2017 年 3 月 31 日	2016 年 12 月 31 日	2015 年 12 月 31 日
总资产	18,332.14	16,427.46	16,835.92
总负债	9396.98	7932.04	11,620.35
股东权益	8935.16	8495.42	5215.57
项目	2017 年 1～3 月	2016 年	2015 年
营业收入	12,393.27	41,181.53	38,497.91
营业利润	591.05	1832.73	640.96
净利润	591.05	1832.73	640.96

(三)重大资产重组方案精要

商赢环球拟通过发行股份的方式,购买交易对方上海亿桌、宁波景丰和、吴丽珠持有的上海创开 100% 股权。商赢环球拟通过本次交易提升上市公司在流行女装品牌中的地位,打造国际大型服装平台。

1. 估值及交易价格

经初步预估,以 2017 年 3 月 31 日为评估基准日,资产包模拟合并口径下的全部权益价值预估值为 180,789 万元。鉴于上海创开为持股型公司,无主要经营业务和资产,经交易各方协商,本次交易交易价格暂定为 16.98 亿元。

2. 发行股份购买资产的发行价格

本次交易拟全部以发行股份的方式购买,发行价格参考定价基准日前 120 个交易日公司股票交易均价的 90%,即 27.22 元/股。按交易价格 16.98 亿元计算,发行数量为 62,380,602 股。

3. 业绩承诺与补偿

根据交易各方于 2017 年 6 月 5 日签订的补偿协议,交易对方承担对上市公司的利润补偿义务。交易对方承诺上海创开合并报表下扣除非经常性损益后的归属于母公司所有者的2018年年度、2019年年度、2020年年度净利润分别不低于1.70亿元、1.90亿元、2.10亿元,业绩承诺期合计不低于5.70亿元。

交易对方应承担的盈利预测应补偿金额 = 盈利预测差异数 ÷ 承诺期间内隔年的承诺净利润数总和 × 拟购买资产的交易价格。标的资产减值应补偿金额 = 标的资产期末减值额 = 拟购买资产的交易价格 − 标的资产期末股权价值。交易对方的应补偿金额以盈利预测应补偿金额与标的资产减值应补偿金额中孰高者为准,且合计不超过60,000万元。各交易对方按各自持有标的资产的股权比例承担相应的补偿金额。

4. 重组交易后股权结构

在本次交易中,按照发行价格27.22元/股和交易价格16.98亿元计算,上市公司本次拟向交易对方共发行股份62,380,602股。本次交易前后,上市公司股权结构变动如表2－19－3所示。其中,杨某为商赢控股、旭森国际、乐源控股、旭源投资和旭森世纪的实际控制人,六者为一致行动人。

表2－19－3　本次重组前后上市公司股权结构

股东名称	本次交易前		本次交易后	
	数量(百万股)	比例(%)	数量(百万股)	比例(%)
杨某	458,800	0.10	458,800	0.09
商赢控股	73,000,000	15.53	73,000,000	13.71
旭森国际	16,000,000	3.40	16,000,000	3.01
乐源控股	11,300,000	2.40	11,300,000	2.12
旭源投资	6,500,000	1.38	6,500,000	1.22
旭森世纪	5,041,200	1.07	5,041,200	0.95
上海亿桌	—	—	55,705,877	10.46
宁波景丰和	—	—	4,803,306	0.90
吴丽某	—	—	1,871,419	0.35
其他股东	357,670,000	76.10	357,670,000	67.19
总股本	469,970,000	100.00	532,350,602	100.00

二、案例分析

(一)行权过程

2017年6月29日投服中心参加商赢环球重大资产重组媒体说明会,现场向商赢环球提出五个方面的问题:一是本次交易是否存在关联交易非关联化及规避重组上市的安排;二是标的资产作价是否公允;三是盈利预测补偿协议是否合理;四是标的资产的权属是否清晰,资产过户和转移是否存在障碍;五是中介机构是否勤勉尽责。商赢环球三次修改完善重组预案后,于2017年8月26日公告了《发行股份购买资产并募集配套资金暨关联交易预案(三次修订稿)》。截至2018年6月30日,本次交易尚在推进中。

(二)行权内容分析

1. 是否涉嫌关联交易非关联化及规避重组上市

根据《重组办法》第13条第1款,上市公司自控制权发生变更之日起60个月内,向收购人及其关联人购买资产,导致上市公司发生相关根本变化的,构成重组上市,应当报经证监会核准。公司本次发行股份购买资产的一系列交易安排涉嫌规避重组上市,理由如下:

(1)根据公司2017年2月11日、3月23日、5月4日的若干公告,公司原计划通过其指定的特殊目的公司,从Kellwood Company和Sino Jasper Holdings处分别收购Kellwood Apparel和Kellwood HK 100%的股份,并与相关方签署了几份意向书、支付了2800万美元的意向金。虽然经多方协商后该意向书已终止,且意向金已退回。但可以看出公司早就与Kellwood Company和Sino Jasper Holdings直接达成了收购意向,本次交易公司没有直接收购Kellwood Apparel和Kellwood HK,而是通过收购上海创开这家无主要业务和资产的持股平台公司来间接收购Kellwood Apparel和Kellwood HK,公司这样安排的原因及合理性值得推敲。

(2)重组预案披露,吴宇某控制的上海亿桌和杨勇某控制的宁波景丰和均为2017年5月新成立的持股型公司,无实际经营业务;吴丽某最近3年未在任何企业担任职务,也无控制及关联企业,因此交易对手方可能并无实力完成本次交易。上海亿桌和宁波景丰和可能为杨某的关联方:经查询,杨勇某和上市公司的实际控制人杨某存在共同投资关系,双方共同投资了乐源财富管理有限公司。除此以外,我们质询了杨勇某和杨某除共同投资乐源财富管理有限公司以外,是否还存在其他关联关系,吴宇某和吴丽某与杨某是否也有其他关联关系。

(3)重组预案披露2017年4月,吴宇某和杨勇某对上海创开增资近18亿元,该笔资金是否来源于上市公司或其关联方,中介机构是否核查过该笔资金的来源,以及上海创开是否由杨某实际控制,本次发行股份购买资产事宜是否涉嫌将实质上的关联交易转换为形式上的非关联交易,以达到规避重组上市的目的。关联交易非关联化以及规避重组上市是证券监管部门的监管重点,我们建议中介机构勤勉尽责认真核查上海创开的实际控制人、约18亿元增资的资金来源,以及本次交易安排的真实目的。

2. 标的资产作价的公允性

重组预案披露,上海创开收购 Kellwood Apparel 100% 股权的价格拟为 12.98 亿元人民币,Kellwood HK 100% 股权的对价为 100 港元。但本次上市公司收购上海创开的对价为 16.98 亿元,二者差异 4 亿元的合理性何在。根据重组预案等公开信息,Kellwood Apparel 是从 Kellwood Company 拆分出来的,但 Kellwood Company 长期处于亏损状态,公司需说明 Kellwood Apparel 此次剥离出来的资产近 3 年的营业收入和净利润,以及上海创开 12.98 亿元收购 Kellwood Apparel 的作价依据。

3. 盈利预测补偿协议的合理性

重组预案披露,交易对方承诺标的资产 2018 年至 2020 年扣非归母净利润数分别不低于 1.70 亿元、1.90 亿元和 2.10 亿元,盈利预测应补偿金额 = 盈利预测差异数 ÷ 承诺期间内各年的承诺净利润数总和 × 拟购买资产的交易价格,交易对方应补偿金额合计不超过 6 亿元。按照补偿金额公式,补偿上限应为本次交易的对价 16.98 亿元,在 6 亿元的限制下,即使标的资产连续 3 年不盈利,最高也只补偿 6 亿元,与交易对价相差甚远。这一条款侵害了广大中小投资者的合法利益,上市公司及交易对方需解释其合理性。再者,规定 6 亿元的补偿上限,可能表明交易对方对标的资产能否实现预测的净利润缺乏信心。

4. 标的资产的权属不够清晰,资产过户和转移可能存在障碍

重组预案披露,上海创开取得 Kellwood Apparel 和 Kellwood HK 股权是本次交易的前提条件,但截至重组预案出具日其尚未取得,上海创开需说明收购 Kellwood

Apparel 和 Kellwood HK 股权转让已进行了哪些程序，以及预计完成时间。同时，尚有 34 个美国境外商标、103 个著作权及 164 个域名拟转让至 Kellwood Apparel 名下，公司需说明上述转让的对价和进展情况。根据《重组办法》第 11 条第 4 项规定“重大资产重组所涉及的资产过户或者转移不存在法律障碍”，上海创开尚未取得相应股权，后续资产转移可能受阻，不符合重大资产重组的相关规定和程序。

5. 中介机构不够勤勉尽责

从上述四方面的问题来看，标的资产的审计、评估工作尚在推进过程中，Kellwood Apparel 和 Kellwood HK 的股权尚未变更、盈利预测数只是暂定的，18 亿元的增资是否实缴完毕尚未得知，在上述诸多不确定性情况下公司就制定出该重组预案有些仓促，这样的重组预案不仅使中小投资者难以获取充分、有效的信息，还容易对中小投资者造成误导。财务顾问、审计机构、评估机构和法律顾问可能未对相关问题进行仔细核查。如果未发现，则未尽到勤勉义务；如果已经发现，应当在重组预案中披露相关事项，让广大中小投资者获得充分的交易信息。

案例 20 鹏欣资源发行股份及支付现金购买宁波天弘

2017 年 6 月 28 日鹏欣环球资源股份有限公司(以下简称鹏欣资源,600490)公告了《发行股份及支付现金购买资产并募集配套资金暨关联交易预案》(以下简称重组预案),拟通过发行股份及支付现金的方式,向鹏欣资源实际控制人姜照某及一致行动人姜某发行股份及支付现金购买其持有的宁波天弘益华贸易有限公司(以下简称宁波天弘)合计 100% 股权,进而间接取得中非贵金属公司[China African Precious Metals(Proprietary)Limited,CAPM]的控制权,CAPM 的核心资产为南非奥尼金矿矿业权。

一、案例简介

(一)上市公司基本情况

鹏欣资源成立于 2000 年,于 2003 年 6 月 26 日在上海证券交易所主板上市交易。发布重组预案时,鹏欣资源股价为 7.91 元/股,总股本为 1,891,366,862 股,总市值 148.81 亿元,其实际控制人姜照某及一致行动人姜某合计控制公司股份比例为 30.96%。上市公司与控股股东及实际控制人的股权控制关系见图 2-20-1。

鹏欣资源主营业务为金属铜的采选冶及销售,其 3 年一期的财务状况和经营成果如表 2-20-1 所示。

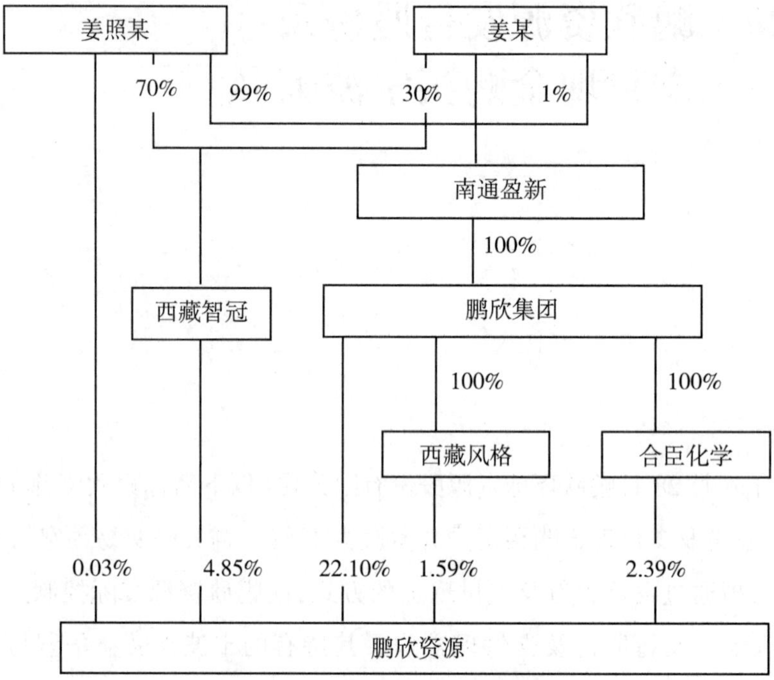

图2-20-1　上市公司与控股股东及实际控制人的股权控制关系

注:根据鹏欣资源本次重组预案制作,南通盈新投资有限公司简称南通盈新,西藏智冠投资管理有限公司简称西藏智冠,上海鹏欣(集团)有限公司简称鹏欣集团,西藏风格投资管理有限公司简称西藏风格,上海中科合臣化学有限责任公司简称合臣化学。

表2-20-1　鹏欣资源基本财务指标

单位:万元

项目	2017年3月31日	2016年12月31日	2015年12月31日	2014年12月31日
总资产	748,623.76	460,446.71	451,864.24	409,077.86
总负债	186,391.23	73,990.56	101,672.75	83,738.05
股东权益	562,232.54	386,456.15	350,191.49	325,339.81
项目	2017年1~3月	2016年	2015年	2014年
营业收入	84,385.86	256,008.79	178,806.10	215,563.44
营业利润	9593.23	13,064.27	4667.40	20,333.12
利润总额	9593.23	13,104.63	5009.23	19,607.39
净利润	9233.65	12,031.70	3989.46	18,543.64

(二)标的公司基本情况

本次重组的标的公司为宁波天弘,交易对方为鹏欣资源实际控制人姜照某及鹏欣资源董事姜某。姜照某与姜某为兄弟关系，本次交易对方构成一致行动关系。

宁波天弘成立于2014年12月24日，由王某某和黄某某共同出资设立，经2017年4月股权转让与2017年5月的增资之后，股东变更为姜照某、姜某。宁波天弘系便利本次交易的持股型公司。宁波天弘下属子公司共3家，即鹏荣国际有限公司、Golden Haven Limited（以下简称Golden Have）、CAPM。姜照某、姜某通过宁波天弘下属鹏荣国际持有Golden Haven 100%股权，进而以Golden Haven控制CAPM74%股权。除CAPM之外均为持股平台公司，均无实际经营业务。本次交易的核心标的公司为CAPM，其拥有位于南非的奥尼金矿矿业权及相关资产，其财务状况和经营成果如表2-20-2所示。

表2-20-2　CAPM主要财务数据

单位：万元

项目	2017年4月30日	2016年12月31日	2015年12月31日
总资产	18,432.25	18,957.99	15,367.11
总负债	34,485.53	35,010.91	27,935.87
股东权益	-16,053.28	-16,052.92	-12,568.75
项目	2017年1~4月	2016年	2015年
营业收入	—	—	—
营业利润	283.44	-532.71	-6693.63
利润总额	283.44	-532.71	-6685.21
净利润	283.44	-532.71	-6685.21

（三）重大资产重组方案精要

本次交易整体方案，包括发行股份及支付现金购买资产和发行股份募集配套资金两部分。一是鹏欣资源拟向实际控制人姜照某及一致行动人姜某发行股份及支付现金购买其持有的宁波天弘合计100%股权，进而间接取得CAPM的控制权。二是鹏欣资源拟在本次发行股份及支付现金购买资产的同时，以询价方式向不超过10名特定投资者非公开发行股份募集配套资金，在支付相关中介费用后将用于支付现金对价及南非奥尼金矿生产建设项目。

1. 估值及交易价格

经预估，以2017年4月30日为评估基准日，宁波天弘未经审计单体财务报表净资产账面值为 99.98 万元,资产基础法的预估值为 190,889.70 万元,经双方协商暂定为 190,889.70 万元。

2. 发行股份购买资产的发行价格及发行股份募集配套资金的情况

本次交易以发行股份和支付现金方式购买资产,其中发行股份购买资产的股份发行价格为鹏欣资源本次交易首次董事会决议公告日前20 个交易日股票交易均价的90%,即6.85 元/股。按拟购买标的资产预估作价 190,889.70 万元计算,扣除现金支付的 40,000 万元后,本次向交易对方共发行股份数量 220,276,933 股。

此外,上市公司拟在本次发行股份及支付现金购买资产的同时,通过询价方式向不超过 10 名符合条件的特定投资者非公开发行股份募集配套资金,募集资金总额不超过 150,889.70 万元,不超过本次拟以发行股份方式购买资产的交易价格的 100%(不包括交易对方在本次交易停牌前 6 个月内及停牌期间以现金增资入股标的资产部分对应的交易价格);同时发行股份数量将不超过本次发行前总股本的 20%。

3. 重组交易后股权结构

本次交易中,扣除现金支付的对价后,鹏欣资源拟向交易对方姜照某与姜某发行股份合计 220,276,933 股。同时,本次发行股份及支付现金购买资产不以募集配套资金的成功实施为前提,最终募集配套资金成功与否不影响本次发行股份及支付现金购买资产的实施。由于募集配套资金的发行价格暂时无法确定,因而暂不考虑募集配套资金对上市公司股权结构的影响。经测算,本次交易完成后的股权结构如表 2 -20 -3 所示。

表 2 -20 -3　本次重组前后上市公司股权结构

股东名称	本次交易前		本次交易后	
	数量(股)	比例(%)	数量(股)	比例(%)
鹏欣集团	415,858,727	22.10	415,858,727	19.79
西藏智冠	91,183,431	4.85	91,183,431	4.34
逸合投资	80,000,000	4.25	80,000,000	3.81
张某某	75,245,000	4.00	75,245,000	3.58
谈某某	75,000,000	3.99	75,000,000	3.57

续表

股东名称	本次交易前		本次交易后	
	数量(股)	比例(%)	数量(股)	比例(%)
合臣化学	45,000,000	2.39	45,000,000	2.14
西藏风格	30,000,000	1.59	30,000,000	1.43
姜照某	500,000	0.03	138,173,083	6.57
姜某	—	—	82,603,850	3.93
其他股东	1,068,579,704	56.80	1,068,579,704	50.84
合计	1,881,366,862	100.00	2,101,643,795	100.00

二、案例分析

(一)行权过程

2017 年 7 月 17 日投服中心参加鹏欣资源重大资产重组媒体说明会,就本次重组交易提出四个方面的问题:一是将上市公司实际控制人的资产高价装入上市公司,是否涉及利益输送;二是在标的资产宁波天弘的核心资产奥尼金矿停产多年、尚未盈利的情况下,本次估值是否具有合理性;三是重组预案中的价格调整机制是否明确合理;四是重组预案中披露的信息存在不符、不完全现象,信息披露是否真实。2018 年 3 月 8 日鹏欣资源公告本次重组事项获得证监会上市公司并购重组审核委员会有条件通过。

(二)行权内容分析

1. 本次重组是否存在向实际控制人利益输送的情况

姜照某及其一致行动人合计持有上市公司 30.96% 股份,为上市公司实际控制人,而标的资产宁波天弘也由姜照某及一致行动人姜某控制。宁波天弘的核心资产奥尼金矿已停产多年,两年一期均为亏损,而本次标的作价为 19 亿元。如此,将上市公司实际控制人的资产高价装入上市公司,可能有利益输送的嫌疑。

一是上市公司买入标的资产的动机存疑。奥尼金矿已停产多年,短期内几乎难以盈利。重组预案披露本次交易目的是分散上市公司经营风险,增加盈利增长点。而上市公司不等标的公司实现盈利以后再进行重组,而是将预计生产建设尚需投入 36.68 亿元的奥尼金矿此时重组,本次交易动机存疑。

二是姜照某取得 CAPM 权益的情况。重组预案并未披露姜照某取得 CAPM 权益的时间、价格以及 CAPM 取得奥尼金矿矿业权的时间、价格。以上信息的不明确,可能与本次交易的动机有关。

2. 标的资产估值的公允性

重组预案显示,标的资产宁波天弘的核心资产是奥尼金矿矿业权,奥尼金矿矿业权采用折现现金流量法的预估值为 26 亿元,宁波天弘控制下的矿业权预估值占宁波天弘 100% 股东权益预估值的比例为 101.2% 。在奥尼金矿停产多年、尚未盈利的情况下,本次估值的合理性存疑。

一是奥尼金矿两年一期均为亏损。奥尼金矿 2015 年、2016 年、2017 年 1 ~ 4 月归母净利润分别为 -1,949.34 万元、-2,004.53 万元和 -78.31 万元,处于亏损状态。而采用折现现金流法对其进行估值,涉及对未来盈利数额的具体测算。但是,重组预案并未说明对奥尼金矿盈利预测的条件及预测期的营业收入、净利润增长率等具体预测数。

二是奥尼金矿恢复生产存在重大不确定性。首先,自 2010 年到现在,该矿一直处于停产状态,预计生产建设投资金额为 36.68 亿元。本次募集资金拟使用 10.64 亿元作为生产建设资金,中间尚存在约 26 亿元的资金缺口。差额生产建设资金来源尚未知。其次,奥尼金矿生产建设及恢复生产尚需取得采矿计划、用水证和环境管理计划。最后,奥尼金矿的矿业权将于 2018 年 2 月到期,尽管重组预案中指出矿权续期申请文件已递交南非矿产资源部进行审核,但矿业权的续期需要满足一定条件,能否取得矿权续期批复存在不确定性。

三是奥尼金矿的黄金矿石储量问题。首先,奥尼金矿的资源储量数据来源于 Minxcon 公司出具的关于南非西北省奥尼金矿的独立合格人士报告,而重组预案并未披露 Minxcon 公司的资质与可信度。其次,重组预案披露奥尼金矿控制的黄金矿石量仅为 1208 万吨,推断的矿石量高达 3265 万吨,几乎占据其矿石总量 7131 万吨的一半,这一披露信息的真实性存疑。

四是标的资产的估值与 2014 年收购作价的差异。2014 年公司曾谋求收购 Golden Haven,以实现收购奥尼金矿的目的,当时对标的资产的评估值为 32 亿元,交易对价则确定为 4.5 亿元。本次评估值则为 19 亿元,明显低于上次评估结果,而交易对价则高于上次评估结果。

3. 价格调整机制的合理性

根据重组预案，标的资产价格不进行调整，但对发行股份的价格设置了调整机制。在可调价期间内，上证综指(000001. SH)或上证 380 指数(000009. SH)或申万有色金属指数(801050. SI)在任一交易日前的连续 30 个交易日中至少有 10 个交易日的收盘点数相比上市公司因本次交易首次停牌日前一交易日(2017 年 2 月 20 日)的收盘点数，跌幅超过 10%，即触发调价条件。根据《重组办法》第 45 条第 4 款的规定，发行价格调整方案应当明确、具体、可操作。上述触发条件中的“任一交易日”可能不符合上述规定。此发行价格调整方案只规定了发行价格向下调整的触发条件，而没有价格向上调整的相关规定，相当于单项的只调跌不调涨。众所周知，上证综指和申万有色金属指数时时变化，这种调整方式只可降低股份发行价格，相应的发行数量增多，稀释中小股东权益的比例更严重。

4. 信息披露的真实性、完整性、准确性

中小投资者获取信息的主要来源是上市公司披露的公开信息，信息披露的准确性、真实性、完整性尤为重要，而本次交易重组预案中披露的信息存在不符、不完全的现象。

一是信息披露存在前后不符的情况。第一，重组预案的重大事项提示中显示本次募集资金的 10.64 亿元用于奥尼金矿生产建设，而在其后的重组预案信息中则又表述为公司拟将本次募集资金 11.68 亿元用于该项目中采矿工程部分投资建设。第二，在标的资产产品的表述中，重组预案先表述为标的资产的主要产品将为纯度 100% 以上的合质金，而后又表述为纯度 95% 以上合质金。信息披露前后不符，严重影响了重组预案的说服力和公信力。

二是信息披露不完全的情况。重组预案中并未披露业绩承诺的具体数额，然而对核心资产奥尼矿业资产的估值却基于标的资产未来的盈利情况。既然如此，公司理应对未来的经营情况有初步的测算。

案例21　天目药业发行股份购买德昌药业

2017年6月27日杭州天目山药业股份有限公司(以下简称天目药业,600671)公告了《发行股份及支付现金购买资产并募集配套资金预案》(以下简称重组预案),拟通过发行股份与支付现金相结合的方式,购买葛某某、孙某合计持有的安徽德昌药业股份有限公司(以下简称德昌药业)100%股权,并募集配套资金。

一、案例简介

(一)上市公司基本情况

天目药业成立于1989年,于1993年8月23日首次向社会公众发行人民币普通股。发布重组预案时,天目药业股价为32.89元/股,总股本为121,778,885股,总市值4,005,307,527.65元。长城集团合计控制天目药业27.25%股份,为公司控股股东。赵锐某、赵非某父子为公司实际控制人。

天目药业主营业务为药品及相关保健品的销售,主要产品为珍珠明目滴眼液、复方鲜竹沥液、河车大造胶囊、六味地黄口服液、薄荷脑、薄荷素油,产品核心销售区域为华东、华南地区。上市公司最近3年财务数据和据此计算的财务指标如表2-21-1所示。

表 2-21-1　天目药业基本财务指标

单位:元

项目	2016 年 12 月 31 日	2015 年 12 月 31 日	2014 年 12 月 31 日
资产合计	306,193,017.58	280,382,217.55	285,643,496.04
负债合计	240,009,691.00	217,625,835.78	200,395,214.00
股东权益	66,183,326,58	62,756,381,77	85,248,282.04
项目	2016 年	2015 年	2014 年
营业收入	123,725,458.15	94,765,832.55	148,727,338.78
利润总额	4,187,742.76	-21,204,302.66	3,915,709.51
净利润	2,626,944.81	-22,491,900.27	2,607,615.63

(二)标的公司基本情况

本次重组为天目药业以发行股份及支付现金的方式购买葛某某、孙某合计持有的德昌药业 100% 股权,并向不超过 10 名特定投资者以询价方式非公开发行股份募集配套资金。本次交易的交易对方为葛某某和孙某。

德昌药业于 1999 年 12 月在安徽省亳州市成立,由葛某某、张某某、陈某各出资 10 万元共同设立。截至本重组预案签署日,葛某某持有德昌药业 80% 股份,系德昌药业实际控制人。德昌药业的股权结构及控制关系如图 2-21-1 所示。

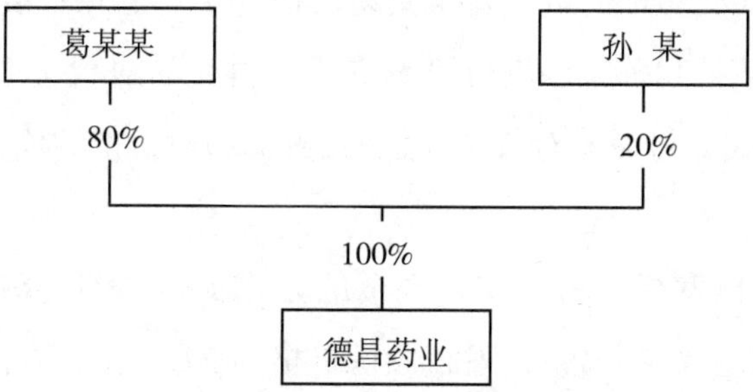

图 2-21-1　德昌药业股权结构

德昌药业的主营业务为中药饮片的生产和销售,截至重组预案签署日,德昌药业没有控股或参股公司。德昌药业最近两年一期主要财务数据及指标如表 2-21-2 所示。

表 2-21-2　德昌药业主要财务数据

单位:元

项目	2017 年 4 月 30 日	2016 年 12 月 31 日	2015 年 12 月 31 日
总资产	276,297,222.97	261,528,271.39	213,081,948.70
总负债	113,904,461.17	108,597,069.23	97,828,487.82
股东权益	162,392,761.80	152,931,202.16	115,253,460.88
项目	2017 年 1~4 月	2016 年	2015 年
营业收入	66,184,736.37	271,826,558.82	258,794,054.77
营业利润	9,611,685.66	34,531,971.31	29,795,410.24
净利润	9,611,685.66	38,177,741.28	33,107,286.93

(三)重大资产重组方案精要

天目药业拟通过发行股份及支付现金相结合的方式,购买交易对方葛某某、孙某合计持有的德昌药业 100% 股权。天目药业拟通过本次交易实现中医药全产业发展战略的布局及提升上市公司盈利水平。

1. 估值及交易价格

以 2017 年 4 月 30 日为评估基准日,标的公司德昌药业的账面净资产值为 16,239.28 万元(未经审计),100% 股权收益法预估值为 36,120.36 万元。经交易各方协商一致,本次交易标的资产暂定交易价格为 3.6 亿元。根据初步确定的交易价格计算,拟向葛某某和孙某以发行股份方式交付交易对价 1.8 亿元,占交易对价的 50%,以现金方式支付交易对价 1.8 亿元,占交易对价的 50%。

2. 支付方式

本次交易对价以发行股份和支付现金的方式支付,定价基准日为公司首次审议本次交易的董事会决议公告日,发行股份价格为 27.41 元/股,不低于定价基准日前 60 个交易日公司股票交易均价的 90%。上市公司向交易对方分别支付对价的金额及具体方式如表 2-21-3 所示。

表 2－21－3　支付方式及金额

交易标的	交易对方	拟出让股权比例(％)	交易对价(万元)	股份支付(万元)		现金支付(万元)
				金额	股数	金额
德昌药业100％股权	葛某某	80	28,800.00	14,400.00	5,253,557	14,400.00
	孙某	20	7200.00	3600.00	1,313,389	3600.00
合计		—	36,000.00	18,000.00	6,566,946	18,000.00

募集配套资金不超过 1.8 亿元，不超过本次交易总金额的 100％，用于支付收购标的公司的现金对价。

3. 业绩承诺与补偿

本次交易补偿义务人为葛某某，补偿义务人承诺 2017 年、2018 年、2019 年德昌药业经审计的扣除非经常性损益后的净利润分别不低于 3950 万元、4420 万元、4860 万元。

当触发利润补偿条件时，补偿期间内，葛某某应优先以本次交易获得的上市公司股份对上市公司进行补偿。当期应补偿股份数量 =（截至当期期末累积承诺净利润数 − 截至当期期末累积实现净利润数）÷ 利润补偿期间累积承诺净利润数总和 × 标的资产交易价格 ÷ 本次股票发行价格 − 累计已补偿股份数量。葛某某参与业绩承诺及承担补偿义务的对价比例占上市公司购买德昌药业 100％股权所支付对价的 80％，理论上葛某某作为业绩补偿义务人，其获得的本次交易对价足以保障标的公司在业绩承诺期内累积实现净利润低于累积承诺净利润 80％以及资产减值达到 80％情况下的补偿支付。

4. 重组交易后股权结构

本次交易完成后，上市公司总股本将从 121,778,885 股增至不超过128,345,831 股。本次交易前后，公司主要股东持股情况如表 2－21－4 所示。

表2-21-4　本次重组前后上市公司股权结构

股东名称		本次交易前		本次交易后	
		数量(股)	比例(%)	数量(股)	比例(%)
原主要股东	长城集团	29,988,228	24.63	29,988,228	23.37
	汇隆华泽	24,355,728	20.00	24,355,728	18.98
	杭州岳殿润	4,000,000	3.28	4,000,000	3.12
	国投瑞银——长影一号	3,193,585	2.62	3,193,585	2.49
	云南信托——聚信	2,488,407	2.04	2,488,407	1.94
	中信建投基金天成1号	2,106,214	1.73	2,106,214	1.64
	中信建投基金真诚1号	2,083,444	1.71	2,083,444	1.62
	MORGAN STANLEY & CO. INERNATIONAL PLC.	1,864,013	1.53	1,864,013	1.45
	杨某	1,677,000	1.38	1,677,000	1.31
	中金公司	1,296,685	1.06	1,296,685	1.01
交易对方	葛某某	—	—	5,253,557	4.09
	孙某	—	—	1,311,389	1.02
其他股东		48,725,581	40.01	48,725,581	37.96
合计		121,778,885	100.00	128,345,831	100.00

二、案例分析

(一)行权过程

2017年7月20日投服中心参加天目药业重大资产重组媒体说明会,现场向天目药业提出四方面问题:一是本次重大资产重组是否构成借壳上市;二是标的公司的估值是否公允;三是业绩承诺与补偿的合理性;四是本次重组的法律和财务风险。天目药业于2017年8月12日修订完善了重组预案,并于2017年12月30日终止了本次重组。

(二)行权内容分析

1. 是否涉嫌规避借壳上市

根据重组预案,标的资产德昌药业的资产总额、资产净额指标合计均超过上市公司相应指标的100%，如果控制权发生转移，本次交易将被认定为借壳上市，根据证券监管机构的相关规定将参照IPO的审核标准，本次重组可能不被通过。重组预案披露，本次交易后葛某某持有上市公司4.09%的股份，且交易对方及关联方不会取得上市公司董事会大多数名额以及向上市公司推荐高级管理人员，本次交易的控制权未发生变更，不构成借壳上市。经认真研究，我们认为本次交易涉嫌规避借壳上市：一方面，本次交易完成后，德昌药业将成为上市公司的核心资产和主要利润来源。德昌药业2015年、2016年和2017年1月至4月的净利润分别约为3300万元、3800万元和960万元，上市公司2015年、2016年和2017年第一季度的归属于母公司的净利润分别约为－2154万元、121万元和－309万元；上市公司于2016年12月31日归属于母公司所有权的权益合计5897万元，德昌药业预估值约为3.6亿元。德昌药业的净资产约为上市公司的6倍。另一方面，根据重组预案，葛某某持有德昌药业80%股权，对德昌药业具有绝对的控制权，同时，葛某某作为德昌药业的创始人、董事长和总经理一直以来致力于德昌药业的经营和管理，在本次交易完成以后葛某某仍将参与德昌药业的未来发展战略规划和实际经营管理，对德昌药业的之后经营和发展仍具有重要的影响。由此可见，重组完成后德昌药业将成为上市公司的主要利润来源和核心资产，而标的资产被葛某某实际控制，上市公司控制权可能发生实质上的转移。

上述问题事关重组成败，事关广大中小投资者的切身利益。我们质疑，本次交易完成后上市公司变为由葛某某控制，上市公司实际控制人发生变更。在目前监管普遍趋紧的形势下，如果重组失败，上市公司管理层需说明进一步的应对措施。

2. 标的公司估值的公允性

根据重组预案，标的资产的审计和评估工作尚未完成，约3.6亿元的收益法评估值和约1.6亿元的账面净资产均为预估值，未经正式审计和评估。

首先，《上市公司重大资产重组管理办法》第20条第3款规定“评估机构、估值机构原则上应当采取两种以上的方法进行评估或者估值”。根据重组预案，标的资产采用资产基础法和收益法进行估值。但实际披露的估值结果只有收益法，没有资产基础法的估值结果以及两种估值方式的差异说明。收益法是基于企业资产未来预期获利能力来评价企业价值，而未来预期获利能力和折现率的确定存在很强的主观性，公告中并未披露详细的计算过程和选取相关参数的标准，我们对收益法估值结果能否公允地反映标的资产的价值存疑。

其次,根据欣龙控股 2016 年 11 月披露的《发行股份及支付现金购买资产并募集配套资金暨关联交易报告书》,德昌药业 2014 年的毛利率为 11.32%,而重组预案披露,近 3 年以来,随着行业的市场化程度加深,中药饮片产品价格更加透明,行业的销售毛利率和销售利润均有所下降。在这样的情况下,德昌药业 2015 年、2016 年以及 2017 年 1 月至 4 月的毛利率反而上升至 19.58%、21.02% 以及 23.47%。在标的公司主营业务未变的前提下,2015 年的毛利率却大幅增加,且在这样的大环境下连续 3 年毛利率都领先于行业平均水平且能保持增长是否具有合理性。

3. 业绩承诺与业绩补偿的合理性

重组预案披露,葛某某作为唯一业绩承诺方,应优先以其本次交易获得的上市公司股份进行补偿,当期股份不足补偿的部分,以现金方式补偿。但重组预案中就业绩承诺覆盖比例的前后表述不一致,根据股份补偿公式,葛某某承诺的利润补偿的覆盖范围是业绩承诺的 100%,即最高补偿 3.6 亿元。但在“葛某某作为德昌药业唯一业绩承诺方的合理性”部分披露:葛某某参与业绩承诺及承担补偿义务的对价比例占上市公司购买德昌药业 100% 股权所支付对价的 80%。业绩承诺补偿覆盖比例究竟是 100% 还是 80% 容易引起投资者的误解。

第一,若葛某某承诺的覆盖比例仅为 80%,剩余 20% 将得不到保障;而孙某也是本次交易对方,亦应列为补偿承诺方。

第二,若葛某某承诺的覆盖比例为 100%,则最高补偿额将超过其从本次交易中获得的对价。重组预案披露:理论上葛某某作为业绩补偿义务人,其获得的本次交易对价足以保障标的公司在业绩承诺期内累积实现净利润低于累积承诺净利润 80% 以及资产减值达 80% 情况下的补偿支付。但实践中近年来出现很多未达到重组业绩补偿承诺的案例,使中小投资者的权益受到损害。在遇到公司股价大幅下跌且葛某某无足够现金用于补偿的情况时,上述业绩补偿将面临难以实现的风险,中小投资者的合法权益亦将受到损害。公司需说明是否还有其他措施能保障葛某某能实现业绩补偿承诺。

4. 本次重组存在法律和财务风险

第一,根据重组预案,德昌药业的甘草、麻黄草收购(经营)许可证已于 2017 年 1 月过期,排放重点水污染许可证已于 2017 年 4 月 5 日过期,部分年产 1 万吨中药饮片生产线扩建项目许可证或主管部门批复文件已过期。德昌药业的药品 GMP 证书 AH20140165 将于 2019 年到期,良好农业规范认证证书 015GAP1400034 和有机转换认证证书 0150P1400306 将于 2017 年到期。根据德昌药业官网,其在亳州市谯城区大杨镇、赵桥乡建立 3 个符合 GAP 规范的种植基地,而重组预案披露大杨镇小李村的土地租赁合同将于 2018 年 12 月 5 日到期。公司需说明上述已过期证照、许可证、批复文件和租赁合同重新办理的进展,是否存在实质性法律障碍;快到期证书和租赁合同的续期是否有法律障碍。如无法续期,可能会对德昌药业经营产生不利影响。标的公司的 11 项专利中有 7 项专利将于 2019 年到期,公司需说明该 7 项专利是否为德昌药业的重要专利,如届时未能续期,可能会对德昌药业的产品销售造成负面影响,进而直接影响德昌药业的盈利能力。

第二,根据重组预案,若本次募集配套资金失败或在募集金额低于预期的情形下,公司将以自有资金或采用银行贷款等融资方式解决。天目药业 2016 年年底货币资金仅有 2984.07 万元,其自有资金明显不足以支付现金对价。且截至 2016 年年末,天目药业的资产负债率已高达 78.4%,筹资现金流中通过贷款收到的现金约 1.6 亿元。公司通过银行贷款的方式筹资有较大难度,若无法通过银行贷款筹资,可能难以解决约 1.5 亿元的资金缺口。公司管理层在决策时应当预见这些风险并制定相应的解决方案。

案例22　通达动力重大资产置换及发行股份购买隆基泰和置业

2017年7月22日江苏通达动力科技股份有限公司(以下简称通达动力,002576)公告了《重大资产置换及发行股份购买资产暨关联交易预案》(以下简称重组预案),拟通过重大资产置换及发行股份的方式,置入隆基泰和置业有限公司(以下简称隆基泰和置业)100%股权。

一、案例简介

(一)上市公司基本情况

通达动力成立于2008年,于2011年4月28日在深圳证券交易所中小企业板上市交易。发布重组预案时,四通股份股价为24.66元/股,总股本为165,100,000股,总市值29.36亿元。天津鑫达瑞明企业管理咨询中心(以下简称天津鑫达)直接持有上市公司5.97%的股份,同时通过表决权委托的方式持有上市公司3963.75万股股份对应的表决权,合计持有上市公司29.98%的表决权,为上市公司的控股股东。魏少某、魏某通过天津鑫达控制上市公司29.98%的表决权,为上市公司的实际控制人。

通达动力主营业务为定转子铁芯、成品定转子及电气设备的研发、生产、销售和服务等,其3年一期的财务状况和经营成果如表2-22-1所示。

表 2－22－1　通达动力基本财务指标

单位:万元

项目	2017 年 3 月 31 日	2016 年 12 月 31 日	2015 年 12 月 31 日	2014 年 12 月 31 日
总资产	99,059.06	98,200.66	110,997.62	113,797.94
总负债	12,163.21	12,740.94	22,355.40	28,439.32
归属于母公司所有者权益	86,652.65	85,101.67	85,112.51	84,166.71
项目	2017 年 1～3 月	2016 年	2015 年	2014 年
营业收入	24,765.52	81,889.21	85,821.36	105,235.87
营业利润	115.08	－509.97	793.91	－1988.18
利润总额	1657.43	－232.39	1107.68	－1641.11
净利润	1436.13	－560.24	862.83	－1656.15

(二)标的公司基本情况

本次重组的标的公司为隆基泰和置业,交易对方为河北隆基泰和企业管理咨询有限公司(以下简称隆基泰和咨询)、珠海融艾股权投资合伙企业(以下简称珠海融艾)、中国信达资产管理股份有限公司(以下简称中国信达)、信达投资有限公司(以下简称信达投资),4 个交易对方共持有隆基泰和置业 100% 股权。

保定隆远房地产开发有限公司(隆基泰和置业的前身)于 2010 年 8 月在保定成立,由邯郸市龙瑞房地产开发有限公司、保定隆和房地产开发有限公司两公司出资设立,后经多次增资、股权转让,于 2017 年 1 月变更名称为隆基泰和置业。隆基泰和置业股东为隆基泰和咨询、珠海融艾、中国信达、信达投资,股权份额分别为 87.5%、9.375%、1.875%、1.25%。隆基泰和咨询作为隆基泰和置业的控股股东,截至本重组预案签署之日,魏少某持有隆基泰和咨询控股股东隆基泰和实业有限公司(以下简称隆基泰和实业)99% 的股权,为隆基泰和咨询的实际控制人。

隆基泰和置业主营业务包括产城综合体开发、社区开发、产城综合体出租及运营、物业管理等,共拥有 116 个下属公司。其财务状况和经营成果如表 2－22－2 所示。

表 2 -22 -2　隆基泰和置业主要财务数据

单位:亿元

项目	2017 年 3 月 31 日	2016 年 12 月 31 日	2015 年 12 月 31 日	2014 年 12 月 31 日
总资产	498.71	486.50	463.70	426.10
总负债	444.43	427.14	406.32	386.08
股东权益	54.28	59.36	57.38	40.02
项目	2017 年 1 ~3 月	2016 年	2015 年	2014 年
营业收入	16.15	119.79	100.85	72.78
营业利润	5.07	16.22	9.37	6.87
利润总额	4.99	15.95	9.24	6.89
净利润	3.75	12.56	6.62	4.78

(三)重大资产重组方案精要

通达动力拟以其持有的南通通达矽钢冲压科技有限公司 100% 股权作为置出资产,与隆基泰和咨询、珠海融艾、中国信达、信达投资持有的隆基泰和置业 100% 股权中的等值部分进行置换。置入资产作价超过置出资产作价的差额部分由上市公司向隆基泰和置业全体股东按照交易对方各自持有隆基泰和置业的股权比例发行股份购买。

1. 估值及交易价格

经预估,以 2017 年 3 月 31 日为预估基准日,本次交易拟置出资产的预估值为 9.08 亿元。经交易各方友好协商,拟置出资产初步作价 9.10 亿元。以 2017 年 3 月 31 日为预估基准日,本次交易拟置入资产的预估值为 140.59 亿元。考虑到珠海融艾、中国信达、信达投资于预估基准日后对隆基泰和置业以现金增资 20 亿元,经交易各方友好协商,拟置入资产初步作价 160.10 亿元。置入资产作价超过置出资产作价的差额部分为 151 亿元。

2. 发行股份购买资产的发行价格

本次发行股份购买资产的定价基准日为本次交易首次董事会决议公告日,发行价格为 20.01 元/股,不低于定价基准日前 120 个交易日上市公司股票均价的 90%(18.96 元/股)。由于上市公司在 2017 年 6 月 13 日完成了 2016 年年度利润分配方案,向全体股东每 10 股派发现金股利 0.10 元(含税),故本次发行股份购买资产的股份发行价格经除息调整后为20.00元/股。按照置入资产作价超过置出资产作价的差额部分为151亿元计算,本次发行股份的数量为75,500.00万股。

3. 业绩承诺与补偿

根据上市公司与业绩承诺方隆基泰和咨询签署的《业绩承诺补偿协议》,隆基泰和咨询承诺本次重大资产重组实施完毕后,隆基泰和置业在2017年年度、2018年年度和2019年年度累计实现的合并报表范围扣除非经常性损益后归属于母公司所有者的净利润不低于59亿元。若本次重大资产重组无法在2017年年度内实施完毕,则业绩承诺期延续至2020年年度,即隆基泰和咨询承诺隆基泰和置业在2017年年度、2018年年度、2019年年度和2020年年度累计实现的合并报表范围扣除非经常性损益后归属于母公司所有者的净利润不低于89亿元。

若隆基泰和置业在业绩承诺期内累计实际实现的合并报表范围扣除非经常性损益后,归属于母公司所有者的净利润低于累计承诺净利润,则隆基泰和咨询应首先以通过本次交易取得的上市公司股份进行补偿。前述股份不足补偿的,隆基泰和咨询将以从二级市场购买或其他合法方式取得的上市公司股份进行补偿。股份补偿总数达到本次发行股份购买资产的发行股份总数的90%后仍需进行补偿的,隆基泰和咨询将自主选择采用现金或股份的形式继续进行补偿,直至覆盖隆基泰和咨询应补偿的全部金额。

4. 重组交易后股权结构

本次交易前,上市公司实际控制人魏少某、魏某持有通达动力29.98%的表决权。在本次交易中,交易对方隆基泰和咨询、珠海融艾、中国信达、信达投资将获得共75,500.00万股股权。本次交易完成后,隆基泰和咨询将直接持有上市公司66,062.50万股股份,占上市公司总股本的71.80%,为上市公司的控股股东。魏少某将通过隆基泰和咨询和天津鑫达合计控制上市公司77.18%的表决权,为上市公司的实际控制人。本次交易完成后的股权结构如表2-22-3所示。

表 2-22-3 本次重组前后上市公司股权结构

股东名称	本次交易前			本次交易后		
	持股数量（百万股）	持股比例（%）	表决权比例（百万股）	持股数量（百万股）	持股比例（%）	表决权比例（%）
天津鑫达	9.86	5.97	29.98	9.86	1.07	5.38
姜煜某	39.63	24.01	—	39.63	4.31	—
其他股东	115.60	70.02	70.02	115.60	12.56	12.56
隆基泰和咨询	—	—	—	660.62	71.80	71.80
珠海融艾	—	—	—	70.78	7.69	7.69
中国信达	—	—	—	14.15	1.54	1.54
信达投资	—	—	—	9.43	1.03	1.03
合计	165.10	100.00	100.00	920.10	100.00	100.00

二、案例分析

(一)行权过程

2017 年 7 月 28 日投服中心参加通达动力重大资产重组媒体说明会，现场向通达动力提出五个方面的问题，即重组存在重大不确定、发行股份的价格合理性、估值公允性、业绩承诺的可实现性、表决权委托是否影响上市公司治理和中小投资者合法权益。最终，通达动力于 2017 年 12 月 29 日终止了本次重组。

(二)行权内容分析

1. 重组存在重大不确定

根据重组预案披露，本次交易构成重组上市，应当符合《首发办法》的相关规定。但因隆基泰和置业为房地产开发企业，董事长、总裁魏少某涉嫌行贿罪等，导致本次重组存在不被通过的风险。

一是隆基泰和置业主营房地产开发经营，且开发的大部分项目为住宅。房地产企业重组上市能否通过证监会审核受宏观经济调控及产业政策的影响较大。媒体报道，自 2010 年 4 月“国十条”发布至今，就没有房企通过 IPO 登录 A 股市场。2016 年至今，尚无房企成功借壳上市的先例。2016 年证监会修订的《重组办法》第 13 条第 2 款规定，重组上市应当符合《首发办法》相关规定。重组上市的审核条件相较于之前更严格,大大提高了重组上市通过审核的难度。从 2016 年下半年开始,国家陆续出台了若干更严厉的房地产宏观调控政策。在上述法规、政策的影响下,本次重组能否通过证监会的审核存在重大不确定性。

二是隆基泰和置业董事长、总裁魏少某涉嫌行贿罪可能导致标的公司不符合《首发办法》第 16 条的规定。根据 2017 年 4 月 20 日央视新闻的报道,在中共河北省委原常委、政法委原书记张越受贿案中,检方指控张越利用职务之便为隆基泰和实业等单位在土地开发、工程承揽等事宜上谋取利益,收受财物达 1.57 亿元。重组预案披露,魏少某持有隆基泰和实业 99% 的股权,且担任隆基泰和实业的法定代表人和董事长,对隆基泰和拥有绝对的控制权。如魏少某因涉嫌行贿罪被司法机关立案侦查,可能导致本次重组存在重大不确定性。

2. 发行股份的价格合理性

一是发行股份价格的参考基数的合理性。重组预案显示,通达动力定价基准日前 20 日、60 日、120 日的 A 股交易均价的 90% 分别是 22.02 元/股、20.69 元/股、18.96 元/股,本次重组交易的发行价格选择 120 日作为参考基数,定为 20.00 元/股。该发行价格虽然高于 120 日的参考基数,但仍然低于 20 日和 60 日的参考价格。该选择看似符合《重组办法》第 45 条规定,其实存在诸多问题。首先,通达动力从 2016 年 6 月 14 即开始停牌,2016 年 12 月 12 日才复牌,2017 年 1 月 23 日又停牌至今。如果选择 120 个交易日的股票均价作为参考,几乎是以 2016 年 1 月至今的股票交易价格作为参考,由于公司长期停牌的影响,这一选择基准并不能有效反映公司股票的实际交易情况。其次,一般的上市公司发行股份采用定价基准日前 20 个交易日上市公司股票交易均价作为市场参考价,这一参考价格也更加符合市场走势。在魏少某通过天津鑫达成为上市公司的实际控制人之后,选择三个参考价格中最低的 120 个交易日均价作为基准,已经对中小投资者的利益造成损害。

二是发行股份价格的调整机制的合理性。交易方案对发行股份的价格设置了调整机制。在触发条件的设置中,重组预案选择了深圳成指、申万指数中房地产指数、申万指数中电气设备指数三个条件。通达动力作为电气设备公司,重组预案同时选择了申万指数的电气设备指数与房地产指数作为参考的原因有待进一步说明。同时,此发行价格调整方案只规定了发行价格向下调整的触发条件,而没有价格向上调整的相关规定,相当于单项的只调跌不调涨。这种调整方式下只可降低股份发行价格,相应的发行数量增多,稀释中小股东权益的比例更严重,可能损害中小股东的利益。

3. 估值的公允性

重组预案披露,以2017年3月31日为预评估基准日,置入资产采用资产基础法的预估值为140.59亿元,账面净资产为54.32亿元,预估增值率158.82%。对于较高的估值增值率,存在以下几点问题:

第一,在房地产行业近3年的销售毛利率平均为29.14%的情况下,预估增值近1.6倍的合理性。

重组预案披露,预估增值主要因为存货和长期股权投资增值。其中,存货账面价值仅体现了项目实际发生的成本,而预估实质是采用收益模式,以房地产价值扣减开发成本、税费等,预估值中包含了预计可实现的利润;长期股权投资增值是因为被投资单位及其下属公司持有房地产开发项目,预期可实现利润,使被投资单位整体增值。

根据万得资讯披露的行业数据,房产行业2014年、2015年、2016年的销售毛利率分别为31.91%、28.28%、27.24%,平均为29.14%;销售净利率分别为11.86%、10.08%、10.48%,平均为10.81%。按照重组预案内容,预估增值主要是房地产开发预计可实现利润,在房地产行业近三年平均销售毛利率为29.14%、净利率为10.81%的情况下,预估增值近1.6倍的合理性存疑。

第二,估值相关信息披露不完整。

估值的公允性、合理性对重组交易至关重要,广大中小投资者对于估值信息的了解主要来源于重组预案,而本次重组预案中披露的相关信息并不完整,不利于投资者获取相关信息。一是重组预案中仅披露了整体预估值的结果,并没有披露存货、长期股权投资、无形资产、预收房款、短期借款等重要科目的账面价值和预估值,尚需进一步说明置入资产的详细财务报表以及每个资产、负债科目的预估值,以满足广大中小投资者的知情权;二是《重组办法》第20条第3款规定,评估机构、估值机构原则上应当采取两种以上的方法进行评估或者估值。本次交易采用资产基础法和市场法对置入资产进行估值,但并未披露市场法估值的结果,市场法估值的结果尚需进一步披露。此外,两种估值的差异以及最后选择资产基础法的原因也未说明。

4. 业绩承诺的可实现性

重组预案显示，隆基泰和咨询承诺本次交易实施完毕后，隆基泰和置业在2017年年度至2019年年度3年累计实现的扣非归母净利润不低于59亿元；若业绩承诺期延续至2020年度，则隆基泰和咨询承诺，隆基泰和置业在2017年年度至2020年年度实现的累计承诺扣非归母净利润不低于89亿元。而根据未经审计的财务数据显示，隆基泰和置业2014年、2015年、2016年净利润分别为4.8亿元、6.62亿元、12.58亿元，年均净利润仅为8亿元。而此次业绩承诺的数额明显提高，年均净利润约为19.67亿元。高额的业绩承诺与隆基泰和置业近3年的净利润相差较大。

从2016年下半年以来，全国楼市迎来史上最严调控，调控力度不断升级，一线城市调控力度不断加大，二线、三线城市限购重启。在此情况下，各大房地产企业的经营业绩都受到不同程度的影响。同时，隆基泰和置业的项目大多在河北省省内，且在雄安新区亦有项目地块。2017年4月以来，鉴于雄安新区的设立，河北省房地产政策纷纷严调。在以上因素影响下，隆基泰和置业却大幅提高利润预测，其合理性存疑。

5. 表决权委托是否影响上市公司治理和中小投资者合法权益

2017年1月通达动力公告因筹划股权转让、实际控制人变更等重大事项停牌。此后，魏少某实际控制的天津鑫达持有通达动力5.97%的股权，同时通过表决权委托的方式获得通达动力原大股东姜煜某24.01%的表决权。由此，魏少某和魏某父子通过天津鑫达共同控制通达动力29.98%的表决权，成为通达动力的实际控制人。随后，魏少某担任通达动力的董事长。2017年7月22日，通达动力董事会审议通过了本次交易的议案。

首先，此次委托表决权可能影响上市公司治理，并损害中小投资者合法权益。从权利性质上看，表决权属于共益权，即股东为公司利益兼自身利益而行使的权利。这就要求在表决权的行使过程中，既要考虑自身利益，更需兼顾公司整体利益。此次表决权委托，将表决权委托给新加入公司的股东天津鑫达，并由天津鑫达的实际控制人魏少某担任上市公司的董事长，在其对公司经营业务不了解的情况下，这样的安排不仅不利于上市公司原有业务的正常运营，而且使上市公司可能面临因实际控制人滥用权利损害上市公司和中小投资者合法权益的情形。

其次，此次表决权委托可能造成上市公司控制权的重大不确定性。2017年2

月,通达动力的公告显示,在未来的12个月内,天津鑫达将在委托表决权的股份可转让的前提下,与姜煜某和姜客某协商转让上述股份。如果本次重组失败,天津鑫达是否会继续按照上述公告受让表决权委托所对应的股份?如果天津鑫达在12个月内没有受让对应的股份,且表决权委托有效期18个月届满,重组事项依旧没有完成,上市公司的控制权可能将再一次变更,进而可能影响重组事宜。

案例 23　当代明诚发行股份购买新英体育

2017 年 7 月 13 日武汉当代明诚文化股份有限公司（以下简称当代明诚，600136. SH）公告了《重大资产购买预案》（以下简称重组预案），拟以明诚香港为收购主体，以支付现金的方式，购买交易对方持有的新英开曼 100% 股份并认购新英开曼新发行的股份。

一、案例简介

（一）上市公司基本情况

当代明诚成立于 1992 年，于 1998 年 3 月 3 日在上海证券交易所主板上市交易。发布重组预案时，当代明诚股价为 16. 79 元/股，总股本为 487,182,186 股，总市值 81. 80 亿元。控股股东为武汉新星汉宜化工有限公司，实际控制人为艾某某。

当代明诚主营影视、文化、体育、传媒、动漫、游戏项目的投资、开发、咨询，其两年一期的财务状况和经营成果如表 2 – 23 – 1 所示。

表 2 – 23 – 1　当代明诚基本财务指标

单位：万元

项目	2017 年 3 月 31 日	2016 年 12 月 31 日	2015 年 12 月 31 日
资产总额	387,910. 03	357,998. 80	121,820. 22
负债总额	140,791. 86	110,989. 75	30,687. 27
少数股东权益	8611. 45	8245. 77	4211. 68
归属于母公司所有者权益	238,507. 41	238,763. 28	86,921. 27

续表

项目	2017年1~3月	2016年	2015年
营业收入	7927.48	56,904.33	43,117.43
利润总额	152.47	17,301.55	10,109.25
净利润	117.10	14,697.87	6869.78
归属于母公司所有者净利润	25.86	12,218.42	5347.09

(二)标的公司基本情况

本次交易当代明诚拟购买的标的公司为新英开曼100%的股权,交易对方为新英开曼的全体股东IDG China Media Fund L. P.、IDG-Accel China Growth Fund L. P.、IDG-Accel China Growth Fund-A L. P.、IDG-Accel China Investors L. P.、EASY EXCEL LIMITED、Edia Media Yang Holding Limited、Edia Media Hu Holding Limited、BesTV INTERNATIONAL(CAYMAN)LIMITED、PCCW Media Limited,新英开曼于2010年8月在开曼成立,无控股股东。

新英体育(新英开曼及其子公司和新英传媒的合称)是一家体育内容运营商,其核心业务包括体育赛事版权及其他商业权利的整合运营,在渠道上主要面向互联网、广电、运营商等媒体渠道,覆盖互联网网站、电视、IPTV、互联网电视移动终端等媒体终端。

本次交易完成后,新英开曼的财务状况和经营成果如表2-23-2所示。

表2-23-2 新英开曼业务主要财务数据

单位:万元

项目	2016年12月31日	2015年12月31日
资产总计	102,800.54	56,893.29
负债总计	42,694.22	17,309.52
归属于母公司所有者权益	60,106.31	39,583.77
项目	2016年	2015年
营业收入	70,493.51	38,498.54
营业利润	21,042.57	17,442.59
利润总额	20,855.30	17,337.57
归属于母公司所有者净利润	17,775.12	15,273.70

（三）重大资产重组方案精要

当代明诚拟以明诚香港为收购主体，以支付现金的方式，购买交易对方持有的新英开曼100%股份并认购新英开曼新发行的股份。当代明诚拟通过本次交易进一步完善体育行业布局，进一步提升公司在体育行业中的地位及市场竞争力。

1.预估值及作价

评估机构以2017年5月31日为评估基准日，采用收益法对新英开曼100%的股权进行估算，初步估值为356,363.96万元。经交易各方协商，本次交易当代明诚应向交易对方及新英开曼支付的总对价为5亿美元，其中包括明诚香港向交易对方支付股份购买对价合计4.315亿美元，用于收购交易对方持有新英开曼的100%股权；明诚香港以6850万美元认购新英开曼新发行的股份。

2.资金来源

本次交易对价为5亿美元，其中由当代明诚以境内资金换汇出境2.9亿美元，再由明诚香港境外融资2.1亿美元。本次交易的资金来源包括公司自有资金及自筹资金。其中，自筹部分将来源当代明诚的对外融资。

3.未约定业绩补偿

本次交易属于海外收购，交易对方按照一般的跨境交易规则，明确提出"不签署业绩补偿承诺"作为交易条件。

二、案例分析

（一）行权过程

2017年8月2日投服中心参加当代明诚重大资产重组媒体说明会，现场向当代明诚提出三个方面的问题：一是估值是否合理；二是本次交易未约定业绩承诺的合理性；三是本次交易因监管政策和财务风险面临重大不确定性。当代明诚三次修改完善重组预案后，于2017年8月26日公告了《重大资产购买预案（三次修订稿）》。截至2018年6月30日，本次交易尚在推进中。

（二）行权内容分析

1.估值是否合理

重组预案显示，以2017年5月31日评估基准日，本次交易采用收益法估值的标的资产预估值为 35.64 亿元,而新英开曼股东全部权益账面价值为 7.72 亿元,评估增值率为 361.47%。对于较高的估值增值率,我们认为:

(1)作为新英体育核心版权的英超转播权仅剩两个赛季,如此情况下约 3.6 倍的预估增值不合理。一是重组预案披露,版权分销业务是新英体育最核心的业务,其收入占总收入的比重较大,最近 1 年一期都超过 80%。2015 年以来新英体育的前五名客户销售收入金额均占当年营业收入的 2/3 以上。同时,对比新英体育 2015 年、2016 年的净利润可以发现,尽管 2016 年新英体育拥有欧洲杯赛事的转播权,但是公司净利润仅略微增长,可见英超赛事的转播权为新英体育的核心盈利点。而新英体育仅剩 2018 年、2019 年赛季英超联赛在中国内地与中国澳门特别行政区的独家转播权。众所周知,英超、西甲等联赛的转播权一般都以 3 年到 5 年为一个周期,而作为新英体育核心版权的英超赛事转播权即将到期,且 2019 ~ 2022 年的转播权已被苏宁体育取得。公司在 2020 年将面临失去核心版权资源的风险,公司的营收将受到很大影响。在此情况下,本次交易如何估算 2020 年之后的估值。二是重组预案并未明确披露新英体育获得英超联赛转播权及欧洲杯赛事转播权的具体费用等明显影响估值的信息。根据重组预案,新英体育 2015 年、2016 年、2017 年 1 ~ 5 月向英超公司支付版权费用分别约为 0.92 亿元、1.19 亿元、0.75 亿元,2016 年、2017 年 1 ~ 5 月向欧足联支付版权采购费用分别约 2.09 亿元、0.97 亿元。据此我们推算出新英体育所剩余的英超及欧洲杯赛事转播权采购费用远远低于 35.64 亿元的预估值。三是新英开曼 2016 年 5 月拟与港股上市公司文化传信重组时,其估值折合人民币约 34 亿元。彼时公司依旧享有三个赛季的英超赛事转播权,而如今仅剩两个赛季转播权,标的资产估值却不降反升。四是如果本次交易采纳 35.64 亿元的估值,并以 5 亿美元作为交易对价,上市公司完成收购后,将形成巨额商誉,如果新英体育出现减值,商誉要计提减值损失,上市公司的净利润可能大幅减少,进而损害中小投资者的合法权益。

(2)估值相关信息披露是否完整。估值的公允性、合理性对重组交易至关重要,而广大中小投资者对于估值信息的了解主要来源于上市公司公告,而本次重组预案中披露的相关信息并不完整,不利于投资者进行投资决策。第一,《重组办法》第 20 条第 3 款规定,评估机构、估值机构原则上应当采取两种以上的方法进行评估或者估值。本次交易采用资产基础法和收益法对标的资产进行估值,但并未披露资产基础法估值的结果。公司需披露两种估值的差异以及最后选择资产收益法的原因。第二,收益法评估的各项参数是如何选取的、评估值的计算方式等关键信息均未披露,上市公司及中介机构需进一步说明。

2. 本次交易未约定业绩补偿的合理性

重组预案披露,本次交易对方明确提出不签署业绩补偿承诺。但标的资产采用收益法得出预估值,而收益法是基于对未来的盈利预测。本次标的资产高估值是基于对未来盈利能力的假设,交易对方应该进行业绩承诺。在实践中,影视文化类公司往往业绩波动较大,并购重组中出现了多起即使交易对方做出了业绩承诺但仍未完成的案例。本次交易对方明确不进行业绩补偿,可能对新英体育完成盈利预测没有信心,担心承担业绩补偿责任。根据上述分析,标的资产的未来收益存在重大不确定性,若出现业绩下滑,上市公司和中小投资者的利益将无法得到保障。

3. 本次交易存在重大不确定性

(1)本次交易因监管政策面临重大不确定性

近年来腾讯、苏宁、阿里巴巴等大企业均涉足体育内容版权领域,原本以英超独家转播起家的新英体育面临激烈的行业竞争。根据《重组办法》第 11 条第 5 项规定,上市公司重大资产重组应当有利于上市公司增强持续经营能力。新英体育的核心版权将于 2019 年到期,之后 3 个赛季的转播权被苏宁体育取得,所以新英体育核心业务的可持续性存在重大不确定性。新英体育于 2016 年通过文化传信谋求在香港借壳上市,但未能通过香港联交所审核。众所周知,A 股的重组审批条件比香港要更严格,所以本次交易可能因不符合《重组办法》的相关规定而无法通过监管部门的审批。

近期,国务院对有关企业的海外投资事项采取了严厉的监管措施,相关政府部门建议企业对房地产、酒店、影城、娱乐业、体育俱乐部等领域的对外投资审慎决策。2016 年 7 月有媒体报道称,上市公司间接持有西甲格拉纳达俱乐部 98.13% 的股份。本次交易可能会受上市公司去年收购西甲足球俱乐部的影响,被监管部门一并限制融资。近年来,证监会对影视、娱乐、文化类的并购重组项目审核已趋严格。而且,本次交易是以美元支付,在当前国家外汇管理部门秉持“扩流入、控流出、降逆差”的严监管态势下,本次交易能否通过证监会、商务部门、外管局等相关部门的审批存在重大不确定性,公司管理层在作出决策时应当考虑上述不确定性,并采取应对措施。

(2)本次交易因面临财务风险存在重大不确定性

重组预案披露,本次交易对价为 5 亿美元,其中上市公司以境内资金换汇出境 2.9 亿美元,由明诚香港境外融资 2.1 亿美元。目前上市公司自有现金不足,须以融资方式支付交易对价。上市公司已和多家知名美元基金以及多家银行机构就融资方案进行了接触和探讨,但没有披露具有可操作性的融资方案。上市公司的净资产只有 23.8 亿元,却要自筹约 34 亿元的交易资金,融资可能有难度,上市公司需说明未来的还款安排。

重组预案披露,《股权购买协议》约定:如明诚香港未能在截止日期前完成融资,并支付首笔和次笔融资付款的,则卖方有权没收首笔和次笔诚意金,约 7.7 亿元。逾期付款的滞纳金年利率为 10%。本次交易的融资难度较大,可能导致上市公司损失诚意金和支付滞纳金。即使能够完成 34 亿元的融资,按 5% 的年化利息计算,每年上市公司新增的财务费用约 1.7 亿元,与 2016 年净利润相当,将极大地影响公司的盈利能力。上市公司及相关方在设计协议条款时应当考虑融资的难度和失败风险,以及可能会损害上市公司和中小投资者的合法权益。

案例24　江粉磁材发行股份购买领益科技

2017年7月26日广东江粉磁材股份有限公司(以下简称江粉磁材,002600)公告了《发行股份购买资产暨关联交易报告书(草案)》(以下简称草案),拟通过发行股份的方式,购买领益科技(深圳)有限公司(以下简称领益科技)100%股权。

一、案例简介

(一)上市公司基本情况

江粉磁材成立于1994年,于2011年7月15日在深圳证券交易所中小板上市交易。发布重组草案时,江粉磁材股价为5.68元/股,总股本为2,354,423,774股,总市值约133.73亿元,其控股股东、实际控制人为汪某某。

江粉磁材2014年以前主营业务为磁性材料的研发、生产和销售,2015年、2016年通过重组进入消费电子零部件行业,其近3年一期的财务状况和经营成果如表2-24-1所示。

表2-24-1　江粉磁材基本财务指标

单位:万元

项目	2017年3月31日	2016年12月31日	2015年12月31日	2014年12月31日
总资产	1,303,666.98	1,274,880.20	613,659.41	275,200.91
总负债	760,266.08	736,567.92	326,526.55	134,926.69
股东权益	530,781.07	525,106.38	270,942.44	124,844.28

续表

项目	2017 年 1~3 月	2016 年	2015 年	2014 年
营业收入	343,061,78	1,205,151.08	486,927.83	206,028.87
利润总额	7615.52	33,085.63	8131.60	111.40
净利润	5663.49	23,406.83	4604.82	355.53

(二)标的公司基本情况

本次重组的标的公司为领益科技,交易对手为领胜投资(深圳)有限公司(以下简称领胜投资)、深圳市领尚投资合伙企业(有限合伙)(以下简称领尚投资)、深圳市领杰投资合伙企业(有限合伙)(以下简称领杰投资),3 个交易对手持有领益科技 100% 股权。领益科技于 2012 年 7 月在深圳成立,为香港公司 TRIUMPH LEAD GROUP LIMITED[以下简称"TLG(HK)"]设立的外商投资企业,经五次增资及一次股权转让之后领益科技企业性质变更为有限责任公司,股东变更为上述 3 位,其中领胜投资持股 93.45%、领尚投资持股 4.43%、领杰投资持股 2.12%。领益科技股权结构如图 2-24-1 所示。

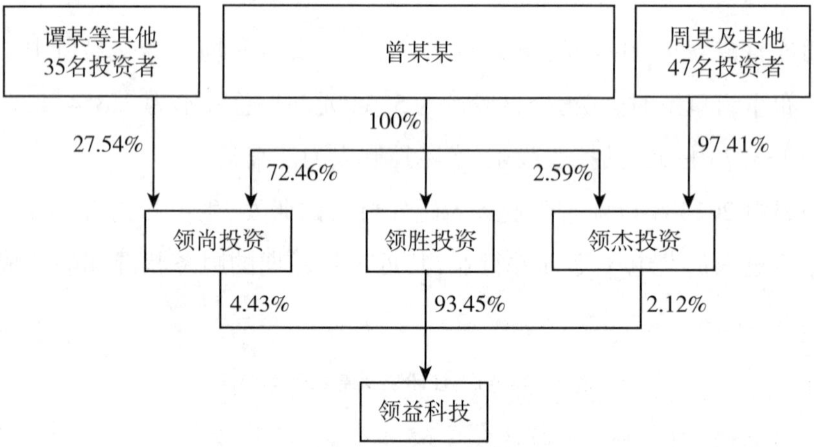

图 2-24-1 领益科技股权结构

领益科技旨在成为全球领先的消费电子产品"一站式"高精密和小型化零件及模组的供应商,经过多年积累和发展,其已成为一家规模较大的消费电子金属结构件、内外部功能性器件的综合供应商。领益科技及其境内下属子公司在中国境内拥有专利共计 141 项,通过本次交易,上市公司将新增消费电子产品精密功能器件业务,扩大上市公司在消费电子产品零部件领域的优势。领益科技最近 3 年一期的主要财务数据如表 2－24－2 所示。

表 2－24－2　领益科技主要财务数据

单位:万元

项目	2017 年 3 月 31 日	2016 年 12 月 31 日	2015 年 12 月 31 日	2014 年 12 月 31 日
总资产	505,282.44	558,019.64	453,833.56	363,276.87
总负债	232,207.32	303,146.07	180,657.91	257,677.23
股东权益	273,075.12	254,873.57	273,175.65	105,599.64
项目	2017 年 1～3 月	2016 年	2015 年	2014 年
营业收入	139,841.06	527,409.00	454,605.46	349,343.25
利润总额	36,845.94	111,012.36	126,571.15	66,736.77
净利润	30,202.72	94,405.57	118,766.20	60,185.14
归母净利润	30,370.67	94,596.85	118,766.20	60,185.14
归母扣非净利润	25,945.18	81,525.27	25,337.46	13,414.07

(三)本次重组方案精要

江粉磁材拟通过发行股份的方式,购买交易对方领胜投资、领尚投资、领杰投资持有的领益科技 100% 股权。江粉磁材拟通过本次交易实现向磁性材料与消费电子并行发展的双主业模式转型。

1. 估计及交易价格

经初步预估,以 2017 年 3 月 31 日为评估基准日,标的资产领益科技归属于母公司股东全部权益账面值约为 27.28 亿元,市场法下的评估值约为 226.94 亿元,评估增值约为 199.66 亿元,增值率约 732.02%;收益法下的评估值约为 207.33 亿元,评估增值约为 180.05 亿元,增值率约 660.13%,收益法评估的预估值为 207.33 亿元。经交易各方协商一致,本次交易标的资产暂定交易价格为 207.33 亿元。

2. 发行股份购买资产的发行价格

本次交易拟全部以发行股份的方式购买,发行价格为江粉磁材本次交易董事会决议公告日(定价基准日)前 120 个交易日股票交易均价的 90%,即 9.45 元/股。根据 2017 年 5 月 19 日江粉磁材股东大会审议通过并于 2017 年 7 月 17 日实施完毕的 2016 年度利润分配方案,上市公司向全体股东每 10 股派发现金股利 1 元(含税),同时以资本公积金向全体股东每 10 股转增 10 股。在考虑 2016 年年度利润分配因素进行除息后,本次发行股份购买资产的股份发行价格相应调整为 4.68 元/股。据此本次交易中发行股份数量为 4,429,487,177 股。

3. 业绩承诺与补偿

根据上市公司与业绩承诺方签署的《利润承诺补偿协议》,交易对方(以下简称业绩承诺方)承担对上市公司的利润补偿义务。业绩承诺方承诺标的公司 2017 年年度、2018 年年度、2019 年年度实现的扣除非经常性损益后归属于母公司所有者的净利润数分别为 114,711.77 万元、149,198.11 万元和 186,094.62 万元,业绩承诺期合计不低于 450,004.5 万元。

如果标的公司实现的净利润未达到对应的承诺净利润,业绩承诺方对上市公司承担补偿义务,以其从本次重大资产重组取得的届时尚未出售的上市公司股份进行补偿,该等应补偿的股份由上市公司以总价 1 元的价格进行回购并予以注销。股份补偿不足部分以现金补偿。其中当年应补偿金额 =(截至当期期末领益科技累计承诺净利润数 - 截至当期期末领益科技累计实现净利润数)÷领益科技利润承诺期间承诺净利润数总和 × 上市公司本次购买领益科技 100% 股权的交易总价格 - 已补偿金额。如果标的公司在利润补偿期限届满时,期末减值额 ÷ 本次重大资产重组的标的资产作价 > 补偿期限内已补偿股份总数 ÷ 本次重大资产重组中补偿责任人认购股份总数,则补偿责任人应另行一次性于补偿期限届满时支付补偿。应补偿金额 = 期末减值额 - 补偿责任人已支付的补偿额。补偿方式为股份补偿,不足部分现金补偿。

4. 重组交易后股权结构

在本次交易中,根据交易对方之间的股权控制关系及领尚投资、领杰投资合伙协议约定,交易对方中领胜投资受曾某某控制,曾某某对领尚投资和领杰投资有重大影响,各交易对方构成一致行动人关系。本次交易前,上市公司总股本为 2,354,423,774 股。按照本次交易方案,预计上市公司本次将发行普通股 4,429,487,177 股用于购买资产,本次交易完成前后公司的股权结构如表 2 - 24 - 3 所示。

表2-24-3　本次重组前后上市公司股权结构

股东名称	本次交易前		本次发行股份数量	本次交易后	
	数量(百万股)	比例(%)	—	数量(百万股)	比例(%)
汪某某	434.73	18.46	—	434.73	6.41
曹某	228.57	9.71	—	228.57	3.37
陈某某	98.47	4.18	—	98.47	1.45
赣州市科智为投资有限公司	85.97	3.65	—	85.97	1.27
深圳市聚美股权投资合伙企业(有限合伙)	85.71	3.64	—	85.71	1.26
江粉磁材其他股东	1420.97	60.36	—	1420.97	20.95
领胜投资	—	—	4139.52	4139.52	61.02
领尚投资	—	—	196.1	196.1	2.89
领杰投资	—	—	93.86	93.86	1.38
合计	2354.42	100.00	4429.49	6783.91	100.00

二、案例分析

(一)行权过程

2017年8月4日投服中心参加了江粉磁材重大资产重组媒体说明会,现场向江粉磁材提出三个方面的问题:一是重组的不确定性问题,重组是否具有可实现性;二是标的资产估值的合理、公允问题,评估假设、业绩增长率、折现率设定不尽合理;三是业绩承诺能否实现及业绩承诺覆盖率过低问题。江粉磁材三次修改完善重组方案后,于2018年1月17日获得了证监会核准。

(二)行权内容分析

1.本次重组的不确定性问题

按照《重组办法》第13条的规定,本次交易构成重组上市,需上市公司并购重组审核委员会审核并经中国证监会核准后方可实施。重组上市将严格按照首次公开发行股票上市标准进行,以下问题可能导致本次交易存在不确定性。

(1)标的公司部分资产存在法律瑕疵。领益科技的子公司东莞领益、苏州领裕、东莞领汇和东莞盛翔拥有的部分厂房和建筑尚未取得权属证书,涉及14.87万平方米。领益科技用于生产经营的自有物业未取得房产证的建筑面积占自有物业的总建筑面积的比例约为10.83%。领益科技部分租赁厂房,出租方无法办理权属证书,存在被拆迁的风险,虽然本次交易标的为股权,但股权背后对应了上述资产,上述情况影响标的资产的生产经营。

(2)标的公司违反国家社会保险及住房法律法规。根据草案披露,报告期内领益科技未按照法律规定为所有员工缴纳社会保险及住房公积金,例如,2014年至2017年3月末养老保险缴纳比例分别为54%、89%、92%、90%。为员工缴纳住房公积金比例仅为14.42%、17.95%、18.75%、40.5%。领益科技、深圳领胜、深圳领略曾因违反规定而被住房公积金主管部门责令改正。上述违法行为能否取得相关部门就其是否属于重大违法行为的确认,将直接影响本次重组能够顺利推进。

(3)商务部批准事宜。草案显示,本次交易尚需获得商务部对交易涉及的经营者集中审查的审查意见,本次重组能否获得商务部关于经营者集中审查存在不确定性。

上述几个问题使这次重组存在重大的不确定性,事关本次重组能否顺利推进,也关系广大中小投资者的切身利益。

2.标的公司估值的公允性

根据草案来看,标的公司估值节选市场法和评估法,市场法评估价值约为226亿元,增值率约732%,收益法上评估值约为207亿元,增值率约660%。最终评估结论采用收益法作为本次交易作价的基础。我们对于估值主要以下几个问题:

(1)2016年12月,天职国际会计师事务所(特殊普通合伙)出具天职业字〔2016〕17191号《审计报告》,领益科技截至2016年10月31日的净资产评估值约为23.6亿元。而5个月后,领益科技100%股权作价约为207亿元。草案虽阐述了两次评估情况差异较大的原因,但都是定性分析,缺少定量数据支持,不足以证明评估结果增值翻倍的合理性。

(2)评估假设过于乐观,没有充分考虑不确定性因素。一是标的公司及其子公司多数存在享受高新技术企业、双软资质等税收政策下所得税减免或返还的优惠,但该等政策均具有2~3年的有效期,这一期间后是否能够继续满足条件具有不确定性。二是标的公司客户集中度较高,与前五大客户的合作模式为框架协议加订单的形式,此种模式下标的公司签订合同虽然有效,但未来具体能够产生多少有效订单存在不确定性,中介机构对被评估单位以前年度及当年签订的合同有效,并能得到执行的会计假设过于乐观。

(3)标的公司业务增长预测不合理。标的公司收入预测与公司的历史数据及行业发展趋势不符。领益科技2014~2016年的历史数据表明模切、CNC、冲压、紧固件、组装业务的销售单价呈现下滑或增长率在10%以下,但预测的这五项主要业务的销售单价均是呈现增长且增长率均达20%。以标的公司草案披露的业务数据为例,CNC业务销售单价近3年一期从2.36元下滑至1.82元,但领益科技预测却呈现上升趋势。草案披露紧固件业务近3年一期需求减少且预计短期内不可逆,但预测2017~2021年增长率将达到69%。在组装业务上近3年一期销售单价从14.89元下降到5.10元,销售总额从13万元上升至约2740万元,草案预测未来3年有较大增长,仅凭该业务的描述即预期2017~2021年销售单价及销量均出现成倍增长,导致组装业务收入出现8.8倍的增长。

(4)标的公司未来成本预测不合理。根据草案,标的公司预测成本的增长率较低,预测的绝对数字较少,与公司预测的营业收入高增长不匹配,主要表现在以下几个方面:一是财务成本方面,仅考察了目前已生效的贷款合同在未来发生的财务成本,而企业的财务成本随着经营规模及营收的扩大而上升,标的公司的营收以年均30%的速度增长,而财务成本预测未有等价增长,与企业一般发展规律不相符。二是人工成本方面,预测标的公司直接人工成本时仅根据标的资产主要生产基地的最低职工工资标准复合增长率平均值6.2%来预测领益科技直接人工成本每年上涨约6%,并未考虑人员数量增长。三是毛利率方面,标的公司预测2017~2021年毛利率均保持在30%左右,高于同行业上市公司平均毛利率(均在23%~26%)。

(5)估值选取的折现率过低。根据草案标的公司选取的折现率为10.2%低于所有对比上市公司的最小值10.96%,导致标的公司的估值偏高。

(6)上市公司于2016年收购东方亮彩100%股权,增值率363.52%,2015年收购帝晶光电100%股权,增值率为221.71%,同时,结合近期6家上市公司同行业并购标的案例来看(去除奋达科技并购富诚达股东分红因素),平均评估增值率为484.64%,本次交易的增值率在同行业并购标的中略高于平均水平。

3. 业绩承诺能否实现及覆盖率问题

草案披露的利润承诺期间为 2017 年、2018 年及 2019 年。2017 年当前仅剩下 5 个月,草案未表明本次交易无法在 2017 年年度内实施完毕,业绩承诺期是否延续至 2020 年及以后。

草案披露,标的公司 3 年累计承诺业绩 45 亿元,对评估值(207.3 亿元)的覆盖率为 21.71%,而同行业上市公司并购标的累计承诺业绩对评估值的平均覆盖率为 33.39%,标的公司累计承诺业绩覆盖率低于同行业平均水平 11 个百分点。

案例25　新宏泰发行股份及现金支付购买天宜上佳

2017年8月2日无锡新宏泰电器科技股份有限公司(以下简称新宏泰,603016)公告了《发行股份及支付现金购买资产并募集配套资金暨关联交易报告书(草案)》(以下简称草案),拟通过发行股份及支付现金的方式,购买北京天宜上佳新材料股份有限公司(以下简称天宜上佳)100%股权。

一、案例简介

(一)上市公司基本情况

新宏泰成立于2008年,于2016年7月1日在上海证券交易所主板上市交易。发布草案时,新宏泰股价为28.60元/股,总股本为148,160,000股,总市值42.37亿元。其控股股东为自然人赵汉某,实际控制人为赵汉某、赵敏某2人,合计持有公司股份比例为52.44%。

新宏泰主营业务为断路器关键部件、低压断路器及刀熔开关的研发、生产与销售,其3年的财务状况和经营成果如表2-25-1所示。

表2-25-1　新宏泰基本财务指标

单位:万元

项目	2017年4月30日	2016年12月31日	2015年12月31日	2014年12月31日
总资产	92,443.97	92,728.85	58,112.66	53,720.16
总负债	7513.37	9482.82	10,775.96	13,138.39
股东权益	84,930.60	83,246.03	47,336.70	40,581.77

续表

项目	2017年1~4月	2016年	2015年	2014年
营业收入	11,137.27	37,722.13	39,453.92	39,781.64
利润总额	2001.82	8155.07	8012.74	8262.65
净利润	1684.57	7021.19	6901.93	7082.39

(二)标的公司基本情况

本次重组的标的公司为天宜上佳,交易对方为吴佩某、北京中关村瞪羚创业投资中心(有限合伙)(以下简称瞪羚创业)、北京睿泽产业投资基金(有限合伙)(以下简称睿泽产业)、北京工业发展投资管理有限公司(以下简称北工发展)、青岛金石灏汭投资有限公司(以下简称金石灏汭)、冯某某、北京久太方合资产管理中心(有限合伙)(以下简称久太方合)、释加某某等21位交易对方,共持有天宜上佳100%股权。

天宜上佳于2009年11月在北京成立,由吴佩某、冯某某2人创办,经9次增资、6次股权转让、1次减资、股份制公司改制、2次股份转让后,股东变更为上述21位,吴佩某为天宜上佳的控股股东、实际控制人,吴佩某直接持有天宜上佳37.10%的股份,久太方合持有天宜上佳4.16%的股份,久太方合为天宜上佳员工持股平台,吴佩某担任久太方合普通合伙人且持有久太方合45.80%的出资份额。

天宜上佳主营为动车组粉末冶金闸片及机车、城轨车辆闸片、闸瓦的生产与销售,公司营业收入主要来自向各铁路局、整车制造厂等销售动车组粉末冶金闸片,其财务状况和经营成果如表2-25-2所示。

表2-25-2 天宜上佳两年一期的主要财务数据

单位:万元

项目	2017年4月30日	2016年12月31日	2015年12月31日
总资产	116,684.10	106,018.93	27,448.23
总负债	26,111.94	6608.29	6734.58
股东权益	90,572.16	99,410.64	20,713.65
项目	2017年1~4月	2016年	2015年
营业收入	21,318.90	47,149.85	27,463.76
营业利润	10,911.04	23,111.27	10,633.11
利润总额	11,023.82	23,015.04	10,640.77
净利润	9400.52	19,696.99	8866.62

（三）重大资产重组方案精要

本次交易包括两部分：发行股份及支付现金购买资产和发行股份募集配套资金。新宏泰拟以 43.2 亿元的价格向天宜上佳全体股东发行股份及支付现金购买其合计持有的天宜上佳 100% 的股权，其中交易价格中的 2.5 亿元以现金方式支付，40.7 亿元以新宏泰向交易对方发行股份的方式支付。同时，新宏泰拟通过询价的方式，向不超过 10 名特定投资者非公开发行股份募集配套资金 7.85 亿元。本次交易完成后，新宏泰将进入高铁动车与轨道交通车辆制动系统业务，有效拓展公司的业务范围，实现跨越式多元化发展，进一步提升上市公司的盈利能力及整体价值。

1. 估值及交易价格

经初步预估，以 2017 年 4 月 30 日为评估基准日，标的资产天宜上佳的账面净资产值为 9.06 亿元，收益法评估的预估值为 43.28 亿元。经交易各方协商一致，本次交易标的资产暂定交易价格为 43.2 亿元，其中股份支付对价为 40.7 亿元，现金支付对价为 2.5 亿元。

2. 发行股份购买资产的发行价格

本次交易拟以发行股份及支付现金的方式购买资产，其中发行价格的参考价为新宏泰本次交易首次董事会决议公告日（定价基准日）前 20 个交易日股票交易均价的 90%（除息后），协商确定为 29 元/股。按交易价格 43.2 亿元，其中 40.7 亿元以发行股份的方式支付计算，本次发行数量为 140,344,828 股。

3. 业绩承诺与补偿

根据新宏泰与吴佩某、冯某某、段某、沙某某、陈某、释加某某、久太方合等 9 位利润承诺人签署的《利润承诺与补偿协议》，标的公司业绩承诺期实现的经审计的净利润之和不低 79,437.22 万元，其中 2017 年、2018 年及 2019 年分别实现的经审计的净利润不低于 2.28 亿元、2.63 亿元和 3.03 亿元，其中净利润指的是标的公司扣除非经常性损益后归属于母公司股东的净利润。标的公司业绩承诺期累计实现的净利润之和不低于 7.94 亿元，则利润承诺人无须对新宏泰进行补偿。在业绩承诺期内任何一个会计年度期末累计实际实现的净利润低于当期期末累计承诺净利润数额的，就累计实际实现的净利润与累计承诺净利润的差额部分，利润承诺人应按照《利润承诺与补偿协议》中的约定向新宏泰暂计股份补偿数和现金补偿数。

本次交易中利润承诺人在新宏泰获得的交易总对价为 27 亿元,占本次交易总对价 43.2 亿元的 62.62%,并未全额覆盖交易对价。若出现需要利润补偿的情况,除吴佩某之外的其他利润承诺人各方应以其本次交易所获的新宏泰股份对新宏泰予以补偿;吴佩某将优先以本次交易所获新宏泰股份对新宏泰予以补偿,股份补偿不足时以其所获的现金对价进行补偿。双方约定,无论在何种情况下利润承诺人中任何一方因利润承诺向新宏泰所补偿的总金额不应超过其于本次交易中获得的股份对价总数和现金对价扣除已缴纳的相关个人所得税后的余额部分。

4. 重组交易后股权结构

不考虑配套募集资金发行的股份,本次发行股份及支付现金购买资产完成前后,新宏泰的股权结构变化情况如表 2-25-3 所示。

表 2-25-3　本次重组前后上市公司股权结构

类别	股东名称	本次交易前		本次交易后	
		数量(万股)	比例(%)	数量(万股)	比例(%)
发行前原 10 大股东	赵汉某	5770	38.94	5770	20.00
	赵敏某	2000	13.50	2000	6.93
	高某某	1000	6.75	1000	3.47
	北京萃智投资中心(有限合伙)	900	6.07	900	3.12
	沈某	880	5.94	880	3.05
	苏某	211	1.42	211	0.73
	余某	120	0.81	120	0.42
	冯某某	100	0.67	100	0.35
	无锡市富安资产经营管理有限公司	50	0.34	50	0.17
	杜某某	40	0.27	40	0.14
	上市公司其他股东合计	3745	25.28	3745	12.98

续表

类别	股东名称	本次交易前		本次交易后	
		数量(万股)	比例(%)	数量(万股)	比例(%)
新增股东	吴佩某	—	—	5098	17.67
	瞪羚创业	—	—	1082	3.75
	睿泽产业	—	—	979	3.39
	北工发展	—	—	906	3.14
	冯某某	—	—	751	2.60
	金石灏汭	—	—	699	2.42
	久太方合	—	—	620	2.15
	段某	—	—	533	1.85
	北京金慧丰投资管理有限公司	—	—	524	1.82
	李某某	—	—	437	1.51
	贵州茅台建信投资管理中心(有限合伙)	—	—	399	1.38
	沙某某	—	—	371	1.29
	陈某	—	—	371	1.29
	北京汽车集团产业投资有限公司	—	—	337	1.17
	新余宏兴成投资管理中心(有限合伙)	—	—	228	0.79
	北京金慧丰皓盈投资合伙企业(有限合伙)	—	—	217	0.75
	爱伦	—	—	149	0.52
	付某某	—	—	126	0.44
	北京中创汇盈投资管理中心(有限合伙)	—	—	91	0.31
	景德镇安鹏汽车产业创业投资合伙企业(有限合伙)	—	—	68	0.24
	释加某某	—	—	48	0.17

二、案例分析

(一)行权过程

2017年8月28日,投服中心参加了新宏泰重大资产重组媒体说明会,现场向新宏泰提出四个方面的问题:一是涉嫌规避借壳上市;二是标的资产的合规性;三是标的资产估值的公允性;四是业绩承诺与补偿的合理性及可实现性。最终,新宏泰在6次修改完善草案后,于2018年1月11日公告披露,证监会否决了本次重大资产重组,重组被否理由为标的资产生产经营用房被没收及未办理环境评估报批手续、对标的资产持续经营能力的影响披露不充分,不符合《重组办法》第11条的规定。

(二)行权内容分析

1. 是否涉嫌规避借壳上市

根据草案,本次交易标的资产的资产总额、资产净额(与交易金额孰高)以及营业收入指标均超过新宏泰相应指标的100%,是否构成借壳上市的关键是交易完成后新宏泰的控制权是否发生转移。如果控制权发生转移,本次交易将被认定为借壳上市,根据证券监管机构的相关规定将参照IPO标准审核,本次重组可能不被通过。草案披露,不考虑配募,本次重组后公司实际控制人赵汉某和赵敏某持股比例由52.44%变更至26.93%,交易对方吴佩某持有17.67%,久太方合持有2.15%,释加某某持有0.17%等。鉴于本次交易完成后赵汉某和赵敏某仍为新宏泰的第一大股东、实际控制人,上市公司控制权不会变更,本次重组不构成借壳上市。但经研究后发现,监管部门仍有可能认定本次重组完成后上市公司的控制权发生转移,主要理由如下所述,本次交易存在规避借壳上市的嫌疑。

一是释加某某、久太方合存在与吴佩某构成一致行动人的可能。草案披露,交易对方久太方合是标的公司管理团队出资设立的有限合伙企业,即标的公司的持股平台。吴佩某、释加某某分别为久太方合的普通合伙人和有限合伙人,分别持有久太方合45.8%、3.84%股权。根据《上市公司收购管理办法》第83条第1款、第6款的规定,投资者之间存在股权控制关系或存在合伙、合作、联营等其他经济利益关系即为一致行动人。吴佩某作为久太方合的执行事务合伙人,与其女儿、丈夫合计持有久太方合51.08%的股权,控股久太方合,因此吴佩某与久太方合构成一致行动人。同时,吴佩某与释加某某共同设立了久太方合,并共同持有久太方合的股权,彼此之间存在经济利益关系,因此吴佩某与释加某某也构成一致行动人。

二是陈某、段某存在与吴佩某构成一致行动人的可能。草案披露,吴某为久太方合的有限合伙人,持有合伙企业4.32%股权,同时吴某系标的公司的董事及高级管理人员,也是交易对方陈某配偶之弟、段某的外甥。虽然草案中未披露吴某与吴佩某是否存在亲属关系,但两人共同设立、共同持有久太方合的股权,共同管理标的公司的日常经营,证明彼此存在经济利益,构成一致行动人。同时,鉴于陈某、段某均为吴某的近亲属,存在一定的关联关系,草案也未进一步明确陈某、段某是否与吴佩某存在股权代持、委托表决权等安排或构成一致行动人关系,令人质疑。

三是本次配募或后续增减持存在导致控制权的变更的可能。草案中尚未披露吴佩某是否参与本次募集配套资金的认购,同时未分别披露赵汉某、赵敏某以及吴佩某以及一致行动人未来 36 个月后减持、增持计划。若如前所述,久太方合、释加某某、陈某以及段某与吴佩某构成一致行动人,吴佩某及其一致行动人的持股比例将达到 23. 13% ,与赵汉某、赵敏某合计 26. 93% 非常接近,一旦吴佩某及其一致行动人参与本次配套资金认购,重组后存在增持安排,或赵汉某、赵敏某存在减持计划,上市公司的控制权将发生变更。

四是即使上市公司第一大股东不变,重组后上市公司也可能由吴佩某控制,控制权发生变更。根据草案,交易完成后,上市公司主营业务由断路器关键部件、低压断路器及刀熔开关的研发、生产与销售变更为断路器关键零部件行业和轨道交通车辆制动闸片(含闸瓦)行业并行。一方面,本次交易完成后,轨道交通车辆制动闸片业务将占到上市公司 2016 年、2017 年 1 ~ 4 月业务总额的 56. 34% 以及 66. 56% 。另一方面,标的资产 2016 年营业收入、净利润分别为 4. 71 亿元、1. 97 亿元,分别占上市公司同期收入的 124. 99% 、241% 。按照标的资产方业绩承诺情况,2017 年至 2019 年标的资产实现净利润不低于 2. 28 亿元、2. 63 亿元、3. 03 亿元,由此可以看出,轨道交通车辆制动闸片(含闸瓦)行业将成为上市公司的主要利润来源。另一方面,标的资产的资产总额、资产净额(与交易金额孰高)是上市公司的 4. 6倍以及 5. 3 倍,标的资产将成为上市公司的核心资产。根据草案,上市公司承诺交易完成后将不会改选标的公司董事会和监事会,亦不会解聘高级管理人员和核心技术人员,吴佩某也承诺将在标的公司服务不少于 5 年。由此可见,标的资产将成为上市公司的主要利润来源和核心资产,而标的资产可能被吴佩某等管理层实际控制,上市公司控制权将发生实质上的转移。

上述问题使本次重组存在重大的不确定,事关广大中小投资者的切身利益。

2. 标的资产的合规性

一是标的资产权属不清晰。草案披露,2017 年 5 月 31 日赵敏某向吴佩某提供不超过2.4亿元借款,吴佩某将其所持标的资产12%的股份质押给赵敏某,用于担保前述借款。截至2017年8月2日董事会就本次交易决议公告日,标的资产前述股权尚处于质押状态并未解除。根据《重组办法》第11条以及《关于规范上市公司重大资产重组若干问题的规定》第4条的规定,重大资产重组所涉及的资产权属应清晰,资产过户或转移不存在法律障碍。在本次交易的首次董事会决议公告前,资产出售方必须已经合法拥有标的资产的完整权利,不存在限制或禁止转让的情形,本次交易不符合前述规定。

另外,本次发行股份募集配套资金中的2.5亿元将用于向吴佩某支付现金对价,与赵敏某向吴佩某提供不超过2.4亿元借款金额相近。根据前期上市公司公告,赵敏某2017年多次质押其所持有的新宏泰股份,用于个人融资。赵敏某多次质押股份融资证明其本人的现金流状况也不是很好,在这种情况下仍然在本次交易前夕向吴佩某提供大额个人借款不具备合理性。同时,草案中也未披露吴佩某对2.4亿元借款的具体用途及实际到账的情况、吴佩某是否存在较大未清偿个人债务等信息。

二是本次重组不符合环境保护、土地管理等相关法律规定。草案披露,标的公司租赁了上庄镇西辛力屯村南养鸡场的土地及房屋进行生产经营,并于2013年对原有养鸡场房屋进行翻建、扩建。2014年因该土地尚未被纳入规划方案,翻建、扩建的建筑物和设施被北京市国土资源局没收。截至目前,相关部门并未对上述建筑物和其他设施进行实际占有移交,标的公司仍使用尚未纳入规划方案的农用地及违法建筑物或其他设置用于生产经营,存在随时被没收的可能。依据《土地管理法》的规定,涉及农用地用于建设用地的,应当办理农用地转用审批手续。对擅自将农用地改为建设用地的,主管部门可以限期拆除在非法使用土地上新建的建筑物和其他设施,恢复土地原状并处以罚款。

同时,草案披露,2013年标的资产扩建建设项目未能办理环境评估报批手续。依据《环境保护法》的规定,未依法进行环境影响评价的建设项目,不得开工建设。擅自开工建设的,环境保护部门将责令停止建设,处以罚款,并可以责令恢复原状。本次重组存在因标的资产违反环境保护、土地管理等相关法律规定而不符合《重组办法》第11条规定的情况。

3. 标的资产估值的公允性

草案披露,本次评估采用收益法的评估结果,以2017年4月30日为评估基准日,标的资产股东全部权益价值评估值为43.3亿元,较账面合并净资产增值34.2亿元,增值率377.85%。经研究发现,标的资产的估值存在以下问题:

一是本次估值与标的资产前期多次估值存在差异。草案披露,2016年7月北京睿泽增资标的资产时,按收益法以2016年2月29日为评估基准日,标的资产估值为41.8亿元,比审计后账面净资产增值40.35亿元,增值率2764.66%。2016年10月北工投增资标的资产时,以相同的评估基准日及方法评估的标的资产价值为34.42亿元,增值33亿元,增值率2258.38%。另外,2017年7月,以2017年4月30日为评估基准日按收益法评估的标的资产估值为42.24亿元,增值33.1亿元,增值率366.42%,与本次交易的评估值存在差异。草案中虽阐述了历次评估情况差异的原因,但均为定性分析,缺少定量数据支持,仍未说明在1年内四次按相同评估方法且有两次选取同一评估基准日的情况下,评估价值存在较大差异的具体原因。

二是本次评估假设过于乐观。草案披露标的资产位于北京市房山区窦店镇的生产厂区将于2018年年底竣工,2019年6月30日投入生产;位于天津市武清区汽车产业园的生产厂区将于2018年年底竣工,2019年6月30日投入生产;位于上庄镇辛力屯村的厂区将于2019年第二季度末完成搬迁,因此即日起至2019年中旬,一旦标的资产使用的违规厂区和其他设施被主管部门没收,标的公司将无法正常生产经营,其持续经营能力具有较大不确定性,从而背离本次估值的假设前提,这将导致标的资产的估值大幅调整。

另外,草案披露本次估值的假设前提之一为标的公司将不会遇到坏账情况,然而截至2017年4月30日标的资产的应收账款账面余额为3.53亿元,占流动资产比例38%,提取坏账准备1774万元,提取比例为5.03%,不符合本次评估的假设条件,本次评估假设存在过于乐观的可能。

4. 业绩承诺与补偿的合理性及可实现性

一是仅9位交易对方做出业绩承诺。草案披露,吴佩某、冯某某等7名自然人以及久太方合、金慧丰承诺:标的资产2017年、2018年、2019年实现的净利润分别不低于2.28亿元、2.63亿元、3.03亿元,合计7.94亿元。本次交易对方是标的资产的21位股东,做出业绩承诺的却只有9位,9位承诺人在上市公司获得的交易总对价为27亿元,仅占交易对价43.2亿元的62.62%,未全额覆盖交易对价。一旦触发补偿义务,承诺补偿金额将不能全额覆盖交易对价,如何保障上市公司以及中小投资者的权益不受损存在重大不确定性。

二是无法保证业绩补偿如期兑现。草案披露,吴佩某将优先以本次交易所获新宏泰股份予以补偿,不足部分以获取的现金对价进行补偿,其余承诺人全部以本次交易所获新宏泰股份补偿。草案同时规定,除吴佩某持有的2.55%股权锁定36个月外,其余承诺人持有的上市公司股份,按照业绩承诺完成情况分三期以30%,60%以及100%比例分批解除锁定。若标的资产业绩不达标,触发补偿义务时,业绩承诺人持有的上市公司股份不能如期解锁,将导致所拥有的未解锁股份不足以对上市公司进行补偿,届时将无法保障业绩承诺方如期进行补偿。

案例 26　东方市场发行股份购买国望高科

2017 年 8 月 21 日江苏吴江中国东方丝绸市场股份有限公司(以下简称东方市场,000301)公告了《发行股份购买资产暨关联交易报告书(草案)》(以下简称重组草案),拟通过发行股份的方式,购买江苏国望高科纤维有限公司(以下简称国望高科)100% 股权。

一、案例简介

(一)上市公司基本情况

吴江丝绸股份有限公司(东方市场曾用名)成立于 1998 年,于 2000 年 5 月 29 日在深圳证券交易所主板上市交易。发布重组草案时,东方市场股价为 5.05 元/股,总股本为 1,218,236,445 股,总市值 61.52 亿元,其控股股东为江苏吴江丝绸集团有限公司(以下简称丝绸集团),持有公司股份比例为 26.51%,实际控制人为苏州市吴江区人民政府国有资产监督管理办公室。

东方市场主营业务为电力、热能、营业房出租、房地产开发、平台贸易等,其 3 年一期的财务状况和经营成果如表 2-26-1 所示。

表 2-26-1　东方市场基本财务指标

单位:万元

项目	2017 年 6 月 30 日	2016 年 12 月 31 日	2015 年 12 月 31 日	2014 年 12 月 31 日
总资产	454,552.25	496,775.75	440,756.73	398,689.76
总负债	99,546.84	150,118.16	116,370.88	85,899.52
股东权益	355,005.41	346,657.60	324,385.85	312,790.25

续表

项目	2017年1~6月	2016年	2015年	2014年
营业收入	52,902.05	79,311.02	69,388.19	78,548.06
利润总额	12,591.96	21,071.06	25,225.23	31,042.84
净利润	14,419.90	14,720.31	16,686.78	22,474.15

(二)标的公司基本情况

本次重组的标的公司为国望高科,交易对方为江苏盛虹科技股份有限公司(以下简称盛虹科技)、国开发展基金有限公司(以下简称国开基金),其共持有国望高科100%股权。

2008年9月国望高科由国信国际控股集团有限公司创办,后经多次股权转让、增资后,股东变更为盛虹科技(持股98.48%)、国开基金(持股1.52%)。截至重组草案发布之日,国望高科共有8家子公司,分别是苏州盛虹纤维有限公司(以下简称盛虹纤维)、江苏中鲈科技发展股份有限公司(以下简称中鲈科技)、江苏港虹纤维有限公司(以下简称港虹纤维)、江苏盛虹科贸有限公司(以下简称盛虹科贸)、江苏盛虹纤维检测有限公司(以下简称盛虹检测)、逸远控股集团有限公司(以下简称逸远控股)、苏州塘南污水处理有限公司(以下简称塘南污水)、晟凯控股集团有限公司(以下简称晟凯控股)。国望高科的控股股东盛虹科技(公司成立时名为江苏盛虹化纤有限公司)成立于2002年12月,由江苏盛虹印染有限公司和吴某某出资设立,后经多次增资、股权转让后,股东变更为江苏盛虹石化集团有限公司(以下简称盛虹石化)、百思特控股集团有限公司(以下简称百思特控股)、吴江信泰实业有限公司(以下简称吴江信泰)、苏州富欧投资中心(以下简称苏州富欧),其实际控制人为缪某某、朱红某夫妇。国望高科、盛虹科技的股权结构如图2-26-1所示。

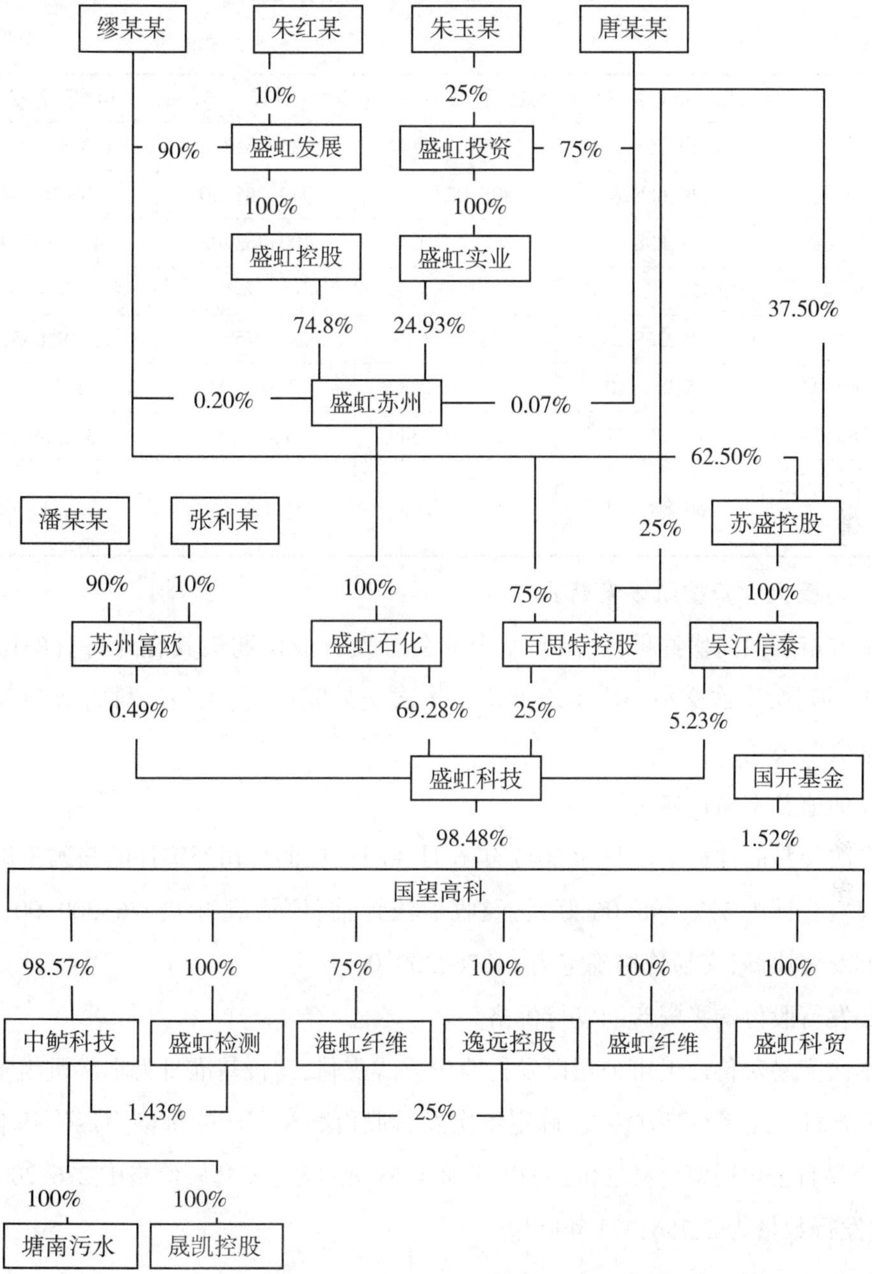

图 2－26－1　国望高科、盛虹科技的股权结构

国望高科主要从事民用涤纶长丝的研发、生产和销售，产品覆盖 POY、FDY 及 DTY 等多个系列，其主要财务数据如表 2－26－2 所示。

表 2-26-2 国望高科主要财务数据

单位:万元

项目	2017年6月30日	2016年12月31日	2015年12月31日	2014年12月31日
总资产	1,207,583.91	1,473,747.44	1,349,618.56	1,356,479.40
总负债	629,685.85	806,023.87	949,265.50	939,073.47
股东权益	577,898.06	667,723.57	400,353.06	417,405.94
项目	2017年1~6月	2016年	2015年	2014年
营业收入	748,328.31	1,388,173.30	1,318,757.89	1,329,665.73
营业利润	75,061.10	123,706.23	71,018.65	31,743.26
利润总额	74,679.27	127,621.34	73,883.51	35,339.07
归属于母公司股东的净利润	60,802.24	109,145.68	63,170.09	32,212.03

(三)重大资产重组方案精要

东方市场拟向盛虹科技、国开基金非公开发行股份购买其合计持有的国望高科100%股权,本次交易构成重组上市。本次交易完成后,国望高科将成为东方市场的全资子公司。

1. 估值及交易价格

本次交易的评估基准日为2017年6月30日,标的公司经审计的归属于母公司股东权益合计为577,898.06万元,经收益法评估,评估值为1,276,200.00万元。经各方友好协商,交易价格确定为1,276,200.00万元。

2. 发行股份购买资产的发行价格

本次交易对价由上市公司以发行股份方式支付,定价基准日为本次重组董事会决议公告日。经交易双方协商,确定本次发行股份购买资产的价格为定价基准日前20个交易日公司股票交易均价的90%,即4.63元/股。按交易价格1,276,200万元计算,发行数量为2,756,371,490股。

3. 业绩承诺与补偿

根据东方市场与盛虹科技签署的《业绩承诺及补偿协议》,本次重组业绩承诺期为2017年年度、2018年年度、2019年年度,盛虹科技承诺:国望高科2017年年度实现净利润不低于111,925万元;国望高科2017年年度与2018年年度累计实现的合计净利润不低于236,193万元;国望高科2017年年度、2018年年度与2019年年度累计实现的合计净利润不低于372,736万元(国望高科2017年1月1日至评估基准日已实现的非经常性损益不作扣除)。

业绩承诺期内任一会计年度,如标的公司截至当期期末累积实际净利润数小于截至当期期末累积承诺净利润数,盛虹科技应首先以其因本次重组获得的上市公司股份进行补偿,前述股份不足补偿的,由盛虹科技以从二级市场购买或其他合法方式取得的上市公司股份进行补偿,且盛虹科技累积补偿的总金额不超过本次重组标的资产交易对价。

4. 重组交易后股权结构

本次交易完成后,盛虹科技将成为上市公司的控股股东,缪某某、朱红某夫妇将成为上市公司的实际控制人。本次交易完成后的股权结构如表2-26-3所示。

表2-26-3　本次重组前后上市公司股权结构

股东名称	本次交易前		本次交易后	
	持股数量(股)	持股比例(%)	持股数量(股)	持股比例(%)
丝绸集团	322,972,453	26.51	322,972,453	8.14
东方国资	134,104,200	11.01	134,104,200	3.38
盛虹科技	—	—	2,708,436,651	68.25
国开基金	—	—	41,671,340	1.05
其他股东	761,159,792	62.48	761,159,792	19.18

二、案例分析

(一)行权过程

针对2017年8月21日上市公司公布的重组草案,投服中心认为可能存在三方面问题:一是本次重组存在重大不确定性;二是估值的合理性;三是业绩承诺的合理性。2017年9月22日,东方市场公布了重组草案(修订稿)。2017年9月29日,投服中心参加东方市场重大资产重组媒体说明会,现场向东方市场提出重组存在重大不确定性、估值的合理性等两方面问题。2017年12月8日,东方市场公告重组未获得中国证券监督管理委员会并购重组审核委员会审核通过。此后,上市公司继续推进本次重大资产重组,并对重组草案修订、补充和完善。2018年6月28

日,东方市场公告本次重组获得中国证券监督管理委员会并购重组审核委员会有条件审核通过。

(二)行权内容分析

1. 本次重组存在重大不确定性

重组草案披露,本次交易构成重组上市,应当符合《首发办法》的相关规定,但交易后同业竞争、关联交易增多等情况可能导致重组不符合法律法规的规定。

一是本次交易使上市公司同业竞争增多。本次重组完成后,控股股东变更为盛虹科技,实际控制人变更为缪某某、朱红某夫妇。缪某某、朱红某夫妇控制的盛虹集团有限公司热电分厂与上市公司下属公司东方市场盛泽热电厂业务相同,根据重组草案并不能确定其不存在同业竞争。2017 年 8 月 25 日上市公司董事会又通过了新建江苏盛泽燃机热电有限公司的决议。该公司的成立无疑增加了同业竞争,可能使本次重组不符合《重组办法》第 43 条第 1 款第 1 项上市公司发行股份购买资产应当有利于上市公司避免同业竞争的规定。

二是本次交易使关联交易增多。重组草案披露,本次交易完成后,上市公司与实际控制人缪某某、朱红某夫妇的其他企业之间存在关联交易,主要为国望高科向关联方采购 PTA、电力、压缩空气;国望高科向盛虹集团有限公司出租变压器和办公楼。同时,上市公司目前的主营业务包括热电生产,缪某某、朱红某夫妇的印染企业将向上市公司采购蒸汽、生产用水。上述行为导致重组完成后关联交易增多,不符合《重组办法》第 43 条第 1 款第 1 项上市公司发行股份购买资产应当有利于上市公司减少关联交易、增强独立性的规定。

三是国望高科的部分业务资质到期与高管变动,可能不符合《首发办法》的规定。根据重组草案,国望高科及子公司取得的与主营业务相关的业务资质及许可中,13 项将在一年内到期,这可能会影响标的资产的持续经营能力。同时,《首发办法》第 12 条规定,发行人最近 3 年内的高级管理人员应没有发生重大变化,而国望高科 2014 年年初高级管理人员仅有总经理张叶某,2017 年 5 月则变为 7 名。如此巨大的变动可能不符合该规定。

四是本次重组的合理性。上市公司原主营业务是纺织,但因盈利能力下降,业绩波动一直较大,2008 年置出纺织业务,主营变更为电力、热能、营业房出租、平台贸易等。上市公司近年来经营状况良好,2014 年至 2016 年净利润分别为 2.25 亿元、1.67 亿元、1.47 亿元,2017 年上半年净利润为 1.47 亿元,同比增长 64%。在此情况下,又由国望高科借壳,装入纺织业务的理由不明。此外,在本次交易中,未置出上市公司原有资产,也将导致发行股份数量增多。

2. 估值的合理性

重组草案披露,以 2017 年 6 月 30 日为评估基准日,采用收益法评估,国望高科评估值为 127.62 亿元,账面价值为 57.79 亿元,增值率 120.83%。经研究,国望高科主营民用涤纶长丝,行业的周期性会导致未来持续盈利能力的周期性和不确定性,但估值时并未考虑,影响了估值的合理性。

一是涤纶长丝行业具有周期性,预计产品单价持续上涨的合理性。重组草案披露,民用涤纶长丝的市场价格在 2014 年下半年开始下跌并在低位徘徊,至 2016 年下半年随着原材料价格的上涨以及下游需求的增加,民用涤纶长丝的市场价格开始小幅上涨,国望高科主要产品 DTY、FDY、POY 的平均销售价格 2015 年分别下降 14.67%、12.84%、9.53%,2016 年分别下降 2.49%、5.09%、0.83%;同时,查阅万得资讯国内涤纶长丝价格,发现国望高科主要产品的国内市场价格存在较大波动,2005 年至 2008 年,2009 年至 2015 年为两个周期,分别经历价格由增长到下跌的过程。以 DTY 产品为例,在 2005 年至 2008 年,其市场价格从每吨 1.29 万元增长到 1.50 万元,又下降到 0.83 万元;在 2009 年至 2015 年,市场价格从每吨 0.83 万元增长到 1.89 万元,又下降到 0.73 万元。可见,国望高科主要产品价格存在波动性和周期性。但对国望高科估值时,对于产品单价,2017 年全年给予 DTY、FDY 8%,POY 4% 的增幅预测,2018 年至 2022 年维持 3% 或 4% 的增长率,并在 2023 年及以后维持单价不变。估值时未考虑产品单价的周期性,预测持续增长与历史趋势不符,容易导致估值偏高。

二是预测期内维持高的毛利率水平的合理性。重组草案显示,国望高科三年一期的毛利率分别是 2.39%、5.39%、8.91% 和 10.03%,毛利率逐年大幅增长的原因需进一步解释。尤其是在 2015 年、2016 年主要产品平均销售价格下降的情况下,如何实现毛利率大幅增长?预测期内,国望高科 2017 年至 2022 年毛利率分别为 9.24%、9.56%、9.77%、10.15%、10.65% 和 10.88%,并且在永续年保持 10.88%,重组草案并未说明预测期内毛利率逐年增长并维持高水平的合理性。同时,国望高科 2014 年至 2016 年主要产品的综合毛利率分别是 6.18%、10.54%、

13.32%,分别比行业可比上市公司高 2.41%、2.97%、0.96%,其合理性尚需进一步说明。

三是减少关联交易后对净利润的影响。报告期内,国望高科通过关联交易的销售额和采购额占比均较大。2014～2016 年分别通过关联销售实现营业收入的 92.82%、91.98%和 49.58%,2017 年 6 月 30 日已实现了完全对外销售,不再通过关联方进行销售。在关联销售占比较高的情况下,完全独立对外销售对销售额及销售收入的影响度并未披露。同时,2014～2016 年,关联采购金额占比均超过 50%,主要为采购涤纶长丝主要原材料 PTA、MEG 等,根据实际控制人出具的承诺,未来 MEG、煤等将从非关联第三方采购,非关联方采购价格与现在采购价格的差异以及此事项对净利润的影响尚需进一步说明。

四是商誉的确定。重组草案披露,本次交易完成后上市公司合并资产负债表将确认约 3.55 亿元的商誉。根据会计准则,非同一控制下企业合并,商誉等于合并成本与可辨认公允价值的份额之差,在并购重组中,合并对价和可辨认公允价值均由评估机构确定。本次重组,合并对价按收益法评估值为 127.62 亿元,以此倒推,国望高科可辨认公允价值为 124.07 亿元,相较账面价值 57.79 亿元增值 114.69%。然而,重组草案并未披露公允价值评估高增值的原因及公允价值评估的过程。

3. 业绩承诺的合理性

重组草案披露的《业绩承诺及补偿协议》约定中存在与法律法规不符的地方。《上市公司监管法律法规常见问题与解答修订汇编》第 8 条规定,业绩承诺与补偿中"净利润数均应当以拟购买资产扣除非经常性损益后的利润数确定"。但本次重组的《业绩承诺及补偿协议》中约定,国望高科 2017 年实现净利润不扣除其 2017 年上半年已实现的非经常性损益,这可能与上述规定不符。

案例 27　银星能源发行股份购买银仪风电

2017 年 8 月 31 日宁夏银星能源股份有限公司(以下简称银星能源,000862)公告了《发行股份购买资产暨关联交易预案》(以下简称重组预案),拟通过发行股份的方式,向中铝宁夏能源集团有限公司(以下简称中铝宁夏能源)购买其持有的宁夏银仪风力发电有限责任公司(以下简称银仪风电)50% 的股权,本次交易完成后,银仪风电将成为银星能源的全资子公司。

一、案 例 简 介

(一)上市公司基本情况

银星能源成立于 1998 年,同年 9 月 15 日在深圳证券交易所主板挂牌上市交易。发布重组预案时,银星能源股价为 7.90 元/股,总股本为 706,118,997 股,总市值为 55.78 亿元。

中铝宁夏能源持有银星能源 40.23% 的股份,为其控股股东。而中国铝业股份有限公司(以下简称中铝股份)为公司控股股东中铝宁夏能源的第一大股东,持有其 70.82% 的股权。中国铝业公司(以下简称中铝公司)持有中铝股份 32.81% 的股份,为中铝股份的控股股东,而中铝公司为国务院国有资产监督管理委员会(以下简称国务院国资委)的全资子公司。故银星能源的实际控制人为国务院国资委。

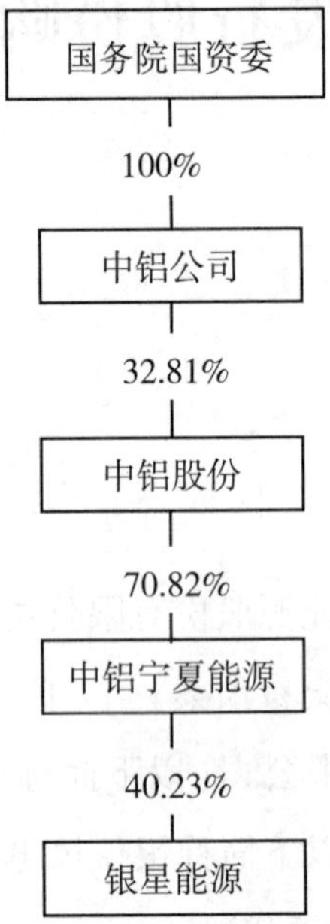

图 2－27－1　实际控制人对银星能源的控制关系

银星能源的主营业务为新能源发电、新能源装备制造以及新能源发电检修安装工程服务业务,其 3 年一期的财务状况和经营成果如表 2－27－1 所示。

表 2－27－1　银星能源基本财务指标

单位:万元

项目	2017 年 5 月 31 日	2016 年 12 月 31 日	2015 年 12 月 31 日	2013 年 12 月 31 日
总资产	976,290.41	1,001,508.83	936,188.35	993,920.11
总负债	686,213.29	708,017.14	763,629.13	807,556.13
股东权益	290,077.12	293,491.69	172,559.22	186,363.98
项目	2017 年 1～5 月	2015 年	2014 年	2013 年
营业收入	40,481.96	144,255.82	120,517.64	143,847.13
营业利润	－2180.75	－3502.78	－16,022.70	－1885.59
利润总额	－3322.45	2216.57	－12,574.20	3670.66
净利润	－3414.57	1810.18	－12,304.76	2858.33

(二)标的公司基本情况

本次重组的标的公司为银仪风电,交易对方为银星能源控股股东中铝宁夏能源,其与银星能源各持有银仪风电 50% 的股权。

银仪风电成立于2005年12月，由宁夏发电集团有限责任公司（现已更名为中铝宁夏能源集团有限公司）和吴忠仪表股份有限公司（为银星能源前身）各出资50%设立。后经多次增资，股权结构一直未发生变化。根据银仪风电公司章程规定，银星能源在银仪风电股东会享有的表决权为51%，中铝宁夏能源所享有的表决权为49%，因此银仪风电的控股股东为银星能源，实际控制人为国务院国资委。

银仪风电主营业务主要为风力发电项目的开发、建设、经营等，其下属分公司为宁夏银仪风力发电有限公司红寺堡风电厂、宁夏银仪风力发电有限责任公司大水坑风电厂。银仪风电共有195台发电机组，装机容量为19.8万千瓦，其财务状况和经营成果如表2－27－2所示。

表2－27－2　银仪风电主要财务数据

单位：万元

项目	2017年5月31日	2016年12月31日	2015年12月31日	2014年12月31日
总资产	126,569.08	128,007.17	134,779.69	146,349.65
总负债	93,824.21	95,643.71	103,433.72	112,162.34
股东权益	32,744.86	32,363.45	31,345.97	34,187.31
项目	2017年1～5月	2016年	2015年	2014年
营业收入	6132.06	14,958.95	15,503.25	19,145.20
利润总额	412.33	1073.13	158.66	2653.46
净利润	381.41	1017.48	158.66	2653.46

（三）重大资产重组方案精要

银仪风电拟通过发行股份的方式，购买交易对方中铝宁夏能源持有的银仪风电50%的股权。交易完成后，银仪风电将成为银星能源的全资子公司。

1.估值及交易价格

经预估，标的资产以2017年5月31日为评估基准日，截至2017年5月31日，银仪风电净资产账面价值32,744.86万元，以收益法计算的预估值约为33,022.43万元。经交易双方协商，银仪风电50%股权的暂定交易价格为16,511.22万元。

2.发行股份购买资产的发行价格

本次发行股份的定价基准日为银星能源董事会首次审议本次重组事项的会议决议公告日。本次发行股份购买资产的发行价格为定价基准日前20个交易日公司股票均价的 90%,即 7.08 元/股。按 16,511.22 万元的交易价格测算,本次发行的股票数量为 2332.09 万股。

3. 重组交易后股权结构

在本次交易中,交易对方中铝宁夏能源将取得发行的全部股票,即 2332.09 万股。交易完成后,银星能源的股权结构如表 2-27-3 所示。

表 2-27-3　本次重组前后上市公司股权结构

股东名称	交易前		交易后	
	持股数量(万股)	持股比例(%)	持股数量(万股)	持股比例(%)
中铝宁夏能源	28,408.99	40.23	30,741.08	42.14
其他社会股东	42,202.91	59.77	42,202.91	57.86

二、案例分析

(一)行权过程

针对 2017 年 8 月 31 日上市公司公布的重组草案,投服中心认为可能存在四方面问题:一是重组存在重大不确定性;二是估值的公允性;三是业绩承诺与补偿的合理性;四是重组的必要性。2017 年 10 月 9 日,银星能源公告了重组预案(修订稿)。2017 年 10 月 11 日,投服中心参加银星能源重大资产重组媒体说明会,现场向银星能源提出重组存在重大不确定、估值的公允性、本次重组的必要性等三方面问题。2018 年 3 月 2 日,银星能源公告终止本次重大资产重组。

(二)行权内容分析

1. 重组存在重大不确定性

重组预案披露,本次交易构成重组上市,应当符合《首发办法》的相关规定,但标的资产盈利能力较弱、董事和高级管理人员频繁变动等情况可能导致本次重组不符合法律法规的规定,进而导致重组失败。

一是标的资产盈利能力较弱。《重组办法》第 11 条第 5 项规定,上市公司实施重大资产重组,应当有利于上市公司增强持续经营能力。但标的资产主营业务为风电业务,2014 年、2015 年、2016 年、2017 年 1~5 月扣非后净利润分别为 2183.27 万元、158.66 万元、958.75 万元、379.29 万元;毛利率分别为 7.47%、-2.50%、4.81% 和

5.58%。标的资产近年来盈利能力较弱、业绩波动较大,标的资产所在地宁夏回族自治区又存在弃风限电现象,本次重组并不能增强上市公司的持续经营能力,可能不符合《重组办法》的规定。

二是标的资产董事、高级管理人员变动频繁。《首发办法》第12条规定,发行人最近3年内主营业务和董事、高级管理人员没有发生重大变化,实际控制人没有发生变更。但标的资产的董事、高级管理人员近3年来变动较频繁,7名董事中有4名变动,总经理和副总经理也均发生过变更。其中,2017年1月,董事长由李某某变更为翟某某;2017年7月,总经理变更为马某某、副总经理变更为陈某某。上述变动均应属于董事、高级管理人员的重大变化,不符合《首发办法》的相关规定。

2. 估值的公允性

银仪风电的评估基准日为2017年5月31日,采用资产基础法和收益法进行评估,拟采用收益法评估值。对于估值的合理性,存在以下几点疑问:

一是资产基础法估值,大幅减值。银仪风电净资产账面价值为3.27亿元,评估值为1.05亿元,减值率68.06%。其中,固定资产账面价值为10.98亿元,减值为2.22亿元,减值率20.19%,可见标的资产减值基本上是由固定资产减值所致。根据企业会计制度,固定资产减值是因为市价持续下跌,或技术陈旧、损坏、长期闲置等,重组预案并未披露导致固定资产大幅减值的具体原因。固定资产中,机械设备账面价值为10.69亿元,占比97.36%,按比例推算,机械设备约减值为2.16亿元。机械设备均为生产经营相关资产,主要用于风电场建设及运营。生产经营资产大幅减值是否意味着标的资产缺乏持续经营能力。

二是选择收益法估值的合理性。标的资产收益法估值为3.30亿元,是资产基础法估值的3.14倍,在两者差异较大的情况下,选择高估值作为评估结果的合理性存疑。收益法评估时采用的预测期内产品单价、净利润、折现率等具体参数也未详细披露。

3. 业绩承诺与补偿的合理性

重组预案披露,业绩承诺数额为收益法评估的预测净利润数,但并未披露2017年至2020年的每年承诺净利润,也未说明在标的资产盈利不佳的情况下,其是否具有可实现性。同时,关于业绩补偿方案,在重组预案第36页披露的回购股份数量公式中,将已补偿现金金额等同于实际净利润数,在补偿义务中予以扣除,减少了承诺方的补偿责任,不仅不符合《上市公司监管法律法规常见问题与解答修订汇编》第 8 条的规定,更是损害了广大中小投资者的利益。

4. 本次重组的必要性

银星能源近年来盈利情况一直不佳,2014 年、2015 年、2016 年、2017 年 1 ~ 6 月份净利润分别为 0. 29 亿元、- 1. 23 亿元、0. 18 亿元和 - 0. 14 亿元,扣非后净利润均为负。2014 年,银星能源收购了控股股东中铝宁夏能源的 6 家风电厂资产,其 2016 年并未实现承诺的净利润。在这种情况下,仍然装入银仪风电 50% 股权显得必要性不足。

按照重组预案披露,本次交易的目的是部分解决银星能源与控股股东中铝宁夏能源风电领域的同业竞争问题。根据公开信息,中铝宁夏能源曾在 2015 年第四季度将所持银仪风电 50% 股权对外公开挂牌出让,出让价格 4 亿元,但并未征集到意向受让者。在没有市场受让方的情况下,将并不优质的资产装入上市公司,可能存在让上市公司接盘的嫌疑,这可能会损害广大中小投资者的利益。

案例 28　中葡股份发行股份购买国安锂业

2017 年 10 月 10 日中信国安葡萄酒业股份有限公司(以下简称中葡股份,600084)公告了《发行股份购买资产暨关联交易预案》(以下简称重组预案),拟通过发行股份的方式,购买青海中信国安锂业发展有限公司(以下简称国安锂业)100%股权。

一、案 例 简 介

(一)上市公司基本情况

中葡股份成立于 1997 年,于 1997 年 1 月 11 日在上海证券交易所主板上市交易。发布重组预案时,中葡股份股价为 7.52 元/股,总股本为 1,123,726,830 股,总市值 84.50 亿元,其控股股东为中信国安集团有限公司(以下简称国安集团),控股比例为 43.89%。由于 2014 年控股股东国安集团混改完成至预案披露日无实际控制人,故上市公司暂无实际控制人。

中葡股份主营业务为国际贸易、葡萄酒业和房地产业务,其 3 年一期的财务状况和经营成果如表 2－28－1 所示。

表 2－28－1　中葡股份基本财务指标

单位:万元

项目	2017 年 6 月 30 日	2016 年 12 月 31 日	2015 年 12 月 31 日	2014 年 12 月 31 日
总资产	300,005.26	361,528.38	392,414.67	396,371.37
总负债	60,284.02	118,419.27	151,392.20	158,117.74
股东权益	239,721.24	243,109.11	241,022.47	238,253.64

续表

项目	2017年1~6月	2016年	2015年	2014年
营业收入	19,182.05	26,463.42	30,314.08	52,345.36
营业利润	-4736.80	1541.93	-1010.45	-1634.11
利润总额	-4753.76	1283.14	4259.70	953.14
净利润	-4787.87	1186.65	2768.83	840.80

(二)标的公司基本情况

本次重组的标的公司为国安锂业,交易对方为青海中信国安科技发展有限公司(以下简称青海国安),持有国安锂业100%股权。

国安锂业于2017年5月26日在青海省格尔木市成立,由青海国安创办,为青海国安的全资子公司,青海国安为国安集团下属子公司。同时,中葡股份的控股股东也为国安集团,因此青海国安与中葡股份存在关联关系。

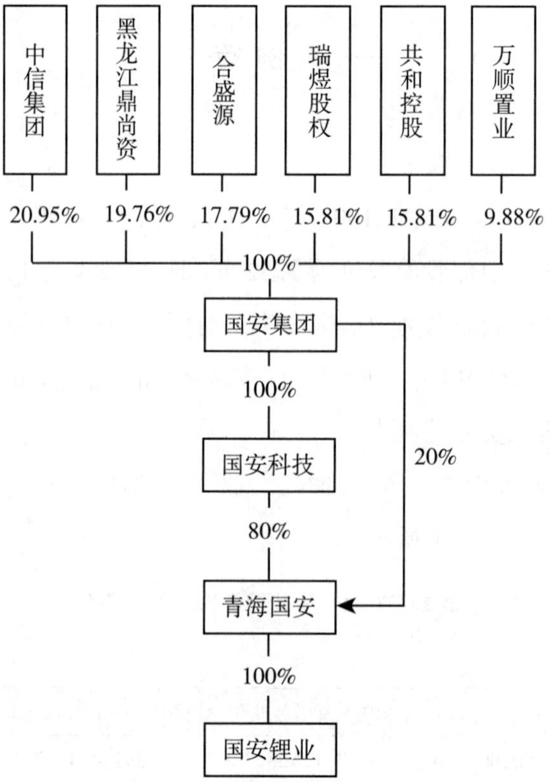

图2-28-1 国安锂业股权结构

国安锂业主营为锂、钾、硼、镁资源产品的开发、生产、销售及技术服务,拥有一家参股子公司西藏白银国际物流有限公司，成立于 2017 年 7 月 20 日，目前尚未开展实际业务。国安锂业核心资产为西台吉乃尔盐湖锂矿，国安锂业主要的财务状况和经营成果如表 2－28－2 所示。

表 2－28－2　国安锂业主要财务数据

单位：万元

项目	2017 年 6 月 30 日	2016 年 12 月 31 日	2015 年 12 月 31 日
总资产	279,156.19	276,254.37	347,337.06
总负债	180,233.85	182,122.15	252,246.72
股东权益	98,922.34	94,132.21	95,090.34
项目	2017 年 1～6 月	2016 年	2015 年
营业收入	46,034.44	84,868.04	71,968.24
营业利润	1266.34	911.70	－17,199.12
利润总额	2000.13	5091.27	－13,284.85
净利润	1700.11	4327.58	－13,284.85

（三）重大资产重组方案精要

中葡股份拟通过发行股份的方式，购买交易对方青海国安持有的国安锂业 100% 股权。中葡股份拟通过本次交易借助国安锂业的碳酸锂产业进军新能源领域，并增强公司的盈利能力和持续经营能力。

1. 估值及交易价格

经初步预估，以 2017 年 6 月 30 日为评估基准日，标的资产国安锂业的账面净资产值为 9.89 亿元，资产基础法评估的预估值为 23.58 亿元。经交易各方协商一致，本次交易标的资产暂定交易价格为 27.08 亿元。

2. 发行股份购买资产的发行价格

本次交易拟全部以发行股份的方式购买，发行价格为中葡股份第六届董事会第三十七次会议决议公告日（定价基准日）前 60 个交易日股票交易均价，即 6.71 元/股。按交易价格 27 亿元计算，发行数量为 403,588,748 股。

3. 业绩承诺与补偿

根据上市公司与业绩承诺方签署的《利润补偿协议》，交易对方青海国安（以下简称业绩承诺方）承担对上市公司的利润补偿义务。业绩承诺方承诺标的公司

2017 年 7 ~ 12 月、2018 年年度、2019 年年度、2020 年年度净利润分别不低于 0.87 亿元、1.86 亿元、2.21 亿元、2.37 亿元。

如果标的公司于承诺年度内实现的当期期末累积实际净利润未达到对应的累积承诺净利润,业绩承诺方以股份补偿方式,对上市公司承担补偿义务。其中当期应补偿股份数量 =(截至当期期末累积预测净利润 - 截至当期期末累积实际净利润)÷ 承诺年度内各年度的预测净利润总和 × 本次发行股份总数 - 已补偿股份数量。当期应补偿股份数已分配的现金股利也应返还,返还金额 = 截至补偿前每股已分配的现金股利 × 当期应补偿股份数量。如在承诺年度内有转增或送股方式分配导致业绩承诺方持有股份数发生变化的,应补偿股份数量调整为原应补偿股份数量 ×(1 + 转增或送股比例)。

4. 重组交易后股权结构

本次交易完成后的股权结构如表 2 - 28 - 3 所示。本次重组完成后,上市公司控股股东不发生变更,仍为国安集团。

表 2 - 28 - 3　本次重组前后上市公司股权结构

股东名称	本次交易前		本次交易后	
	数量(百万股)	比例(%)	数量(百万股)	比例(%)
国安集团	367.65	32.72	367.65	24.07
国安投资	125.52	11.17	125.52	8.22
兵团投资	47.07	4.19	47.07	3.08
青海国安	—	—	403.59	26.42
其他	583.48	51.92	583.48	38.20
合计	1123.73	100.00	1527.32	100.00

二、案例分析

(一)行权过程

2017 年 11 月 13 日投服中心参加中葡股份重大资产重组媒体说明会,现场向中葡股份提出五个方面的问题:一是跨界收购的合理性,深层次原因是否为保壳;二是标的资产的资产权属的清晰性;三是在锂矿储量不明、数据披露不全的前提下,标的资产估值的合理性;四是标的资产持续盈利能力;五是价格调整机制的明确合理性。最终,中葡股份于 2018 年 6 月 9 日终止了本次重组。

(二)行权内容分析

1. 跨界收购的合理性,深层次原因是否为保壳

根据重组预案披露,中葡股份的主营业务为葡萄酒行业,而标的公司主要从事以碳酸锂、钾肥为主的盐湖资源综合开发利用业务。本次交易完成后,中葡股份主营业务将发生较大变化,成为双主业公司。碳酸锂、钾肥行业与上市公司主营业务没有任何联系,本次收购不存在整合的协同效应。同时,碳酸锂行业受益于新能源等领域也是近期市场关注度较高的热门题材,具有高估值、不稳定等特点。“盲目跨界重组”是监管部门监管的重点,特别是对热门题材的并购、重组,证监会从严审查,重点遏制忽悠式、跟风式、盲目跨界重组。中葡股份却在“跨界并购”趋严监管的背景下选择收购碳酸锂、钾肥行业作为公司未来业绩的新增长点,在不具备相关行业经验的情况下,实现两条差异迥异的业务线整合存在一定的风险。

另外,从重组预案披露的财务数据来看,中葡股份连续 10 年以上扣非后归属母公司股东的净利润为负,常年依靠非经常性损益实现盈利,如 2013 年至 2017 年第三季度扣非后净利润分别亏损 9500 万元、亏损 1.1 亿元、亏损 2.4 亿元、亏损 1.33 亿元以及亏损 9418 万元。在上市公司本身财务状况不佳的前提下,推行完全不存在协同效应的跨界重组,其收购的实际目的难说仅如重组预案描述的布局新能源产业一般简单,而很有可能是为通过合并子公司报表及本次交易的高业绩承诺以实现保壳。

2. 标的资产的资产权属的清晰性

根据重组预案显示,2015 年 5 月合众资产作为抵押权人,青海国安作为抵押人,签署了《合众—青海中信国安盐湖综合开发债权投资计划之抵押合同》,青海国安作为偿债主体将西台吉乃尔湖锂矿采矿权抵押给合众资产并办理了抵押登记。同时,截至 2017 年 6 月 30 日,标的资产存货中钾混盐矿、光卤石等原材料用于青海国安建行 1.5 亿元长期借款以及国安锂业农行 2.5 亿元短期借款的抵押担保。此外,2016 年 2 月青海国安将持有的 2.93 亿元存货所享有的资产收益权,以 1.5 亿元的价格向格尔木建行转让,但格尔木建行对存货转让至标的公司的安排明确表示无法出具书面同意函。标的资产尚未取得部分经营资质,其中包括采矿许可证、安

全生产许可证、危险化学品安全许可证、取水许可证、尾气项目环保竣工验收报告、14项专利证书以及中信商标的使用许可等尚未变更至标的公司名下。标的公司拥有或使用的部分房屋建筑物、土地也尚未取得相关权利证书,未办理用地手续。

综上所述,标的资产权属清晰性共存在两个问题:一是标的公司的采矿权、存货依旧存在抵押状态及不能转让的风险;二是标的资产部分重要经营资质尚未取得,这些都将影响标的资产日常经营和持续盈利能力。根据《重组办法》第11条第4项规定,重大资产重组所涉及的资产权属应清晰,资产过户或转移不存在法律障碍。同时,《关于规范上市公司重大资产重组若干问题的规定》第4条规定,上市公司拟购买资产的,在本次交易的首次董事会决议公告前,资产出售方必须已经合法拥有标的资产的完整权利,不存在限制或禁止转让的情形。作为标的公司的核心资产,截至重组预案公告日,西台吉乃尔湖锂矿采矿权仍处于抵押状态,大量存货亦存在不能转让的风险,这无疑为重组中增加了相当大的风险和不确定性。另外,《矿产资源法》明确规定,从事矿产资源勘查和开采的,必须依法取得探矿权、采矿权的资质证书,未取得采矿许可证擅自采矿的,将责令停止开采、赔偿损失,没收采出的矿产品和违法所得,并处罚款。《非煤矿矿山企业安全生产许可证实施办法》(2015年修订)第2条规定,非煤矿矿山企业必须依法取得安全生产许可证,未取得安全生产许可证,擅自进行生产的责令停止生产,没收违法所得并处以罚款。虽然重组预案披露相关证书已向主管机构申请并正在办理中,但从法律角度严格来说在未取得相关重要经营资产前标的公司不得从事采矿、生产等相关业务,而这些都将对标的资产的生产经营、持续盈利能力产生不利影响。

3. 标的资产估值的合理性

以2017年6月30日为评估基准日,采用资产基础法评估(采矿权预估采用折现现金流量法,预估值为14.73亿元)预估值为23.58亿元,较国安锂业账面净资产9.89亿元增值约138.38%。虽然增值率不高,但估值基础、前提假设以及估值过程存在严重问题,具体如下:

第一,核心资产锂矿储量不明,估值基础的合理性存疑。标的资产的矿产资源评估是基于储量核实报告书中的具体数据,重组预案披露储量报告书尚在履行国土资源部备案程序,存在数据改动的风险,且该储量报告书中的内容也并未在重组预案中详细披露,鉴于标的公司的锂矿具体储量不明,本次估值结果的准确性存疑。另外,重组预案第 219 页披露,标的公司具备年产碳酸锂 1 万吨的生产能力,而第 101 页又披露,截至 2017 年 3 月 31 日,公司累计生产碳酸锂 1.6211 吨,二者数据差异巨大,相互矛盾。倘若标的公司碳酸锂数年累积生产能力仅 1.6211 吨,根本不可能得出年产碳酸锂 1 万吨生产能力的结论。再有,重组预案中所谓“上市公司将快速进入电池级碳酸锂生产行业,形成年产 1 万吨电池级碳酸锂的产业布局”的描述与前文不一致,存在混淆概念、误导性陈述的嫌疑。电池级碳酸锂纯度远高于工业级碳酸锂,生产工艺难度亦远高于后者,重组预案中标的公司 1 万吨碳酸锂生产能力并未指明为工业级碳酸锂还是电池级碳酸锂,然而这两者巨大的差异直接决定了标的资产的实际产能,进而会影响标的资产的估值基础。

第二,估值假设的前提并不合理。重组预案中对估值的具体假设条件第 C 条、E 条提出“以设定的资源储量为基准且持续经营;不考虑将来可能承担的抵押、担保等他项权利对其评估价值的影响”。但如前所述标的公司的锂矿储量尚不明确,且标的资产仍存在抵押担保状态,该估值假设前提与事实相违背,其估值假设本身的合理性有待考量。

第三,评估方法中披露数据不全,估值结果的真实性存疑。重组预案披露,本次估值的主要部分是对标的公司涉及的西台吉乃尔湖锂矿采矿权的评估,采用折现现金流法,即对未来净现金流的折现值。然而,重组预案中仅披露了一个简单的公式,对于其中预测年现金流入量、年现金流出量和折现率的具体数值均无披露,估值过程的完整性缺失,很难保证估值结果的真实性。

4. 标的资产的持续盈利能力存在重大不确定性

首先,重组预案中标的资产的财务数据显示,2017 年 7 ~ 12 月、2018 年年度、2019 年年度、2020 年年度在矿业权评估口径下拟实现的预测净利润数分别为 8741.45 万元、1.86 亿元、2.2 亿元和 2.37 亿元;而标的资产 2015 年、2016 年、2017 年 1 ~ 6 月的净利润分别为亏损 1.33 亿元、4327.58 万元、1700.11 万元,如以 2016 年为基年,4 年净利润年均复合增长率高达 53%。其次,标的公司净利润中政府补助占比较高,2016 年政府补助占比超过了 97%,剔除政府补助后标的公司两年一期的净利润分别为亏损 1.73 亿元、127.38 万元、1012.8 万元,业绩不佳且波动性较大。最后,重组预案中对标的资产主要产品碳酸锂的下游客户并无具体描述,近期前 5 大客户的相关信息也未在重组预案中披露,仅笼统提到标的公司的下游行业涉及传统的消费类电子产品和新能源汽车锂电池,对于客户具体所处行业,销售比例均无实际披露。

相比标的资产已经实现的净利润,高达53%的预测净利润增长率已足以令人担忧业绩承诺的可实现性,净利润中政府补助的高占比更是加大了风险,因为政府补助主要取决于地方的相关政策及支持力度,存在一定的不确定性,若扣除政府补助,标的资产业务利润稳定性将大受影响,未来标的公司的持续盈利能力令人怀疑。重组预案中对标的资产的下游客户也无具体描述,仅笼统提到标的公司的下游行业涉及传统的消费类电子产品和新能源汽车锂电池。新能源汽车行业虽然在政策扶持下快速发展,但其风险也正日益增加。一方面,骗补事件层出不穷导致补贴政策金额大幅调低;另一方面,政府也在着手排查新能源汽车产能,以确认是否存在过剩。下游行业良莠不齐,重组预案对标的公司涉及新能源汽车锂电池的客户却毫无披露,存在掩盖标的公司营业收入不能持续增长的可能。

5. 价格调整机制不明确合理

本次交易对发行股份的价格设置了调整机制。在可调价期间内,上证综指(000001)或中证酒指数(399987)在任一交易日前的连续20个交易日中,至少有10个交易日相比上市公司因本次交易首次停牌日前一交易日(2017年7月7日)的收盘点数,跌幅超过10%,即触发调价条件。根据《重组办法》第45条以及《公开发行证券的公司信息披露内容与格式准则第26号——上市公司重大资产重组》(2017年修订)第54条的规定发行价格调整方案应当明确、具体、可操作。重组预案中触发条件中的“任一交易日”不符合前述规定,且此发行价格调整方案只规定了发行价格向下调整的触发条件,而没有价格向上调整的相关规定,相当于单项的只调跌不调涨。众所周知,上证综指和中证酒指数时时变化,这种调整方式下只可降低股份发行价格,相应的发行数量增多,稀释中小股东权益的比例将更加严重。

案例29　云南城投发行股份及支付现金购买成都会展

2017年11月18日云南城投置业股份有限公司(以下简称云南城投,600239)公告了《发行股份及支付现金购买资产并募集配套资金暨关联交易预案》(以下简称重组预案),拟通过发行股份及支付现金方式购买成都环球世纪会展旅游集团有限公司(以下简称成都会展)100%股权。

一、案 例 简 介

(一)上市公司基本情况

云南城投成立于1992年,于1999年12月2日在上海证券交易所上市交易。发布重组预案时,云南城投股价为5.22元/股,总股本为1,605,686,909股,总市值约83.82亿元,其实际控制人为云南省国有资产监督管理委员会,持股比例为34.87%。云南城投主营业务为房地产开发,其近3年一期的财务状况和经营成果(合并报表)如表2-29-1所示。

表2-29-1　云南城投基本财务指标

单位:万元

项目	2017年9月30日	2016年12月31日	2015年12月31日	2014年12月31日
总资产	8,186,888.18	6,414,289.52	4,519,229.97	3,347,804.37
总负债	7,384,958.53	5,722,743.08	3,960,675.10	2,853,112.58
股东权益	463,866.37	462,922.20	429,912.97	403,061.59

续表

项目	2017 年 1 ~9 月	2016 年	2015 年	2014 年
营业收入	639,132.80	976,968.52	401,290.99	394,747.17
营业总额	-47,108.71	-33,034.27	-466.75	74,163.10
净利润	-35,569.41	27,031.63	21,132.88	49,646.57

(二)标的公司基本情况

本次重组的标的公司为成都会展,交易对手为云南省城市建设投资集团有限公司(以下简称省城投集团)、自然人邓某、赵某、刘某、尹某、邹某、柳某,7 个交易对手持有成都会展 100% 股权。成都会展于 2003 年 12 月在四川成都由自然人邓某、赵某、刘某、邹某 4 位股东设立,注册资本 3 亿元。后经一次增资及三次股权转让之后成都会展股东变更为上述 7 位,成都会展股权结构如表 2-29-2 所示。

表 2-29-2　成都会展股权结构

股东	出资额(万元)	出资比例(%)
	货币资金	
省城投集团	30,805.3692	51.00
邓某	13,910.7381	23.03
赵某	13,318.7919	22.05
刘某	1479.8658	2.45
尹某	295.9732	0.49
邹某	295.9732	0.49
柳某	295.9732	0.49

成都会展自成立以来一直专注于房地产开发、商务会展和商业经营业务,拥有丰富的房地产开发、商务会展和商业经营经验,集住宅、商业地产、会展服务及旅游地产等综合性开发于一体,开发的多个项目兼具了住宅、会展及配套服务、酒店、餐饮等多元化业态。通过本次交易,上市公司将提升公司在旅游地产与城市综合体开发方面的能力。截至重组预案出具之日,成都会展控股及参股 9 家公司情况如表 2-29-3 所示,其最近两年一期的主要财务数据如表 2-29-4 所示。

表 2－29－3　成都会展控股及参股公司

序号	企业名称	注册资本(万元)	出资比例(万元)	主营业务
1	四川黑龙滩长岛国际旅游度假中心有限公司	40,000	100.00	房地产开发
2	四川天成云盟文化旅游投资有限公司	30,000	90.00	房地产开发
3	成都世纪城物业服务有限公司	500	95.00	物业管理服务
4	成都新世纪环球商业管理有限公司	500	100.00	商业、物业服务
5	东方环球国际会展有限公司	100,000	54.00	会展及相关配套服务
6	成都世纪新能源有限公司	6000	49.00	能源开发供应
7	中糖新世纪国际会展(北京)有限公司	1000	40.00	会议、展览服务
8	丘北环球世纪会展旅游开发有限公司	5000	100.00	房地产开发
9	昆明环球万钧房地产开发有限责任公司	10,000	50.00	房地产开发

表 2－29－4　成都会展主要财务数据

单位：万元

项目	2017 年 8 月 31 日	2016 年 12 月 31 日	2015 年 12 月 31 日
总资产	2,153,337.77	1,683,558.33	1,591,690.14
总负债	747,973.19	859,955.77	972,242.30
股东权益	1,405,364.58	823,602.56	619,447.84
项目	2017 年 1～8 月	2016 年	2015 年
营业收入	109,422.66	164,513.54	168,113.46
营业利润	25,676.36	30,737.74	13,245.03
利润总额	24,529.57	31,316.87	13,208.78
净利润	18,463.91	26,090.52	8786.57
综合收益总额	121,432.92	36,154.72	10,336.98

(三)本次重组方案精要

云南城投拟以发行股份及支付现金的方式向省城投集团、邓某、赵某、刘某、尹某、邹某、柳某购买其合计持有的成都会展 100% 股权。同时募集配套资金,所募集资金用于支付收购的现金对价。省城投集团持有的成都会展的股权的现金支付比例为 15%,股份支付比例为 85%,其他交易对手持有的成都会展的股权的股份支付比例 100%。

1. 估计及交易价格

以 2017 年 8 月 31 日为评估基准日,标的资产成都会展归属于母公司股东全部权益账面值约为 139.62 亿元,重组预案出具之日,标的资产涉及的审计、评估工作尚未完成。交易评估机构采用资产基础法与收益法对标的资产进行预估,并采用收益法预估结果作为标的资产的预估值,初步预估值为 240 亿元,增资额约为 100.38亿元,增值率 71.89%。标的资产的最终评估值将以正式评估报告中的评估结果为准。

2. 发行股份购买资产的发行价格

本次交易发行价格为云南城投第八届董事会第十八次会议决议公告日前20 个交易日股票交易均价的 90%,即 4.82 元/股,经各方友好协商,股份发行价格为 4.35 元/股。

3. 业绩承诺与补偿

根据上市公司与省城投集团、邓某、赵某和刘某(以下简称业绩承诺方)签署的《盈利预测补偿协议》,业绩承诺方承担对上市公司的利润补偿义务。如本次交易资产过户在 2018 年 12 月 31 日前完成的,业绩承诺方承诺标的公司 2017 年年度、2018 年年度、2019 年年度 3 年累计实现的扣除非经常性损益后归属于母公司所有者的净利润数合计约为63 亿元。

业绩承诺方承诺在盈利承诺期最后一年专项审计报告出具日后 3 个月内,依照下述公式计算出应予补偿的股份(以下简称盈利承诺应补偿股份)数量,该应补偿股份由云南城投按 1 元的价格回购并予以注销,应补偿股份数的计算公式如下:

盈利承诺累积应补偿的股份数量 =(盈利承诺期内累积承诺净利润 - 盈利承诺期内累积实际净利润)÷盈利承诺期间内各年的承诺净利润总和 × 标的资产的交易作价 ÷ 新股发行价格。

如省城投集团本次交易获得的新股不足以补偿的,应以现金方式补足。无论发生何种情况,盈利预测补偿方向上市公司支付的股份补偿和现金补偿总计不应超过本次发行股份及支付现金购买资产交易总价。

4. 重组交易后股权结构

本次交易完成后公司的总股本由160,568.69万股增加至702,199.67万股,省城投集团的持股比例由34.87%增加至42.03%,仍为公司的控股股东。本次交易完成前后,公司股本结构如表2-29-5所示。

表2-29-5　本次重组前后上市公司股权结构

股东名称	本次交易前		本次发行股份数量(百万股)	本次交易后	
	数量(百万股)	比例(%)		数量(百万股)	比例(%)
省城投集团	559.87	34.87%	2391.72	2951.59	42.03
邓某	—	—	1270.62	1270.62	18.09
赵某	—	—	1216.55	1216.55	17.32
刘某	—	—	135.17	135.17	1.92
邹某	—	—	27.03	27.03	0.38
尹某	—	—	27.03	27.03	0.38
柳某	—	—	27.03	27.03	0.38
配募股东	—	—	321.14	321.14	4.57
其他股东	1045.82	65.13	—	1045.82	14.89
合计	1605.69	100.00	5416.31	7022.00	100.00

二、案例分析

(一)行权过程

2017年12月13日投服中心参加云南城投重大资产重组媒体说明会,现场向云南城投提出四个方面的问题:一是标的资产估值是否合理;二是业绩承诺如何实现;三是信息披露是否充分;四是上市公司有关经营活动是否合法。云南城投于2018年1月17日公布了其对交易预案进行的一次修订。

(二)行权内容分析

1. 标的资产估值是否合理

本次交易的标的资产为成都会展 100% 股权,预估值约为 240 亿元,账面净资产约为 139.62 亿元,增值额约为 100.38 亿元,增值率为 71.89%,评估基准日为 2017 年 8 月 31 日。依据重组预案中披露的标的资产 2016 年 6 月的股本变动信息计算,6 名股东以 172 亿元到 173 亿元的估值将其所持有的标的资产部分股权转让给省城投集团,该次估值距本次预估值时间相差 1 年,估值金额相差近 70 亿元,估值增长迅速。

此外,重组预案披露,本次交易对方省城投集团持有上市公司 34.87% 的股权,是上市公司的控股股东,因此本次交易构成关联交易。而近日上市公司公告称省城投集团拟将所持另一公司的股权转让给上市公司。本次交易的高估值涉嫌利用关联交易损害上市公司利益。

2. 盈利预测能否实现

(1)盈利预测大幅增长。标的公司承诺 2018 年、2019 年及 2020 年 3 年累计实现的净利润合计约为 63 亿元。根据重组预案,2015 年、2016 年及 2017 年前 8 个月,成都会展实现净利润为 8787 万元、2.61 亿元、1.85 亿元,年净利润不足 3 亿元,与承诺的年均实现的约 21 亿元净利润相差较大。

(2)财务数据存在疑问。2016 年标的资产营业收入较 2015 年同比下降 2%,净利润同比上升 196.93%,在营业收入基本持平的情况下,净利润大幅上涨。2016 年较 2015 年标的资产销售费用、管理费用和财务费用分别下降 4.52%、15.25% 和 5.55%。净利润大幅上涨、三费降幅较大原因披露不明,盈利的可持续性存在不确定性。

(3)房地产业务计划不明。根据重组预案,成都会展收入的主要来源为房地产开发销售,其经营模式是依靠短期的房地产开发变现来支撑酒店经营及会展经营等长期的经营项目,房地产开发是成都会展业务的基础。标的公司有已完工项目 14 个,在建项目 5 个,拟建项目 5 个。其中已完工的 14 个项目皆为 2014 年以前竣工,时间较久远;5 个在建项目中 4 个项目的首期开工日期都在 2011 年以前,工期拖延较长;5 个拟建项目中,拟建筑面积 1,798,625.3 平方米。已完工项目销售情况披露不全,在建项目工期拖延可能影响标的公司未来 3 年的利润,重组预案未披露拟建项目未来开发规划。

3. 信息披露是否充分

本次披露的重组预案内容不到200页，很多财务数据都没有详细披露。而房地产开发销售为标的公司主要收入来源，上市公司对其具体施工计划、投资计划、行业信息等披露不全。投资者面对240亿元的预估值和63亿元的高业绩预测，缺乏分析依据，难以做出准确有效的判断。为此交易所也要求上市公司补充披露标的资产的行业信息，公司公告称延期回复。

4. 上市公司有关经营活动是否合法

重组预案披露，上市公司及控股子公司云南龙江、中建穗丰、北京房开存在违法违规行为。其中云南龙江、中建穗丰因违反《城乡规划法》被处罚，但规划部门出具的情况说明认定被处罚项目符合城市总体规划，一直遵守《城乡规划法》，不属于重大违反规划管理法规的情况。规划管理部门描述的项目公司一直遵守《城乡规划法》与该公司因违反《城乡规划法》被处罚的事实不符。此外，北京房开取得的不存在重大违反规划法律法规的认定仅限于2014年1月21日至2016年9月26日，未能完全覆盖近3年所有时间段。综上所述，规划管理部门的情况说明仅说明相关公司未违反规划法律，上述公司可能存在违反土地管理、施工、销售等其他房地产开发方面的重大违法行为及违反《上市公司证券发行管理办法》第9条规定的情况。

案例30　文投控股发行股份购买悦凯影视、宏宇天润

2017年12月5日文投控股股份有限公司(以下简称文投控股,600715)公告了《发行股份购买资产暨关联交易预案》(以下简称重组预案),拟通过发行股份的方式,购买北京悦凯影视传媒有限公司(以下简称悦凯影视)100%股权、宏宇天润(天津)文化传媒有限公司(以下简称宏宇天润)100%股权。

一、案例简介

(一)上市公司基本情况

文投控股成立于1993年,于1996年7月在上海证券交易所主板上市交易。发布重组预案时,文投控股股价为22.47元/股,总股本为1,854,853,500股,总市值416.79亿元,文资控股直接持有公司20.35%的股份,为公司的控股股东,北京市国有文化资产监督管理办公室(以下简称北京市文资办)通过文投集团合计持有公司25.46%的股份,为公司的实际控制人。

文投控股原主营业务为汽车整车车身研发、生产及其他汽车生产配套服务,自2009年年底开始,原主营业务经营不佳,汽车车身零部件加工与销售业务陷入停产状态。2015年8月,文投控股实施非公开发行股票,利用募集资金收购耀莱影城及都玩网络100%股权,主营业务新增影院电影放映及相关衍生业务、影视投资制作及发行、文化娱乐经纪及相关服务和网络游戏开发运营。文投控股3年一期的财务状况和经营成果如表2-30-1所示。

表 2－30－1　文投控股基本财务指标

单位:万元

项目	2017 年 9 月 30 日	2016 年 12 月 31 日	2015 年 12 月 31 日	2014 年 12 月 31 日
总资产	1,005,230.46	733,630.08	572,143.05	16,798.06
总负债	282,221.84	279,078.47	177,413.05	20,596.62
股东权益	723,008.62	454,551.61	394,730.01	－3798.56
项目	2017 年 1～9 月	2016 年	2015 年	2014 年
营业收入	167,139.07	255,193.45	76,685.43	1061.62
营业利润	46,654.81	74,247.66	17,178.62	－4634.98
利润总额	46,551.52	76,087.56	19,824.89	－4433.22
净利润	38,627.87	60,862.74	13,781.61	－4778.27

(二)标的公司基本情况

本次重组的标的公司为悦凯影视和宏宇天润。悦凯影视的交易对方为上海件称、长兴悦凯、上海柜汤、长兴合盛源、东阳阿里、耀客传媒、杨某、宋某、刘某,9 个交易对方共同持有悦凯影视 100% 股权。宏宇天润的交易对方为刘瑞某、陈万某、阮某某、沈某某、朱某某、陈思某、苏某、滕某某、魏某某、王某及永亘创投,11 个交易对方共持有宏宇天润 100% 股权。

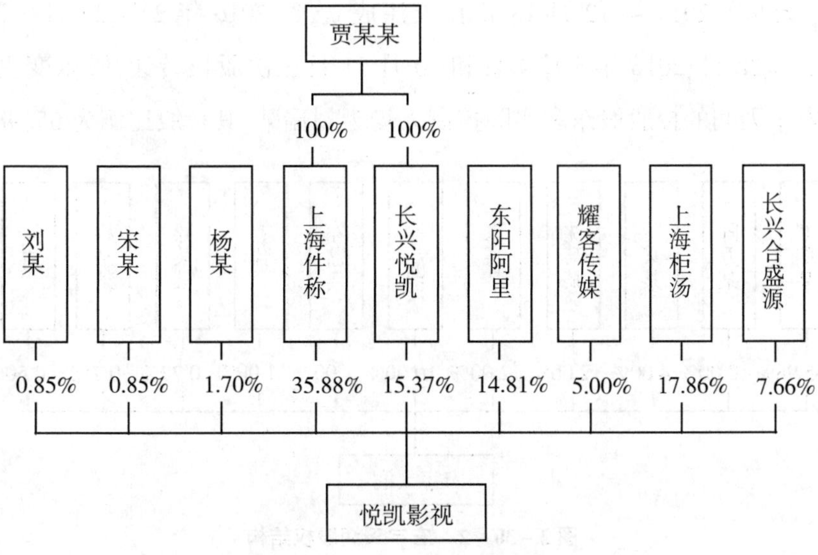

图 2－30－1　悦凯影视股权结构

悦凯影视于2015年7月6日在北京成立,经2015年10月和2016年9月两次增资,2015年10月到2017年12月八次股权转让,股东变更为上述9位。贾某某通过上海件称和长兴凯悦持有悦凯影视51.25%股权,为实际控制人。

悦凯影视主营为电视剧的投资制作及发行和为演艺人才提供经纪服务,直接控股4家子公司。由于电视剧整体周期较长,报告期内悦凯影视的主营业务收入主要来源艺人经纪业务,其财务状况和经营成果如表2-30-2所示。

表2-30-2 悦凯影视主要财务数据

单位:万元

项目	2017年9月30日	2016年12月31日	2015年12月31日
总资产	26,473.36	10,347.51	319.58
总负债	19,135.59	4630.68	479.46
股东权益	7337.76	5716.82	-159.88
项目	2017年1~9月	2016年	2015年
营业收入	6540.01	4794.53	477.83
营业利润	1670.35	-1673.30	-159.06
利润总额	1620.94	-1673.30	-159.06
净利润	1620.94	-1673.30	-159.88

宏宇天润于2014年12月18日在天津成立,经2016年2月22日一次增资,2015年5月28日、2016年5月4日和10月11日三次股权转让,股东变更为上述11位。宏宇天润的控股股东和实际控制人均为刘瑞某,其持股比例为65.98%。

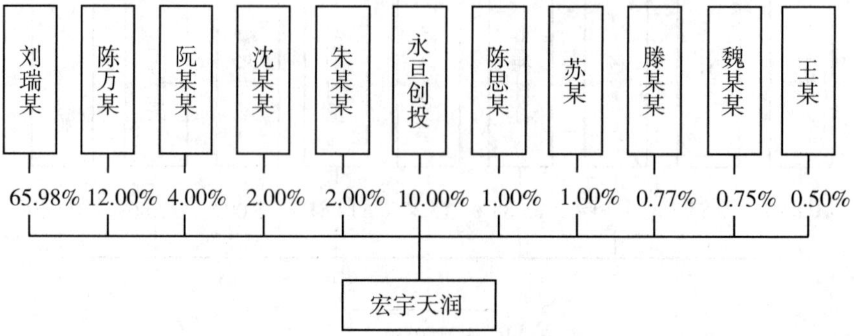

图2-30-2 宏宇天润股权结构

宏宇天润主营为IP版权运营和影视剧本创作,其直接或控股两家子公司。宏宇天润的财务状况和经营成果如表 2－30－3 所示。

表 2－30－3 宏宇天润主要财务数据

单位：万元

项目	2017 年 9 月 30 日	2016 年 12 月 31 日	2015 年 12 月 31 日
总资产	7739.09	6809.68	2279.77
总负债	2238.40	3049.83	2051.09
股东权益	5500.69	3759.85	228.68
项目	2017 年 1～9 月	2016 年	2015 年
营业收入	4509.26	8920.93	1473.36
营业利润	805.09	2667.74	305.41
利润总额	805.09	2667.74	305.15
净利润	740.84	2263.25	228.68

（三）重大资产重组方案精要

文投控股拟通过发行股份及支付现金的方式，购买交易对方上海件称、长兴悦凯、上海柜汤、长兴合盛源、东阳阿里、耀客传媒、杨某、宋某、刘某合计持有的悦凯影视 100% 股权和刘瑞某、陈万某、阮某某、沈某某、朱某某、陈思某、苏某、腾某某、魏某某、王某、永亘创投合计持有的宏宇天润 100% 股权。文投控股拟通过本次交易实现完善产业链条、提升业务规模、提高上市公司盈利能力的目的。

1. 估值及交易价格

截至重组预案出具日，标的资产审计和评估工作尚未完成，经初步评估，标的资产悦凯影视的账面净资产值为 0.73 亿元，预估值为 16.7 亿元；宏宇天润的账面净资产值为 0.55 亿元，预估值为 7 亿元。根据预估值，本次交易标的资产暂定交易价格为 23.7 亿元。

2. 发行股份购买资产的发行价格

本次交易拟全部以发行股份及支付现金的方式购买，发行价格不低于文投控股本次交易发行期首日（定价基准日）前 20 个交易日股票交易均价的 90%，具体交易价格在取得相关批文后确定。本次募集配套资金总额不超过 159,100 万元，最终发行股份数量不超过本次发行前上市公司总股本的 20%。

3. 业绩承诺与补偿

根据上市公司与业绩承诺方签署的《业绩承诺补偿协议》,交易对方上海件称、长兴悦凯、上海柜汤、长兴合盛源、杨某、刘瑞某、陈思某、王某(以下简称业绩承诺方)承担对上市公司的利润补偿义务。上海件称、长兴悦凯、上海柜汤、长兴合盛源和杨某承诺标的公司悦凯影视 2017 年、2018 年、2019 年、2020 年累计净利润总数不低于 7.62 亿元,刘瑞某、陈思某和王某承诺标的公司宏宇天润 2017 年、2018 年、2019 年、2020 年累计净利润总数不低于 2.8 亿元。

如果承诺年度届满后,标的公司实现的累计净利润未达到对应的承诺累计净利润,业绩承诺方以股份和现金补偿方式,对上市公司承担补偿义务,具体为首先以股份的方式进行补偿,不足部分以现金方式进行补偿(未获得股份对价的业绩承诺人直接以所获现金对价进行补偿)。

其中利润补偿股份数量 = 补偿金额/本次交易股份的发行价格;若承诺期间内实施送股、转增股本方式分配的,补偿股份数量调整为:补偿股份数量(调整后) = 补偿股份数量(调整前) × (1 + 每股转增或送股比例);若上市公司在业绩承诺期内有现金分红的,业绩承诺方应返还所获分红收益,返还金额 = 截至补偿前每股已获得的现金股利(以税前金额为准) × 补偿股份数量。利润补偿金额 = (承诺期间累计承诺净利润数 - 承诺期间累计实际净利润数) ÷ 承诺期间累计承诺净利润总和 × 本次交易对价 - 已股份补偿部分金额。

4. 重组交易后股权结构

本次交易完成后的股权结构如表 2 - 30 - 4 所示,文资控股仍为控股股东。

表 2 - 30 - 4　本次重组前后上市公司股权结构

股东名称	本次交易前		本次交易后	
	数量(百万股)	比例(%)	数量(百万股)	比例(%)
文资控股	37,738.95	20.35	37,738.95	19.48
耀莱文化	30,329.88	16.35	30,329.88	15.65
君联嘉睿	15,521.64	8.37	15,521.64	8.01
亦庄国际	11,165.44	6.02	11,165.44	5.76
冯某	7818.92	4.22	7818.92	4.22

续表

股东名称	本次交易前		本次交易后	
	数量(百万股)	比例(%)	数量(百万股)	比例(%)
立茂投资	7063.32	3.81	7063.32	3.65
郝某某	6830.98	3.68	6830.98	3.53
姚某	5656.42	3.05	5656.42	2.92
安赐文创壹号	5473.94	2.95	5473.94	2.82
文创定增基金	4106.25	2.21	4106.25	2.12
重组前其他股东	53,779.61	28.99	53,779.61	27.75
上海件称	—	—	2994.26	1.55
刘瑞某	—	—	1910.22	0.99
标的公司其他股东	—	—	3386.37	1.74
合计	185,485.35	100.00	193,776.20	100.00

二、案例分析

(一)行权过程

2017年12月20日投服中心参加文投控股重大资产重组媒体说明会,现场向文投控股提出三个方面的问题:一是高估值收购影视公司能否获批;二是标的资产持续盈利能力问题;三是业绩承诺的切实可行性。最终,文投控股于2018年6月29日终止了本次重组。

(二)行权内容分析

1.高估值收购影视公司能否获批

目前,监管机构对涉及互联网金融、游戏、影视和VR四个行业的并购重组从严审核、影视等文化传媒行业存在轻资产、高估值、盈利能力不确定等特点,监管机构对此类并购重组项目保持高度警惕。例如,2016年暴风科技收购稻草熊影业股权被否,唐德影视收购爱美神失败,万达院线收购万达影视中止等。

根据本次重组预案显示,标的资产悦凯影视预估值为16.7亿元,估值增值率为2175.9%。根据万得并购重组数据库显示,自2013年至今,在广播、电视、电影和影视录音制作行业已完成的22例重大重组交易中,估值增值率平均数约为801%,中位数约为381%。可见,悦凯影视估值增值率远高于行业平均值和中位数。在对影视行业并购监管趋严的情况下,上市公司以明显高于行业平均水平的估值收购标的公司,其能否通过监管部门的审核存在一定的不确定性。

此外,根据重组预案,悦凯影视2015年、2016年、2017年前5大客户中杨洋工作室、颖儿工作室均为标的公司股东实际持有,2015年与2位股东的关联交易占当期营业收入总额的81%。同时,两位股东还是悦凯影视2016年前5大供应商,2016年关联交易占当期营业成本总额的48.39%。宏宇天润2015年、2016年、2017年前5大供应商中玄色工作室、月关工作室、星照工作室为宏宇天润股东陈思某、魏某某等人实际持有,2016年、2017年关联交易占当期营业成本总额的64.53%、45.66%。标的公司股东同时是其前5大客户及前5大供应商。关联交易对于标的公司的独立性存在一定的影响,悦凯影视的主要客户同时为其主要供应商,且关联交易占比过高,这其中交易定价的公允性、合理性无从得知,容易产生利益输送的问题,影响标的公司的独立性,进而影响中小投资者的利益。

2. 标的资产持续盈利能力问题

首先,根据本次重组预案,悦凯影视2015年、2016年及2017年1月至9月的净利润分别为亏损159.88万元、1673.3万元及1620.94万元;宏宇天润2016年、2017年1月至9月的营业收入分别为8920.93万元、4509.26万元,净利润分别为2263.25万元、740.84万元,净利润及营业收入呈下滑趋势。悦凯影视前两年净利润均为亏损,2017年业绩忽然爆发式增长,其中原因未明,也很难证明其增长趋势具备可持续性。而宏宇天润的业绩已出现下滑,倘若下滑呈趋势,其持续盈利能力无疑将受到打击,因而标的公司主营业务本身持续盈利能力存在疑问。

其次,如募集配套资金失败,将对悦凯影视投资计划产生负面影响,继而影响其持续盈利能力。根据重组预案,本次募集配套资金总额不超过15.91亿元,将用于悦凯影视电视剧投资、支付本次交易现金对价及中介费用。截至2017年9月30日,上市公司的货币资金为15.33亿元,扣除2017年上市公司非公开发行股票募集资金余额6.9亿元,公司剩余货币资金余额仅为8.43亿元,若优先支付本次现金对价及中介费用,将不足以覆盖未来悦凯影视的电视剧投资。影视投资制作企业具有轻资产特点,较难通过债务融资筹集所需资金,而影视投资前期投入成本较高,若无法通过银行贷款筹资,约7.5亿元的资金缺口填补将成为困难,悦凯影视的未来投资计划或许受此影响,继而对其盈利能力造成不利影响。

再次,标的资产主要客户集中,客户关系的稳定性将会影响标的公司盈利的可持续性。根据重组预案,宏宇天润2015年、2016年、2017年1月至9月向前5大客户的销售比例分别为100%、95.25%、86.33%,悦凯影视2015年向前5大客户销售比例高达98.82%,可见标的公司对主要客户的依赖程度较高。同时,两家标的公司报告期的前5大客户除部分客户外,几乎均为新增客户,新增客户交易额占比较大,主要客户存在不稳定风险。前5大客户较集中且变化较大的情况会影响交易的可持续性,从而影响标的公司的持续盈利能力。

最后,有关盈利能力的信息披露并不完整,不便于投资者做出正确的判断。重组预案披露,截至2017年9月30日悦凯影视正筹拍8部电视剧,总投资17.88亿元,具体进展包括许可资质的取得情况以及拍摄计划(包括开拍时间、合作方、主要演职人员、预计发行时间)等并无披露。

3. 业绩补偿的切实可行性

首先,悦凯影视及宏宇天润的业绩承诺方分别承诺,2017年、2018年、2019年和2020年累计净利润总数不低于7.62亿元及2.8亿元,即四年内悦凯影视、宏宇天润的年平均净利润分别应达到1.9亿元及7000万元左右。但悦凯影视、宏宇天润2015年、2016年两年的平均净利润仅为亏损916.59万元、1246万元,且两家标的公司2017年第三季度的净利润仅分别为1620.94万元及740.84万元,与承诺业绩相差甚远,标的公司业绩承诺的可实现性不高。

其次,本次悦凯影视的交易对方是标的公司的9位股东,向上市公司做出业绩承诺的只有5位,占悦凯影视78.47%的股权;宏宇天润的交易对方是标的公司的11位股东,做出业绩承诺的只有3位,占宏宇天润67.48%的股权。业绩承诺未全额覆盖交易对价,一旦触发补偿义务,不能全额覆盖交易对价,很难保障上市公司及中小投资者的权益不受损,业绩补偿实际兑现性不高。

最后,悦凯影视和宏宇天润100%股权的预估值较账面净资产增值幅度较大,可将标的公司可辨认净资产公允价值的差额确认为商誉。上市公司2017年第三季报数据显示,其拥有的商誉已达35.2亿元,占到上市公司总资产的35%以上。若标的公司不能实现承诺业绩,上市公司需计提大额商誉减值、冲减利润,这将对公司当期损益、资产价值造成不利影响。

图书在版编目(CIP)数据

重大资产重组行权案例评析. 2018年 / 郭文英, 徐明主编. -- 北京 : 法律出版社, 2018
ISBN 978-7-5197-2448-1

Ⅰ. ①重… Ⅱ. ①郭… ②徐… Ⅲ. ①上市公司－资产重组－案例－中国－2017 Ⅳ. ①F279.246

中国版本图书馆CIP数据核字(2018)第155781号

重大资产重组行权案例评析(2018年)
ZHONGDA ZICHAN CHONGZU XINGQUAN ANLI PINGXI (2018 NIAN)

郭文英 徐 明 主编

策划编辑 陈 妮
责任编辑 陈 妮
装帧设计 李 瞻

出版 法律出版社
总发行 中国法律图书有限公司
经销 新华书店
印刷 固安华明印业有限公司
责任校对 马 丽
责任印制 吕亚莉

编辑统筹 财经法治出版分社
开本 787毫米×1092毫米 1/16
印张 18.25
字数 300千
版本 2018年9月第1版
印次 2018年9月第1次印刷

法律出版社/北京市丰台区莲花池西里7号(100073)
网址/www.lawpress.com.cn
投稿邮箱/info@lawpress.com.cn
举报维权邮箱/jbwq@lawpress.com.cn
销售热线/010-63939792
咨询电话/010-63939796

中国法律图书有限公司/北京市丰台区莲花池西里7号(100073)
全国各地中法图分、子公司销售电话:
统一销售客服/400-660-6393
第一法律书店/010-63939781/9782 西安分公司/029-85330678 重庆分公司/023-67453036
上海分公司/021-62071639/1636 深圳分公司/0755-83072995

书号: ISBN 978-7-5197-2448-1
定价: 80.00元